熊十力文化随笔

熊十力 著
郭齐勇 编

长江出版传媒
湖北教育出版社

图书在版编目（CIP）数据

熊十力文化随笔 / 熊十力著 ; 郭齐勇编. -- 武汉 : 湖北教育出版社, 2023.7
ISBN 978-7-5564-5744-1

Ⅰ. ①熊… Ⅱ. ①熊… ②郭… Ⅲ. ①熊十力（1885-1968）—哲学思想—文集 Ⅳ. ①B261.5-53

中国国家版本馆CIP数据核字(2023)第127891号

熊十力文化随笔 XIONGSHILI WENHUA SUIBI

出品人	方　平	策　划	李作君
责任编辑	万　婵　李晋阳	责任校对	李庆华
封面设计	李　枫　刘静文	责任督印	刘牧原

出版发行	长江出版传媒	430070	武汉市雄楚大道 268 号
	湖北教育出版社	430070	武汉市雄楚大道 268 号
经　销	新　华　书　店		
网　址	http://www.hbedup.com		
印　刷	湖北新华印务有限公司		
地　址	武汉市硚口区长风路 31 号		
开　本	880mm×1230mm　1/32		
印　张	9.5		
字　数	190 千字		
版　次	2023 年 7 月第 1 版		
印　次	2023 年 7 月第 1 次印刷		
书　号	ISBN 978-7-5564-5744-1		
定　价	59.80 元		

前　言

一

一代大哲熊十力先生，原名继智、升恒、定中，字子贞（或子真），号逸翁、漆园老人，清光绪十一年（乙酉，1885 年）农历正月初四日生，湖北黄冈人。

熊十力生长在贫瘠乡间的一个贫苦农家，幼时为人牧牛。13—14 岁时，他的父母相继病亡。此后他只是在父亲的朋友何圣木先生处读了半年乡塾。16—17 岁时游学乡间。不久，他与何自新、王汉共游江汉，受到维新派影响，读孟子、王船山、顾亭林书，萌发革命之志，欲物色四方豪杰，共图天下事。1903 年，为“运动军队”，熊氏投武昌凯字营当兵。之后由行伍考入湖北陆军特别小学堂为学兵，宣传革命，联络同人。1906 年春，熊氏加入日知会，并发起组织“黄冈军学界讲习社”，主持该社的革命活动。由于熊氏在军学界图谋举事，奔走甚力，遂被鄂军统帅张彪所通缉，幸为友人掩护，秘密出逃。

武昌起义后，熊氏曾任湖北都督府参谋。民国元年，参与编辑日知会志。二次革命失败后，他曾去江西德安耕读、教书。1917—1918 年间，曾参与孙中山先生领导的护法运动。他目睹鼎革以还，世风日下，“党人竞权争利，革命终无善果”，军阀与官僚们贪鄙、淫侈、残忍、猜妒、浮夸、诈骗、卑屈、苟且、伪善，党祸至烈，士习偷靡，民生凋敝，人道灭绝，痛惜“党人绝无在身心上作工夫者”，慨叹：“由这样一群无心肝的人革命，到底革到什么地方去呢？”熊氏“以为祸乱起于众昏无知，欲专力于学术，导人群以正见”，深感“革政不如革心”，遂慨然弃政向学，研读儒佛，以探讨人生的本质、增进国民的道德为己任。这是熊十力一生中重要的转折。他曾自谓：“决志学术一途，时年已三十五矣。此为余一生之大转变，直是再生时期。”

1918 年前后，熊十力与蔡元培先生通信，支持蔡先生创办“进德会”。1919 年，熊十力执教于天津南开学校，不久因笔墨官司结识梁漱溟。1920 年，由梁介绍，熊氏得以到南京支那内学院（筹）欧阳竟无大师门下学佛。1920 年秋至 1922 年秋，熊氏在内学院打下了坚实的唯识学和因明学的基础，接受了哲学思维的严格训练。1922 年，梁漱溟征得蔡元培同意，请欧阳门下弟子来北大顶替自己讲授唯识学。藉此机缘，熊十力得以受聘为北京大学特约讲师。正是在北大“思想自由”、“兼容并包”的学术环境中，熊十力才得到了独立思考及与学术界精英砥砺学问的机会。

自 1923 年始，熊十力一步步背弃师说，逐渐离开唯识学，形成自己的一套观点。通过十年精思，熊十力建构了自己独特的哲学体系。其标志是1932年10月在杭州印行的《新唯识论》文言文本。是书出版后，得到学界蔡元培、马一浮、林志钧等人的高度赞扬，也几乎遭致佛学界群起而攻之。全面抗战时期，熊十力入川，颠沛流离，生活拮据。他凭着对国家、民族、人民和传统文化执着的爱，自甘寂寞，乐以忘忧，勉力著述讲学。熊氏哲学体系之充实、发展、完善并在国内哲学界产生一定影响，亦是在全面抗战期间。1944—1945年出版的《新唯识论》语体文本和《读经示要》是他思想成熟、哲学体系完成的标志。

1949年后，熊氏仍以著述为生。他继续被聘为北京大学教授，又为第二、三、四届全国政协委员。尽管晚年日渐孤独，无人理会，但毕竟仍能按自己的思路运思而没有受到过多的外在压力和干扰，而且《新唯识论》删定本、《原儒》、《体用论》、《明心篇》等著作的出版、印行都得到政府的帮助。1968年5月23日，熊十力在上海辞世，终年84岁。

熊十力思想的发展轨迹，大体上是：早年批判六经，认为六经是拥护帝制之书；中年趋向佛法一途，直从大乘有宗唯识论入手，不久舍弃有宗，深研大乘空宗，投契甚深，久之又不敢以观空之学为归宿；后仍反求诸己，通过自己的人生体验，契合于儒家《周易》。熊十力主要的哲学观点是：体用不二、心物不二、能质不二、天人不二。他所谓“体”是“心体”、“性体”，即人的生命存在的本体、宇宙万物之本根及其生生不息的源头活水，在一定意义上也是道德的本体和道德的主体。所谓“体用不二”，也就是肯定生命的意义和人生的价值，是为了在物欲横流的世界重新寻找“人生本质”和“宇宙本体”。熊氏认为，吾人与天地万物所同具的仁心本体，内蕴着极大的力量，可以创造出、生化出整个人文世界。他高扬了仁心本体刚健、创生的特质，实际上是以积极的人生态度、生命意识和人本精神去面对世界，创造世界，同时又主张不被人们创造出来的物质世界和人文建制所异化、所遮蔽，以致忘却、沦丧了人之所以为人的根蒂。熊十力形上学之主要思想渊源是《周易》之能动变化、生生不息的学说。他同时也继承了先秦道家、魏晋玄学、宋明理学之大化流行、即体即用、天人合一的思想，并且以佛学之境界论、自我意识和刹那生灭、瞬息变化的观念强化了《周易》哲学的动态性和能动性。他所亲身经历的清末民主主义革命，使他切身体验到革故鼎新和变化日新的氛围。他服膺王船山易学，将其概括为“尊生以箴寂灭，明有以反空无，主动以起颓废，率性以一情欲”，又以类似的语言概括自己的哲学：“吾平生之学，穷探大乘，而通之于《易》。尊生而不可溺寂，彰有而不可耽空，健动而不可颓废，率性而无事绝欲。此《新唯识论》所以有作，而实根柢《大易》以出也。”

熊十力是我国现代哲学史上最具有原创力、影响力的哲学家。他奠定了现代新儒学思潮的哲学形上学之基础。他的“体用不二”之论，成为整个现代新儒学思潮“重立大本、重开大用”和“保内圣，开新外王”的滥觞，亦成为这一思潮的基本思想间架。

熊十力的全部工作，简要地说，就是面对西学的冲击，在儒学价值系统崩坏的时代，重建儒学的本体论，重建人的道德自我，重建中国文化的主体性。他的学生唐君毅、牟宗三、徐复观正是在他的精神感召之下，沿着他开创的精神方向和他奠立的形上基础而加以发皇、扩展、深化、扬弃的。学界把他们师弟视为现代新儒学思潮的中坚。

二

熊十力先生不仅是 20 世纪中国最具有原创性的哲学思想家，也是一位特立独行、无所依傍的怪杰。他一生涵濡着平民性格，从未接受过旧式或新式的系统的正规化教育，由贫瘠的鄂东乡间，自学成才，凭藉着“上天以斯文属余”的狂者情愫及某种缘会，终而定格于北京大学，成为“后五四时期”现代新儒学思潮的哲学奠基人。

熊十力的学术地位是由他对传统社会和现代社会的人的异化的双向批判、双重扬弃所确定的。他力图理解时代、把握时代脉搏，而又与热闹喧嚣的俗情世界，与新潮和时髦，与政界、商界、甚至学界，保持一定的距离，绝不随波逐流。在他一生的独行孤往、苦闷求索中，以传统批导现代，以现代批导传统，其深刻性远远超过了某些有着赫赫名声的讲堂教授。他以全幅生命抗拒着传统文化的腐化和僵化，批判专制主义及其吃人礼教造成的政治—伦理异化；又警惕、防范着人文的沦丧、价值的旁落、生命的钝化、灵性的消亡，抗议工业社会带来的负面——人与天、地、人、我的疏离与紧张，人性的贫弱化、单面化、物化，人失去了安心立命之所及精神的归乡与故园。熊十力力图复兴与鸢飞鱼跃、生生不息、生意盎然的宇宙大生命相匹配的人文世界，恢复具有创造精神的、活活泼泼的、刚健自强的民族文化生命。他以人文的睿智，重建了道德自我，重新考察了现代性与根源性、普遍性与特殊性、人文价值与科技理性的关系问题。

熊十力一生反对抛却自我、失所依归的“海上逐臭之夫”。面对“菲薄固有”、“一意袭外人肤表”、“追随外人时下浅薄风会”的全盘外化倾向和浮浅芜杂、转手稗贩、自贱自戕、奴颜媚骨的所谓“思想界”，他作狮子之吼，为挺立和重塑中华民族精神，创造了融合西方思想、继承东方精髓的“新唯识论”哲学体系。他以理想滋润生命，以生命护持理想，其苦心孤诣乃在于重新发现、开掘中华文化的灵根和神髓。一个人，一个族类，都有自身内在的大宝藏，如果不善于“自力开辟”、“自力创造”，反而“抛却自家无尽藏，沿门持钵效贫儿”，放弃己性、特殊性、民族性、个体性，那就很容易沦为浮游无根的精神弃儿。熊先生一生最可贵的就是保持了己性，护持了“真我”。在他看来，作为社会良知代表的知识分子的特质，只能是思想独立、学术独立、精神独立。倘若思想失自主，学术失个性，精神失独立，就不可能有健康的思想界。熊先生说：“有依人者，始有宰制此依者，有奴于人者，始有鞭笞此奴者，至治恶可得乎？吾国人今日所急需要者，思想独立，学术独立，精神独立，一切依自不依他，高视阔步，而游乎广天博地之间，空诸倚傍，自诚自明。以此自树，将为世界文化开发新生命，岂惟自救而已哉？”他提倡“自本自根，自信自足，自发自辟”，反对尽弃固有宝藏，凭浮词浅衷，作无本之学。

1946 年 6 月 7 日，熊十力致函徐复观说：“知识之败，慕浮名而不务潜修也；品节之败，慕虚荣而不甘枯淡也。举世趋此，而其族有不奴者乎？”熊十力一生求真，忌俗，甘贫贱，忍淡薄，去浮华，务潜修，批评那些耐不住寂寞，往来中外都邑，扬誉公卿名流，自荒所业，而以广声气为宏学，一意博取浮名的所谓“学人”，“徘徊周旋于人心风会迎合之中”，“虽得名，亦无自得之意矣”。这对于充斥“学界”的“风派”、“名士”，不啻当头棒喝！熊先生说，凡有志于学术者，“当有孤往精神”，“不孤冷到极度，不堪与世谐和”。他这种堂堂巍巍做人，独立不苟为学的精神，本来是中国知识分子应当具备的最起码的素质，然而在今天，此道甚孤矣！

没有独立的学人，就不可能有独立的学术；没有独立纷呈的学术，就没有我们民族的自主性。知识分子个体性、自主性的沉沦，知识分子素质的贫弱化或奴性化，并不简单是一个知识分子的问题，而是民族精神衰亡与否的问题。我们的民族精神，难道不正是以千千万万“士人”个体或其共同体（例如自由讲学之民间书院等）作为载体或薪火相传的媒介吗？知识分子的个性彰显和学术的自立之道，恰恰与民族精神的活化和挺立有着有机的联系。换言之，知识分子被他力或自力所阉割，即是民族精神的被阉割。这不独在中国文化史上，而且在世界文化史上，都是最普通、最常见的事实。

三

本书辑录熊十力先生有关哲学体系、中国文化、为学之思、为人之道等方面的经典论述，以飨读者，方便读者提纲挈领地把握其思想精义并领略其学人风貌。

第一部分是熊先生自己提炼、概括、总结、介绍自己哲学体系的文章。熊先生哲学体系中的本体是本心仁体，不仅是道德心灵本体，而且是绝对的本体，是生命，是万化之源，是万有之基。熊十力认为，哲学就是本体论。他所穷究的“玄学的本体论”或“玄学的真理”，与“科学的真理”是根本不同的。在熊先生看来，不懂得人的生命本体和道德主体，仅仅依一种科学，如物理学或生物学中的一种学说去解释宇宙万化之源或生命之源，则未免以管窥天。

熊先生《新唯识论》是从建本立极处来谈本体的。熊十力强调“一本”，强调“见体”、“究体”，他认为，非如此，宇宙论只能认识现象，不识万化之源、万物之本；人生论无有归宿，不能参究生命本性，从有限的生活内容体悟无限；道德无内在根源，只能成为一种外在的法规；知识论没有源泉，治化论也没有基础。熊十力以他的本体论统摄了宇宙论、人生论、知识论、治化论等等。他自诩其《新论》将此融成一片，抓住了穷究宇宙实体的一本性这个核心，从而继承了中国哲学的传统。这一传统，张东荪解释为："其道德观念即其宇宙见解，其宇宙见解即其本体主张，三者实为一事，不分先后。"尽己性以尽物性，宇宙从属人生，从深解人生真相透悟大自然的真情，在人伦日用间提撕人，令人身体力行，以至于知性知天，这便是所谓"圣学血脉"。熊先生所说的"一本"和"见体"（即彻见真实的存在），所本所见的，既是生生不息、翕辟流行的宇宙本体，又是人之所以为人的真宰。因此，宇宙本体不是超越于人类而独在的，吾人之真性遍为天地万物本体，天地万物之本体即是吾人真性。价值之源就在吾人心中。由此观之，儒学本体论不仅讨论宇宙生化的过程和根源，尤其关怀人性及其全面发展的问题，人存在的意义、价值和功能的问题。

熊先生之本体学说，不仅重立心性之本体，尤其重开本心之大用。根据他的"体用不二"、"即体即用"的学说，由即流行即主宰的本体开出了"翕辟成变"的宇宙论，积极入世、自强不息的人生论。

熊十力哲学内蕴的勃勃生机确非他的前辈、同道和门生所能企及。他的"体用不二"论、"翕辟成变"论之"深于知化"和"长于语变"，为世所公认。

第二部分，我们辑录了熊先生关于中西文化、中国文化史、中国哲学的特色等主题的文章和短论。他认为，中西文化各有优长和缺失，合则两美，离则两伤，中国人应虚心向西方人学习。中国文化传统中并非缺乏科学思想，缺乏的是作为现代人的中国人的文化包容的心态，缺乏的是分析与实验的方法。中西文化的差异恰恰就在这里：中国人的习惯，或中国人重视的是体认、体验，西方人（特别是近世西方人）重视的则是分析剖判、实验实测、考证考据、探赜索隐。熊先生强调，我们不能抛却自家珍宝，盲从西学，但我们走上现代化的过程中最需要、最迫切的是吸收消化西方的科学精神与分析方法，以弥补自家的不足。熊先生还对中国文化史、哲学史以及文化与哲学阐述了自己独到的见解。

第三部分，我们辑录了熊先生论思维方式与哲学思想的有关论述，看熊先生如何区分哲学与科学，及他诠解与思悟哲学经典的方法与独见。熊先生并举思辨与体认，又肯定思考方式与修身养性密切相关。他的基本要求是先区分后融合，即先搞清楚差异，再去综合。我们讲天人、物我的统一、合一，不是笼统的，而是有区别的统一。所以，熊先生主张先量智后性智，先科学后玄学，先思辨后体验，先道问学后尊德性。在此基础上再讲思考与修养的交互并进。特别是，他对后学循循善诱，介绍他自己学习中国经典《周易》、《四书》、《老子》、《庄子》的经验与体悟，以及朱陆之尊德性与道问学的区别。熊先生讲的哲学，不是纯知识系统的讲法及对哲学知识的分解，他把哲学看成是知识系统、价值系统与信仰系统的统合。我们讲这一哲学，就信仰它并实践它，做到“以身体之”。

第四部分，我们整理了熊先生有关为人与为学的相关论述，以便后学了解前辈哲学家的人格魅力。特别令人感佩的是熊先生谈自己的生命体验与实践，他如何读书，如何做学问，他的修身律己、践形尽性的过程。熊先生等哲学家的哲学是生命的智慧，他们边讲边学边实践边完善。今天的一些讲堂教授们讲的是一套，做的又是另一套。与此相反，熊先生等哲人是以生命来实践自己讲的哲学的。他讲到他的“孤冷”的禀性，掉背孤行，独往独来，孤独地思考，不赶潮，不起哄，是现代中国哲学界的独行侠。

今天的世界仍然不太平。“子之所慎：斋，战，疾。”（《论语·述而》）希望从孔子到熊十力的中国哲学对化解今天人类的危机，能起一些作用。

目　录

神游玄圃

为诸生授《新唯识论》开讲词

在讲授《新论》之前，余于斯论大意，当略提示。荀卿云“学贵知类”，此语甚吃紧。二三子于哲学之分类必明了不紊，方好认清其所研究之对象，自找问题，而后读古今哲学书籍，不至在名言中转，自有抉择之鉴与引申触类之乐也。

哲学中分类，略如左：[1]

一、本体论　一名形而上学，即穷究宇宙实体之学。

二、宇宙论　即解释宇宙万象现象界。之学。

三、人生论　参究生命本性及察识吾人生活内容，求去杂染而发挥固有德用，复其天地万物同体之真。俗或名生活哲学，稍欠妥。

四、知识论　亦云认识论。

如上四类，在西洋哲学中，或不免分截太甚，而在中国哲学上，向无此等分立之名目。但就哲学家用力言，实应依上述四类，分别去参究。吾人今日依四类以探索中国哲学，即见其包含此四类而毫无遗漏。四类中唯本体论是万理之所从出，一切学术之归宿处，一切知识之根源。

中国哲学之内蕴，虽可依四类分求之，然向不立四类之名目，此固由吾先哲默契真理，不喜向理论方面发展，其著述大抵随笔为之，少有系统，因此名词简单。但先哲确有最高境界，吾侪不容忽视。西洋哲学，分类虽有其长，而短亦伏于此。如宇宙人生，实不容割裂而谈。倘误将宇宙视为离吾人而独在，不唯人生渺如沧海一粟，绝无意义，而就真理上说，吾人之生命即是宇宙大生命，宇宙大生命即是吾人之生命，实不可离而二之也。孟子曰“万物皆备于我矣”，此语，初学不悟，可细究《新论》。又曰“上下与天地同流”，世俗以为上天下地在吾身之外，其实吾人之精神志气原是与天地一体流通，无内外之分，无彼此之隔。庄生曰“独与天地精神往来”，此皆证真之谈。独惜凡愚不肯是究，忍自绝于真理，佛氏所以有众生颠倒之叹也。余以为宇宙论、人生论虽名言上不妨分别，而理实一贯，不堪割裂。吾先哲于此所造独深，宜详究也。

谈宇宙人生，若不澈悟本体，将无往不陷于戏论。哲学家颇有否认本体者，以为万有乃相依俱有，如彼缘此故有，此亦缘彼故有。譬如芭蕉，本无实物，唯是众叶，互为缘起，现全整相。万有互为缘起，理亦犹是。如关系论者，其大意不外此。果如此说，宇宙竟无真源，万有丝纷直若空华幻现，人生无根蒂，飘如陌上尘。是乃以滞迹之迷情，障真宗之妙谛。凡否认本体者，只是迷滞迹象，故不悟宇宙自有真宗。真宗犹云真宰，亦本体之异名。稍有智者，未知其可也。夫慧深者，穷理必推其本；心广者，为学必究其源。故本体论恒为千古哲人之所钻研不舍。然此理乃无上甚深微妙而难穷。略举二三问题，本体为超越于万有之上而独在乎？抑隐于万有之背后，而为万有基乎？将于流行识主宰，于变易见真常乎？又如何认识本体？此一问题更为切要。将恃理智推求，即于宇宙万象层层推究，推至最后，有第一因乎？抑反己体认，灼然知吾生与天地万物同体，无二本乎？中外哲学家解决上述诸问题者，颇不一致。二三子参稽博究之后，终当舍弃见闻，虚怀默识，久之，自有脱然澈悟之乐。宋人小词云"众里寻他千百度，喻理智推求。回头蓦见那人正在灯火阑珊处"，回头，喻反己默识之功。那人，喻本体。灯火阑珊处，喻理智思辨之所不及也。此意渊微。二三子姑从西洋哲学中用一番思辨工夫，而后由《新论》以深究吾先哲之蕴，当别有一般境界。

《新论》直将本体论、宇宙论、人生论融成一片，此是老夫苦心处，亦是不失吾先圣哲精神处。宇宙论中唯一问题即是心物，此最复杂难穷，而最大争端莫如唯心唯物二论。唯物论者，虽不否认精神现象，然终以精神为物质之作用，甚至思想亦不妨说为物质的。唯心论者，虽不否认物质现象，然终以物质为精神之发现，甚至说质碍物为心之一分。如佛家唯识宗立八识，而每一识可析为二分，曰见分、相分。就眼识举例，能见物之见是名见分，物字，本当用色法。今从俗用物字，使人易解，却未变其本义。所见物如白壁等，是质碍物也，唯识论者即以此质碍物名为相分。合相见二分，名为眼识。自余耳识、鼻识，乃至第八识，皆为相见二分。可考《三十》等论。据此，则质碍物，亦名为心。是故唯心之论，推至其极，则物莫非心矣。唯物之论，推至其极，则一一心作用，皆可名之以物矣。唯心唯物二家之争，决非名词之争，实缘二宗对于宇宙之观察不同，而其所领取之意义乃全异。由意义之异，而影响于其人生态度者亦复不同。大概唯心论之宇宙观，易使人提高灵性生活。但如忽略现实，则群众有物质生活贫乏之困者，其灵性亦受累而难显，是宇宙之大灵有缺憾也。唯物论之宇宙观，易使人注重改造现实，诚哉其然！顾有不可忽者，注重现实者是心，认清现实者是心，改造现实者亦是心，如何可否认心乎？佛典有言，“如刀不自割，如指不自指”，此喻物不自知，唯心知物；物不自辨，唯心辨物；物不自制，唯心制物。是故运用物者心，主宰物者心，人生不可沦溺现实以损其灵性生活，断不容疑。唯心唯物二宗，所以相辅而不可相无，学者宜知。若夫二元论者，心物对峙，持论太粗。非心非物论者，固与二元论同自唯心唯物两宗演变得来。议论翻新，适成肤见，兹不备论。

《新论》以翕辟成变说明心物。翕辟不是两种实在物事，学者欲了翕辟，须透悟本体。本体备万理，含万德，肇万化，湛兮固存，敻然绝待，固存者，不可问其所始。其为物也，至空而有，空者，以无形状、无作意、无惑染，故云空。有者，虽无形状，而非空无，是为万化之源，备万理、含万德，故云有。至静而动，静非停止，静亦动也。动非嚣乱，动亦静也。动静恒合一，非如现前实物，动即不静，静即不动故。是乃刚健流行，无已止也。流行必非独运，故有一翕一辟。翕者，本体之流行，其势猛疾而收凝，现似物相，相者，相状。疑于本体不守自性，而至物化，本体自性，是不物化的。今现似物相，故疑本体不守自性云云。疑者，但疑其如此而已。是动而反也。动而不顺其自性，故云反。然本体毕竟不物化，当翕势起时，即有辟势与之俱起。翕辟，本不可以时间言，今曰起时者，为言说方便故，恐人误计先翕后辟故。辟者，本体之流行，终不舍失其自性，故有刚健、纯粹、开发、升进之势纯粹者，纯谓纯善，粹谓粹美。升进者，不坠堕义，犹俗云向上。运行乎翕之中，而破除翕势之重锢，即转翕以从己。己者，设为辟之自谓。是故一翕一辟，同为本体之流行，辟或心，固是流行无碍的。翕或物，现似质碍，亦非其本然。不可视为两种物事。

本体非兀然僵固之体，而是流行不已。流行之谓大用。不流行，即空而不有，空而不有，便是空无之空。寂而不生，便成枯寂。何用可言乎？本体无待，而其流行成用也，即有待。本体自身，全成为用。譬如大海水，全现作众沤。大海水浑然全体，喻本体无待。其现作众沤，便成各别相，喻翕辟有待。所以一翕一辟者，大用流行自然之妙，不可致诘也。大用流行四字，作复词用。大用即是流行故。《新论》有曰，翕以显辟，辟以运翕。详“转变”章。不翕，即莽荡空虚无物，而辟之势亦不起。所以者何？翕者，辟之具也。具者，工具。辟势如无所藉之具，将何以自显乎？故翕者所以显辟也。然复须知，如唯翕而无辟，则本体将失其自性，而或完全物化，是已不得保其真常之德，岂得为万有之原乎？唯本体毕竟不舍自性，故显为辟势，以运行于翕势之中，而破其重锢，终令翕随辟转，完成本体之发展。老氏所谓“冲和”，其有窥于此欤！是故翕辟同为本体之流行发现，不可视为两种物事。流行之谓大用，则翕辟即是用之异名。《新论》依翕而说为物，依辟而说为心，翕辟异势而非异体，心物殊功而无二元。物呈形而心有知，故殊功。同体，故无二元。由心宰物，故说唯识。识者，心之异名。唯者，殊特义，非唯独义。

尤复应知，摄用归体，心物俱泯，一真无待；依此立真谛。心物，即翕辟之异名，后仿此。举体成用，心物俱现，万有纷若。依此立俗谛。举体成用，举字吃紧。举者，全举之也。譬如大海水，举其全体，现作众沤，非大海水在众沤之外。本体全成为大用，即是全体现作翕辟，亦非本体在翕辟大用之外。易言之，即本体不在心物或万有之外。由举体成用言之，绝对即是相对；由摄用归体言之，相对即是绝对。穷理至此，高矣，广矣，深矣，远矣，至矣，尽矣！心行路绝，心之所游履曰行。如吾心方用思辨时，便若游履于各方面也。今穷理到极处，则心行之路绝，无复可致思也。语言道断。语言之道断，谓不可说也。既非思考所及，尚可得言议乎！庄生所叹“恢诡谲怪，道通为一”，盖亦穷至思不及、说不到处，只有叹其诡怪而已矣。虽然，诡怪之叹，庄生所以未至也。圣人默而成之，默者，内自证知也。成之者，实践此理于日用之中，即真理实现诸已，是谓之成。不言而信，成之，故不言而信。自明自诚，故信也。存乎德行，德者，得也。此理实得于己，发起万行，故曰德行。恶有诡怪之谑词乎！

宗教家信有上神，哲学家谈本体与现象而未能融一者，皆以绝对为超脱于万象森罗之相对界而独在。哲学家否认本体者，其解析宇宙又只拘于万象森罗之相对界，即不能于相对而识绝对。《新论》明举体成用，绝对即是相对，摄用归体，相对即是绝对，启玄关之秘钥，燃孤灯于暗室，庶几本体论、宇宙论、人生论融成一片，易简理得而葛藤悉断矣。二三子幸脱然超悟，勿以情见猜度也。

人生论中，中外哲人鲜不有天人隔截之患。二三子如细玩《新论》举体成用与摄用归体义，则一一微尘，各得天之全体以成，各字，吃紧。天者，本体之名。而况于人乎！尧得天之全体也，桀亦得天之全体也，其他可例知矣。桀徇小己之私而蔽其天，然其天未尝不在也。尧荡然无己而同于天，则尧即天也。曰同者，特苦于措辞耳。天人不二，此尧舜至孔门相承之旨，《新论》继述，不敢失坠耳！

《新论》说翕以显辟，即明心灵必待有物而始显发。如宇宙发展，自无机物凝成逮至生机体发现与其构造逐渐精密，心灵乃日益盛大显著，是其明征也。据此而论人生现实生活方面，则物质的条件不具，心灵必受障碍而难显发。《大易》所以注重改造物质宇宙，如曰“开物成务”，曰“裁成天地，辅相万物”诸义，皆为近世唯物宗导其先河。《新论》承其绪，未尝有戾于唯物之旨也。

《新论》说辟以运翕，即明心能宰物而不为物役。如宇宙开辟，当无机物凝成时，心灵只是潜而未显，不可谓本无心灵。如其本无，后焉得有？无能生有，断无是理。潜而未显，只是潜而已，不可谓之无。有则不无，无则不有。潜者，有而未形；显者，潜之已形而盛著也。故潜与显始终是有，不可言无。宇宙是浑然全体，虽不妨随俗假说有无机物阶段，要不可割截此一阶段，令其脱离全体，竟谓此阶段中无心灵也。此阶段中，心灵潜而未显，然唯其潜之也深，故其历久而显也，不可掩，不可御。自生机体进步至人类，心灵发展，而后见心灵有官天地、府万物之特殊作用，是固明明不容否认也。据此而推之人生修养方面，则人生毕竟以发扬灵性生活为最高蕲向。如孟氏所谓"收放心"，佛家宗门所谓"常惺惺"，此工夫直是彻始彻终，无可休歇。成圣犹自强不息，成佛犹不放逸，可谓严肃极矣。诚如是，则此心通寂感而恒一，常无障蔽，其流通于天地万物也，一一皆是天则昭著于当前，格物而不系于物，格物，宗朱子即物穷理之训。近日好战者，以科学供杀人之用，而理论科学几废，正是系于物之患。用物而不役于物，体物而非逐于物，体者，与物同体，所谓物我无间是也。体物，故不迷逐于物。此非凡夫境界。其斯为圣人尽心之学乎！尽字，吃紧。尽者，心德全显，无一毫亏蔽也。《新论》未尝否认物，而以心为主者，吾本其所见所信，非立异也。

翕成物，故见各别相。辟则本体之流行，不舍其自性，是乃无形无象，无定在而无所不在。翕亦本体之流行，初不异于辟，但已翕而成物，则失其本体之自性，斯与辟有异。然辟终转翕，非定异也。《新论》“功能”、“成物”诸章颇详此义，宜深玩。

知识论，吾国人只知诵法西洋。其实，西洋哲学家只盘旋知识窠臼中，终无出路。中国及印度哲学，皆于知识论上有博大高深之造诣，惜乎今人莫知求也！余以为，哲学不当反知，而当有超知之诣，哲学家有主张反理智与知识者，此固未妥。然孔门所谓默识，后儒所云体认，与佛氏所云证量，此皆超知境界，乃哲学上极诣，学者未可忽而不求。虽上几乎虑亡诠丧之域，终不废思辨，庶乎见独而不流于蹈空，见独，借用庄子语，谓证会本体也。独，谓本体。务默识者或反知，则不察于事物，而有蹈空之患。通感而不陷于支离。不废思辨，故可通感。默识本原以立本，故不支离。本原亦谓本体。余尝欲通究华梵西洋三方思想，别异同，衡得失，以衷诸至当，而造《量论》一书，量者，知义，本诸因明现比二量。比量之知，略当于理智思辨；现量亦名证量，则证会本体之义也。故现量之知，与通常知识一词，绝不同义。抗战入川，不遑从事，今衰矣，恐难果此愿也。

《新论》一书，援佛入儒，归本《大易》，余平生心力在此。二三子如留心国故，幸相与护持，俾异时治旧学者有所考焉。今非需要此学之时也，如有极少数人存此种子，亦是佳事。国故一词，民国初年盛行，而其词甚空泛，不知所指。余以为儒家《大易》乃一切学术根源，真国故也。

附识一：有问，本体论既别出于宇宙论之外，则解释宇宙万象者，莫如科学为精，何须哲学？答曰，否否。汝所见亦浅矣！此问题甚大，兹难详答，且略申三义。科学是纯知识的学问，且析为各部门。其于宇宙万象，解析至精密，虽足以发见宇宙各方面之奇秘，但宇宙原是变化不测、生生不息之全体，科学于宇宙大生命，毕竟不能体会。此不能无待于哲学者一也。宇宙人生，本浑然同体，不容割裂。故吾《大易》之义，言天地，而人在其中，三才义可玩也。古言天地，多是包举万有而为言，即宇宙之别名。三才义，本于《易》，以人处天地之中，与天地并称三才。或特提出人生而为言，则亦含摄全宇宙。如孟子言“万物皆备于我”，曰“上下与天地同流”，即演《易》义也。科学以纯知识态度，乃将宇宙视为外界独存，而用客观的方法去解析之，既于完整体妄为割裂，而欲识宇宙真几，必不可得也。真几一词，虽出明儒，确有深义。真者，无虚妄义。几者，动之微。宇宙原是变动不居，其真实之几，由微而著，非知识所及测也。须知宇宙人生，本来不二。吾人必克治其随形骸俱起之杂染，或小己之私，而与宇宙大生命同流无间，方可体会宇宙真几。科学为纯知识之学，断不能有此精微造诣。是不能不有待于哲学者二也。然哲学中亦唯吾国儒家一脉，于此所造最远，非深于《大易》者莫辨也。西洋哲学，大概与科学同为纯知识之学，斯不待论。佛家反人生，故视宇宙纯是众生颠倒虚诳相。虽大乘得无住涅槃，其人生观、宇宙观颇近吾儒大用流行意义，然为众生难得度故，以悲智力起兹胜用，其唯一蕲向仍在度脱生死海。《新论》中卷及《摧惑显宗记》已言之。佛家只是一种宗教神趣，非若吾儒直反己而自识宇宙人生之真也。《新论》归宗《大易》，学者宜知。或有难云，公素喜谈空，何耶？答曰，余之谈空，因俗学陷于知识窠臼，皆计执外在世界，不悟大用流行之真，故令观空，去其妄执，而后可悟真也。此与佛氏观空，仍不全同，兹不及详。又解释宇宙一词，盖随顺西洋哲学之遗习而为言。其实，中国哲学正统派儒家，确非徒事解释。儒者实证宇宙人生浑然一体同流，无内外之隔，无物我之间，故视宇宙内事，皆人生分内事。《尚书·帝典》已有“天工人其代之”之语，不独《大易》有“裁成天地，辅相万物”诸义也。故解释宇宙只是纯知识态度，而吾儒殊不如此，必注重即知即行，以开拓宇宙。《易》曰“富有之谓大业，日新之谓盛德”，决非若后儒或至遗忘天地万物而独修其小己可云德业也。吾人本与宇宙通为一大体。日新者，大体之日新；富有者，大体之富有，非小己得私利也。此非知行并进者，不能造斯诣也。阳明王子演先圣之旨，盛唱知行合一，其言曰，“知之真切笃实处即是行，行之明觉精察处即是知”，以救世儒徒求知而不尚笃行，与盲行而缺乏真知之弊。学者宜以是为宗趣。哲学为成己成物之学，必知行合一，始堪成就德业，否则无可言学也。综上三义，可见哲学家对于宇宙万象，非徒以析物之知为能事，要在于生活上能去己私而得大明，灼然洞澈自我与大宇宙浑然一体流行，极乎参赞化育，揭天地以趋新，与万物各遂其性，是乃儒家哲学在宇宙论方面之特殊贡献。

附识二： 孟子求放心之义，至为弘深，切忌浅解。余著《读经示要》卷一，讲《大学》明明德处，曾于本心义有所提示，初学宜细究。否则心且不自识，如何知放，又如何知求。

原载《摧惑显宗记》，1950年大众书店印本。

【注释】

〔1〕这里的“左”，系就竖排而言，此处横排，实指“下”。

与诸生谈《新唯识论》大要

《新论》以体用不二阐明万化根本原理，救正佛家分截法相是生灭、法性是不生灭，将性相打作二片，及西洋哲学家谈实体与现象每欠圆融之锢疾。救正，至此为句。此当首先注意。《新论》鄂印本中卷后记，“释体用”、“释体常”、“释理”三篇，至为扼要，初学宜熟玩。

东方诸大学派谈本体者，证会所至，各有发挥。约举三家。一、印度佛家，唯以空寂显体。佛家大小乘，派别极繁，互相攻难。而印以三法印，一切无诤。三法印者，空寂义也。

二、中土道家，则说本体唯是虚静。王船山《庄子通》有云，虚静之中，天地推焉，万物归焉。盖深得道家意。虚静，犹空寂也。佛法东来，魏晋玄家为之导。玄家宗道，故能与佛氏合流也。夫于本体而唯证会到空寂虚静者，则其宇宙观与人生观，将皆别是一番意义。易言之，即不免有耽空滞静之流弊。由此而形诸群化、政俗诸方面，亦必顺守故常。中国自汉以后，始则道家阴夺儒者之席，继则道与佛合流，晋世。久则佛法普遍深入于社会。二千余年来学术思想与政治社会各方面，一切凝滞不进，此其原因虽不一，道与佛偏彰空寂虚静之本体论，其影响确不良，则不可忽而不加察也。

三、儒家在中国思想界为正统派，余著《读经示要》已言之。儒家六籍，以《大易》、《春秋》为根本。《春秋》与《大易》相较，则《大易》又为《春秋》所本。汉儒说《易》为五经之原，其去孔子之时代未远，七十子后学口口相承之说，汉初犹未失也。佛家说《大般若》为群经之王，诸佛之母，余于《大易》，亦曰群经之王，诸子百家之母。真知中国学术源流者，当不忽吾言。《易》之谈本体，则从其刚健纯粹、流行不息、生化不测之德用而显示之。此与佛道二家谈本体，显然不同。惜乎汉以后，易学始亡于象数家，至宋明理学言《易》者，又杂以禅与老，而孔子之《易》不可复睹矣。

《新论》谈本体，则明夫空寂而有生化之神，虚静而含刚健之德，所以抉造化之藏、立斯人之极者在是也。穷理至万化根源处，是乃无形无象、无有作意、无有迷乱。佛氏证空寂，道家悟虚静，谓其所见非真固不得。但耽空溺静，即未免舍其生生化化不息之健。如佛氏反人生，道家流于委靡，皆学术之蔽也。《新论》透悟本原，谓本体。明夫空寂虚静而有生生化化不息不测之健，虽融三家儒佛道。而冶于一炉，毕竟宗主在《大易》。二千余年间，《易》道既绝而复明，天实启不肖以肩斯任欤！

初学每苦《新论》难读，今略示大要。本体是全体浑然、无差别相，喻如大海水；而本体之流行有一翕一辟，刹刹顿现、不守其故之谓用，此则喻如众沤。学者由大海水与众沤喻，当知《新论》体用可分而实不二，虽本不二而不妨有分。

一翕一辟之谓用，依翕假说物，依辟假说心。辟以运翕，翕随辟转。易言之，心能了物，非物可了心；心能御物，非物可御心。是故用有胜劣，说识名唯。识者，心之异名。

《新论》发明体用，其所谓体，具云本体。非谓其超脱于万有之上，或隐于万有之后。非字，至此为句。虽不妨形容为万有之根源，而根源即显现为万有，非离万有而独在。故从万有言，则一一现象，皆是自根自源。譬如每一沤，皆具有全大海水。孟子言“形色即天性”，宗门说“一华一法界，一叶一如来”，法界犹言本体，参看《通释》。如来亦法性或本体之异名。皆可由《新论》而得其的解。

《新论》言本体备万理，含万德，肇万化，学者或犹疑之，殆不深穷之过耳。本体上不容有一毫亏欠，否则云何成用？此须放下知见，默然体认。余且强以喻明：一粒谷子，当其未发现为萌芽、根干、枝叶、花实之时，而确已有此种种可能性潜在。由此譬喻，可悟本体备万理云云，并非空想或荒谈。因明言喻取少分相似，不可求其全肖也。此以谷子喻本体，萌芽乃至华实等喻体之成用，但体用本不二。而世俗则视芽等以次渐生时，谷子已灭，并非以谷子为体。此于玄学上之体用义不能全肖者也。唯大海水与众沤喻，形容体用不二最合。

《新论》以本体名为功能，民国十一年，余在北大，《唯识学讲义》已有“功能”章，尚据佛家本义。十四年，《新论》初稿便以功能说为本体，而注明与旧义绝异。亦名恒转等。本体非是兀然僵固之体，恒时舍其故而新生，不可言常，名之为转；恒时是新新而起，永无断灭，说之为恒。等者，本体尚有多名，此不及举。夫本体者，从一方面言，是势用无穷之大伏藏。从又一方面言，是万理皆备之大伏藏。有宗《大论》说圆成为大伏藏，最宜深玩。圆成，亦本体之名。故本体得名功能，亦得名之为理。不可以理为离异功能而托于虚也。理字，本即条理或法式、则律等义，但如以理与能离之为二，功能，亦省言能。则理只是空形式，既无所丽矣，能具云功能，下同。与孤存之空形式即理。又不知如何结合，云何得成物？故理与能虽随义而异其名，要不可离之为二，皆所以目本体也。自本体具大势用而言，目之以能；以能目体，是即用显体义。详《新论》。自本体备万理、含万德而言，目之以理。在玄学上言理，便是有能之理，言能，便非无理之能。如单言能，固为本体之目，单言理，亦本体之目也。理与能，不可离而二之，不可以理托于虚。本体绝待，无处不充周，又焉有空虚之所乎？伊川每言实理，着一实字，最有深义。此与佛家以真如名为真理者，义亦暗合。真如即本体之名。

原载《摧惑显宗记》，1950年大众书店印本。

《新唯识论》要旨

《新论》《新唯识论》之省称。一书，不得已而作，未堪忽略。中国自秦政夷六国而为郡县，定帝制之局，思想界自是始凝滞。参考《读经示要》第二讲。典午胡祸至惨，印度佛教乘机侵入，中国人失其固有也久矣。两宋诸大师奋起，始提出尧舜至孔孟之道统，令人自求心性之地，于是始知有数千年道统之传而不惑于出世之教，又皆知中夏之贵于夷狄、人道之远于禽兽，此两宋诸大师之功也。然其道嫌不广，敬慎于人伦日用之际甚是，而过于拘束便非。其流则模拟前贤行迹，循途守辙，甚少开拓气象。

逮有明阳明先生兴，始揭出良知，令人掘发其内在无尽宝藏，一直扩充去，自本自根、自信自肯、自发自辟，大洒脱、大自由，可谓理性大解放时期。理性即是良知之发用。程朱未竟之功，至阳明而始著，此阳明之伟大也。然阳明说《大学》格物，力反朱子，其工夫毕竟偏重向里，而外扩终嫌不足。晚明王、顾、颜、黄诸子兴，始有补救之绩，值国亡而遽斩其绪。

今当衰危之运，欧化侵凌，吾固有精神荡然泯绝，人习于自卑、自暴、自弃，一切向外剽窃而无以自树，《新论》固不得不出。是书广大悉备，略言其要：

一、归本性智，仍申阳明之旨。但阳明究是二氏之成分过多，故其后学走入狂禅去。《新论》谈本体，则于空寂而识生化之神，于虚静而见刚健之德。此其融二氏于《大易》而抉造化之藏、立斯人之极也。若只言生化与刚健，恐如西洋生命论者，其言生之冲动，与佛家唯识宗说赖耶生相恒转如暴流、直认取习气为生源者，同一错误。赖耶生相，参考《佛家名相通释》。若如东方释与道之只证寂静，却不悟本体元是寂而生生，静而健动，却不悟，至此为句。则将溺寂滞静，而有反人生之倾向，如佛。至少亦流于颓靡。如老庄之下流。《新论》所资至博，非拘于某一家派之见。所证会独深远，其视阳明不免杂二氏者，根柢迥异。夫寂者，无昏扰义，非枯寂之寂。故寂而生生也；静者，无嚣乱义，非如物体静止之谓。故静而健动也。是故达天德而立人极者，莫如《新论》。天者，本体之目，非谓神帝。德者，德性及德用。天德，谓本体具无量德，而寂静与生化或刚健等德，则举要言之耳。佛老只见为寂静，而未证生生不息之健，则非深达天德之全也。宋明儒以主静立人极，犹近二氏。人道继天，继天，谓实现本体之德用。在继其生生不息之健，富有日新而不已也。若止于守静趣寂，人道其将穷乎！

二、《新论》归于超知，而实非反知。“明宗”章曰：今造此论，为欲悟诸究玄学者，令知一切物的本体，非是离自心外在境界，及非知识所行境界，唯是反求实证相应故。云云。《新论》本为发明体用而作，理智思辨不可亲得本体，故云非知识所行境界。证者，即本体之炯然自识，惟本体呈露方得有此，故云唯反求实证相应。此但约证量之范围而言其非知识所及，证量者，证得本体故名。此义详谈，当在《量论》。实非一往反知。而读者每不察，辄疑《新论》为反知主义。此则不审《新论》立言自有分际，而误起猜疑，或由《量论》尚未作，读者不深悉吾思想之完整体系，其猜疑无足怪。《新论》“明心下”章卷下之二第九章，丛书本一四页右。云：性智全泯外缘，性智，即目本体。亲冥自性。亲冥者，谓性智反观自体而自了自见，所谓内证离言是也。盖此能证即是所证，而实无能所可分，故是照体独立，迥超物表。此中所言，即证量境界，亦即超知之诣。斯时智不外缘，独立无匹。易言之，即是真体呈露，复然绝待。佛氏所谓非寻思境界，即非智识安足处所，正谓此也。又曰：明解缘虑事物，明解，即性智之发用。此发用现起时，即以所缘虑之事物为外境，所谓外缘是也。事物一词，不唯有形之事物，即如思量义理时，此时心上现似所思之相，亦得名事物。明征定保，必止于符。言其解析众理，必举征验而有符应。先难后获，必戒于偷。知周万物，而未尝逐物。世疑圣人但务内照，而遗物弃知，是乃妄测。设谓圣人之知，亦犹夫未见性人之凿以为知也，则夏虫不可与语冰矣。凿者，穿凿。刻意求入，而不顺物之理，又乃矜其私智，求通乎物，而未免殉于物也。圣人之知不如此。此明性智之发用，缘虑事物，而成知识，是乃妙用自然，不容遏绝者也。《语要》卷三谈《大学》格物有云：若老庄之反知主义，将守其孤明而不与天地万物相流通，是障遏良知之大用，不可以为道也。良知，即《新论》所云性智。故经言“致知在格物”，正显良知体万物而流通无阂之妙。格者，量度义。良知之明，周运乎事事物物而量度之，以悉得其有则而不可乱者，此是良知推扩不容已，而未可遏绝者也。余于《大学》格物，不取阳明，而取朱子，此即不主反知之明证。《语要》卷二“答任继愈”有云：向来以尊德性、道问学为朱陆异同。中略。佛家有宗与教之分，教则以道问学为入手工夫，宗则以尊德性为入手工夫。西洋哲学家，有任理智思辨，即注重知识者，亦有反知而尚直觉者，其致力处，虽与陆王不可比附，要之，哲学家之路向常不一致，而尚直觉者，虽未能反诸德性上之自诚自明，要其稍有向里的意思，则与陆子若相近也。注意若相近三字。重知识者，比吾前儒道问学之方法更精密。然朱子在其即物穷理之一种意义上，亦若与西洋哲学遥契。人类思想大致不甚相远，所贵察其异而能会其通也。哲学家路向，略分反知与否之二种，殆为中外古今所同。《新论》本主融通，非偏于一路向者。学问之功，始终不可废思辨，是未尝反知也。学必归于证量，游于无待，证量，即真体呈露，故无待。则不待反知而毕竟超知矣。夫学至于超知，则智体湛寂而大用繁兴，所谓无知而无不知是也。《新论》附录“与张君”有曰：吾平生主张哲学须归于证，求证必由修养，此东圣血脉也。然学者当未至证的境地时，其于宇宙人生根本问题，有触而求解决，必不能不极用思辨。思辨之极，而终感与道为二也，则乃反求诸己，而慎修以体之，涵养以发之，始知万化根源无须外觅。宋人小词云，“众里寻他千百度，回头蓦见那人正在灯火阑珊处”，正谓此也。又曰：玄学者，始乎理智思辨，终于超理智思辨，而归乎反己内证，及乎证矣，仍不废思辨。但证以后之思思辨，省云思，后仿此。与未证以前之思自不同。孟子曰，“如智者若禹之行水也，行其所无事也”，为证后之思言也。又曰：玄学亦名哲学，是固始于思，极于证，证而仍不废思。亦可说资于理智思辨，而必本之修养，以达于智体呈露，即超过理智思辨境界，而终亦不遗理智思辨。亦可云，此学为思辨与修养交尽之学。又曰：若其只务修养者，喜超悟，厌支离，即在上贤，脱然大彻，向下更有事在。其本之一原，而显为万事万物者，律则井然，岂得谓一澈其源，便无事于斯乎！征事辨物之知，要有致曲一段功夫，致曲，即分析与推求等方法。非可凭一澈而尽悉也。澈，只是洞识万化之源，灼然证得自家与天地万物同体之真际。譬如高飞绝顶，其下千径万壑，未曾周历，终不能无迷罔之感。证而仍不废思，是义宜知。总之，哲学应为思修交尽之学，余当俟《量论》畅发此旨。《新论》归于超知，而未尝反知。此于前所说二种路向中，即知识的与反知的，亦云理智的与反理智的。在吾国朱陆二派，道问学即是知识的，尊德性则近于反知。无所偏倚，此亦与阳明作用大异处。

三、从来谈本体真常者，好似本体自身就是一个恒常的物事。此种想法，即以为宇宙有不变者，为万变不居者之所依。如此，则体用自成二片。佛家显有此失。西洋哲学家谈本体与现象，纵不似佛家分截太甚，而终有不得圆融之感。因为，于体上唯说恒常不变，则此不变者，自与万变不居之现象对峙而成二界。此实中外穷玄者从来不可解之迷。《新论》言本体真常者，乃克就本体之德言，此是洞澈化源处。须知，本体自身即此显为变动不居者是，譬如大海水之自身即此显为众沤者是。非离变动不居之现象而别有真常之境可名本体。譬如非离众沤而别有澄湛之境可名大海水。然则本体既非离变动不居者而别有物在，奚以云真常耶？《新论》则曰，真常者，言其德也。德有二义：德性、德用。曰寂静、曰生生、曰变化、曰刚健、曰纯善、曰灵明，皆言其德也。德本无量，难以悉命之名。凡德通名真实，无虚妄故。通字恒常，无改易故。真常者，万德之都称。谈本体者，从其德而称之，则曰真常，非以其为兀然凝固之物，别异于变动不居之现象而独在，始谓之真常也。非以其三字，至此为句。凡读《新论》者，若不会此根本义，虽读之至熟，犹如不读。《新论》卷中后记，有“释体用”、“释体常义”、“释理”三则，提示全书纲要，见三十六年所印丛书本。学者所宜尽心。又复应知，本体真常系就德言，则玄学之所致力者，不仅在理智思辨方面，而于人生日用践履之中涵养功夫，尤为重要。前言哲学为思修交尽之学，其义与此相关。科学于宇宙万象虽有发明，要其所窥，止涉化迹，化迹二字，宜深玩。非能了其所以化也。备万德故，化化不穷。苟非体天德者，恶可了其所以化哉！天德，谓本体之德，非谓神帝。体天德之体，是体现义，谓实现之也。此则哲学之所有事，而非几于尽性至命之君子，不足与闻斯义。渊乎微乎！尽性至命，解见《读经示要》第二卷。东土儒释道诸宗，于天德各有所明。世无超悟之资，置而弗究，岂不惜哉？

四、西哲谈变，总似有个外在世界肇起变化者然。《新论》却不如此。略明其概：（一）以本体之流行，现似一翕一辟，相反而成化，此谓之变，亦谓之用。（二）本体无内外，不可妄计为离自心而外在。吾人如自识本体，便见得自己元是官天地、府万物，更无内外二界对峙。斯理也，自吾人言之如是，自一微尘言之亦然。一切物，皆从其本体而言，都无内外。（三）本体不可当作一物事去猜拟，至神而非有意也，非如人有意想分别或图谋造作也。实有而无方所与形象也。故《老》云，“玄之又玄，众妙之门”。

五、《新论》之义，圆融无碍，若拘一端，难窥冲旨。

浑然全体流行，是云本体。依此流行，现似一翕一辟，假说心物。说翕为物，说辟为心。都无实物可容暂住，是称大用。

右体用别说，用上又假分心物。[1]

自体上言，浑然全体流行，备万理，含万德，德即是理，天则秩然，名之以理，是为本体之所以得成为本体者，故亦名德。德者得也。肇万化。说之为物，此岂是物？说之为心，亦不应名心。心对物而彰名，此无对故。

右体用分观，心物俱不立。

如大海水，现作众沤，众沤，喻用；大海水，喻体。故不妨隐大海水，而直谈沤相。全体显为大用，不妨隐体而直谈用相，义亦犹是。

用不孤行，必有翕辟二势，反以相成。翕者，大用之凝摄之方面。凝摄则幻似成物，依此假立物名。辟者，大用之开发之方面。开发则刚健不挠，清净离染，恒运于翕之中，而转翕以从己，己者，设为辟之自谓。是为不失其本体之自性者，譬如沤相，依大海水起，而不失大海水之湿润等自性。辟依本体起，而不失其本体之刚健清净等自性，义亦犹是。依此假立心名。

右摄体归用，心物俱成。

体用可分，而究不二。故于用识体，则可于心之方面即辟之方面。而径说为体。以心即辟，确与其翕之方面不同。翕有物化之虞，而心却不失其本体之自性。故严格谈用，心才是用。即用而识体，不妨直指心而名体。譬如，于众沤而知其体即大海水，便于沤相而径名之曰大海水。

又复应知，翕虽物化，而不可偏执一义以言之。所以者何？翕非异辟而别有本事，毕竟随辟转故，则翕亦辟也，同为本体之显也。是故“形色即天性”，儒言不妄也；“道在屎尿”，庄谈不虚也；“一华一法界，一叶一如来”，禅师家证真而有此乐也。

右即用识体，心物同是真体呈露。

如上诸义，异而知其类，睽而知其通。庄生所谓“恢诡谲怪，道通为一”，其斯之谓也。

六、西哲总将宇宙人生割裂，谈宇宙，实是要给物理世界以一个说明，而其为说，鲜有从人生真性上反己体认得来，终本其析物之知，以构画而成一套理论。其于真理，不谓之戏论不得也。《新论》贯通东方先哲之旨，会万物而归一己，不割裂宇宙于人生之外。故乃通物我而观其大原，会天人而穷其真际，合内外而冥证一如，融动静而浑成一片，即上即下，无始无终，于流行识主宰，于现象睹真实。是故迷人自陷于相对，悟者乃即于相对而证绝对。体斯道者，小己之见亡，贪嗔痴诸惑自泯，而天地万物一体之仁发于不容已。

七、本体虽人人俱足，然人之生也，形气限之，又每缚于染习，参看《新论》中卷。故本体不易发现。人生如不务扩充其固有之德用，是失其本体也。《新论》归于创净习与成能，最有冲旨。《语要》卷三“答宗三难《示要》释《大学》”一书，是承《新论》而作之一篇重要文字。宋明学误于二氏，当以此救之。

以上所言，皆关《新论》之根本旨趣旨者主旨，趣者归趣。与其精神所在。凡所以鉴观西洋，西洋哲学家谈本体，大概任理智思辨而向外穷索，即看作为外界独存的物事而推求之。平章华梵，括囊大宇，折衷众圣，不得已而有言者，其所蕴难以殚论。兹之所及，粗举大意而已。若夫理论之条贯，与其中甚多要义，或为读者所不必察者，是在勿以粗心逸智临之而已。

原题“略谈《新论》旨要（答牟宗三）”，载《学原》，1948 年第二卷第一期；又载《十力语要初续》，香港东升印务局 1949 年出版。题目系编者所加。

【注释】

〔1〕这里的“右”，系就竖排而言，此处横排，实指“以上”。下同。

哲学本体论的重建

之一

今人言综合各科学之原理，以求得哲学上普遍之根本原理。此其说非无似处，而实不通哲学。哲学是智慧的学问，非仅在知识上用功，可悟一贯之理。佛家必得根本智，而后起后得智。后得智，即辨物析理的知识，乃依根本智而起者。此亦有资乎经验，故云后得。兹不暇详论。吾前儒主张先得一本，而后可达万殊。此澈底语也。盖哲学之究极旨，在识一本。而此一本，不是在万殊方面，用支离破碎工夫，可以会通一本也。科学成功，却是要致力于支离破碎。此四字，吾先哲之所病，而科学正要如此。但哲学必不可只如此，下一只字者，哲学在知识方面，也须用过支离破碎工夫，但不可只是如此而已，必另有工夫在。若只如此，必不可识万化根源。化源者，即所谓一本是也。此处不是各种知识贯穿得到的，正须反求自得。儒之体认，佛之内证，皆非今人所谓为神秘，而是确实证会之境。

所以于科学外，必有建本立极之形而上学，才是哲学之极旨。哲学若不足语于建本立极，纵能依据一种或几种科学知识出发，以组成一套理论、一个系统，要其所为，等于科学之附庸，不足当哲学也。哲学如依据一种科学以解释宇宙，总不免以管窥天。如近人好据物理学中之相对论与量子论而言宇宙为如何如何，谓其无似处固不得，然谓作如是观者果已得宇宙之蕴，毋乃太戏论乎？又如生物哲学，视宇宙为一生机体，谓其无似处亦不得，然格以东方哲人之义，则犹见其尚未识生命之源，其不免戏论，则与根据物理学而解析宇宙者又同也。大凡哲学家多是以一只眼去窥宇宙，无法避免戏论。

孔子于《易》言“天下之动，贞夫一者也”，此言变动不居的宇宙，而有个至一的理，为万物所资始，故万变而莫非贞正也。老子言“天得一以清，天者，无量星云或星球也。清者，言天之德，无垢曰清。一者，绝对义。天何由成？盖得至一的理，以成其清，而始名为天。地得一以宁”云云，宁者，言地之德。地德安宁，故万物生其中。地何由成？亦得至一的理，以成其宁，而始名为地。故知天地乃至万有，皆一理之所为。亦本《易》义。孟子言，“夫道，一而已矣”。《记》言，“通其一，万事毕”。于万化而知其皆一理之流行，于万物而知其皆一理之散著。会之有宗，统之有元，故通一而万事毕也。佛氏推万法之原，亦云“一真法界”。“一”义见上。真者，至实无妄义。法界，犹云万物本体。从来圣哲皆由修养工夫纯熟，常使神明昭彻而不累于形气，即宇宙真体，默喻诸当躬，不待外求。虑亡词丧，斯为证会。吾人真性，即是宇宙真体，本来无二。一真呈露，炯然自喻，非假思虑，故云虑亡。此际不可以言词表示，故云词丧。须知，思虑起时，便由能虑现似所虑相。斯时已是虚妄分别，而真体几离失矣。几之为言，显非果离失，然一涉思虑，又不得不谓之离失也。言词所以表物，真体无相，故非言词可表。真体无形无象，无内无外，此是证会所及，非知识所行境。学极于证，而后戏论息。

哲学不当反知，而毕竟当超知。超知者，证会也。知识推度事物，不能应真，虚妄分别故。知识对于宇宙万象，只是一种图摹，决不与实体相应，故云虚妄。知识总是有封畛的，不能冥契大全。至于“证”，则与真理为一。易言之，“证”即真理呈露，炯然自识也。

《新论》建本立极，而谈本体。

学不究体，自宇宙论言之，万化无源，万物无本。只认现前变动不居的物事为实有，而不究其原，是犹孩童临洋岸，只认众沤为实有，而不悟一一沤皆以大海水为其本源。儿童无知不足怪，而成年人设如此，则可悲矣。《新论》浩博，学者或不易理会。《语要》卷一有答某君难《新论》篇后附识，谈体用不二义，举大海水与众沤喻，详为分疏。《语要》卷三后有曹慕樊、王准两记，其涉及体用义者，皆足发明《新论》。所宜详究。

学不究体，自人生论言之，无有归宿。区区有限之形，沧海一粟，迷离颠倒，成何意义？若能见体，即于有限而自识无限，官天地，府万物，富有日新。自性元无亏欠，本来无待，如何不乐？

学不究体，道德无内在根源，将只在己与人或与物的关系上去讲道德规律，是犹立法也，是外铄也。无本之学，如何站得住？悲夫！人失其性也久矣。性即本体，以其在人言之，则曰性。残酷自毁，何怪其然。

学不究体，治化无基。功利杀夺，何有止期？若真了天地万物本吾一体者，科学知能皆可用之以自求多福。

学不究体，知识论上无有知源。本体在人，亦云性智，纯净圆明而备万理，是为一切知识之源。详《新论》“明宗”章。且真极弗显，真极，犹云本体。证量不成。证量者，即本体或性智之自明自了。一极如如，炯然自识，而无外驰。佛家所谓正智缘真如，名为证量，应如是解，非可以智为能缘，如为所缘，判之为二也。二之，便是有对，是妄相，非真体呈露，何成证量？故知证量依本体建立。若本体不立，证量无由成。宋人词曰，“众里寻他千百度，回头蓦见那人正在灯火阑珊处”。学者无穷思辨，无限知见，皆灯火也，皆向众里寻他千百度也。回头蓦见云云，正是性智炯然自识。真理何待外求？知见熄时，此理已显也。此言理智思辨，终必归于证量，至为剀切。学不知所止，学必至于证，方是《大学》所谓知止。理不究其极，阳明所谓无头的学问，可胜慨哉！

《新论》明体用不二，此是千古正法眼藏。一真法界，是体之名；变动不居，是谓之用。哲学家谈本体与现象，多欠圆融。现象一词，即依用上而立名。《新论》以大海水喻体，众沤喻用。即体而言，用在体；才说体，便知体必成用。譬如说大海水，即此现作众沤者是，不可离众沤而别求大海水。体必成用，不可离用觅体，义亦犹是。即用而言，体在用；才说用，便知用由体现。譬如说众沤，即是一一沤，各各揽全大海水为其体。不可只认一一沤为实物，而否认一一沤各各元是大海水也。用由体现，不可执用而昧其本体，义亦犹是。妙哉，妙哉！

佛氏谈本体，只是空寂，不涉生化；只是无为，不许说无为而无不为；只是不生灭，不许言生。譬如，于大海水，只见为渊深渟蓄，而不悟其生动活跃，全现作无量沤。此未免滞寂之见。其于生灭法，佛氏所谓生灭法，即指变动不居的万有而目之也，相当《新论》所谓用。亦不许说由真如现为如此。譬如，不许说众沤由大海水现为之。理何可通？详核佛氏根本大义，却是体用条然各别。譬如将大海水与众沤离而二之，极不应理。此盖出世法之根本错误。《新论》语体本，辨析严明，"功能"两章，最不可忽。

西洋哲学，《新论》可摄通处自不少。如数理派哲学，以事素说明宇宙。其说似妙，而实未见本源。《新论》明功能显用，功能，即本体之名。功能显用，譬如大海水显为众沤。沤，喻用；大海水，喻功能。有翕辟二极，顿起顿灭，刹那不住。即此翕辟二极，名之为用。二极者，非如南北二极有分段之隔也，但言其有内在的矛盾，以相反相成而已。详上卷"转变"章。自翕极而言，翕势刹那顿现，而不暂住。以此明物质宇宙，本无实物，与事素说，略可和会。即在其无实物的意义上可和会。而有根本殊趣者，与翕俱起，爰有辟极。转翕而不随翕转，即翕从辟，毕竟不二，而可说唯辟。辟势无在无不在，无二无别，绝待，故云无二；不可分割，故云无别。

清净而非迷暗，所谓神之盛也。是名宇宙大生命，亦即物物各具之生命。譬如月印万川，万川各具之月，实是一月。所谓一为无量，无量为一是也。据此，则翕势顿现，可略摄事素说。而与翕俱起者则有辟，又翕终从辟，反而相成，故乃于翕辟毕竟不二，而见为本体之流行。克就流行言，则新新而不用其故，真真实实，活活跃跃，非断亦非常。刹刹不守其故，故非断；刹刹新新而生，故非常。以上参玩《新论》。神哉，神哉！此非谈事素者所与知也。事素说者，不了体用，不识生命。但于翕之方面，刹那势速顿现，则与事素说有少分相似。势速一词，借用佛典。有势猛起，曰势速。此势速刹那顿起，于事素亦稍似，即从其无实物的意义上有稍似。然不了体用，于翕义稍似，非真了翕。且不知有辟，故未了用。又复不知本体之显为翕辟，是不悟万化真源。总而言之，不了体用。不识生命，若了翕辟即是本体之流行，若了翕辟反以相成而毕竟不二，即于此识生命。谈事素者未堪语此。斯义深微，焉得解人而与之言？则不足语于第一义。“第一义”一词，借用佛典。穷彻宇宙本源，方是第一义。宇宙人生，不是虚浮无根柢。学不证体，终成戏论。

至于生命论派之学者，大概体验夫所谓意志追求，或生之冲动处。此盖在与形骸俱始之习气上，有所理会，遂直以习气暴流，认为生命。佛家说众生以势如暴流之赖耶识为主公。赖耶，即一团习气也。西哲如叔本华、柏格森等，持说之根底不能外此。殊不知，必于空寂中识得生生不息之健，方是生命本然，而哲学家罕能见及此也。总之，言事素者，明物质宇宙非实在，《新论》可摄彼义。至于不达宇宙实相，则非进而求之《新论》不可也。生命论者，其所见足与《新论》相发明者自不少，然未能超形与习，以窥生命之本然。习依形起，亦形之流类也。人生成为具有形气之物，则欲爱发而习气生，种种追求与冲动，其机甚隐，而力甚大。此缘形与习而潜伏之几，阴蓄之力，殆成为吾人之天性。吾人如不能超脱于此杂染物之外，而欲自识生命之真，殆为事实所不可能者。无明所盲，借用佛典语。无明，谓迷暗习气，此能令人成盲。覆蔽自性，常陷颠倒，可哀孰甚。佛说众生无始时来，在颠倒中。由其不见自性，而心为形役，故颠倒也。《新论》融会佛老，以归于儒，明本体空寂而涵万理、备万善，具生生不息之健。空者，无形无象、无分畛、无限量、无作意，故名空，非空无之谓。寂者，无昏扰、无滞碍、无迷暗，清净炤明，故名寂。涵万理、备万善，本来如是，非妄臆其然也。万化无非实理之流行，万物无非真善之灿著。孟子道性善，非从形与习上着眼，乃造微之谈也。具生生不息之健，《大易》扼重在此。二氏未免耽空溺寂，儒者盖预堤其弊。虽然，不见空寂而谈生生，其能不囿于形与习而悟清净炤明之性体乎？若只理会到生之冲动与盲目追求云云，则已迷其本来生生之健，而无以宰乎形、转其习，因有物化之患矣。《新论》“功能”两章，学者宜玩。生命论者，未能穷究本源。则夫子呵子路以“未知生”，岂止为子路下当头棒耶？

牟生宗三，俊才也。前来函谈怀特海哲学，甚有理趣。吾置之案头，拟作答，因循未果，忽忽失去，极怅惘。忆彼有云，西洋哲学总是一个知的系统，知读智。自闻余谈儒，而后知儒家哲学，自尧舜迄孔孟，下逮宋明，由其说以究其义，始终是一个仁的系统。《系传》曰："智者见之谓之智，仁者见之谓之仁。"由中西学术观之，岂不然欤？余以为儒家根本大典，首推《易》。《易》之为书，名数为经，质力为纬，非智之事欤？阳为力，而阴为质。质力非二元，但力有其凝之方面，即名为质。此中质力，只约科学上的说法。《易》本含摄多方面的道理。若依玄学言，则阳为辟，而阴为翕，其意义极深远。科学上质力的意义，只可总摄于翕的方面。当别为论。汉人言《易》，曰乾为仁，坤元亦是乾元。然则遍六十四卦，皆乾为之主宰，即无往而非仁之流行也。据此，则《易》之为书，以仁为骨子，而智运于其间。后儒若宋明语录，则求仁之功殊切，而尚智之用未宏。《论语》记者似只注重孔子言仁与实践的方面，非是孔子之道有偏，只记者有偏注耳。汉以来经师，仁智俱失。宋明儒却知求仁。《新论》救后儒之弊，尊性智而未尝遗量智，量智，即理智之异名。性智是体，量智是用。量智推度，其效能有限，以其不得有证量也。存养性智，是孟子所谓立大本之道。陆王有见乎此，然未免轻知识，则遗量智矣。孟子尊思为心官。心者，言乎性智也。思者，言乎量智也。遗量智，则废心之官。后儒思辨之用未宏，此《新论》所戒也。归乎证量，而始终尚思辨。证量者，性智之自明自了。思辨，则量智也。学不至于证，则思辨可以习于支离而迷其本。学唯求证，而不务思辨，则后儒高言体认而终缺乏圣人智周万物、道济天下之大用，无可为后儒讳也。余拟于《新论》外，更作《量论》，与《新论》相辅而行。老当衰乱，竟未得执笔。性智，即仁体也。证量，即由不违仁而后得此也。仁体放失，便无自觉可言。此言自觉，即自明自了，其意义极深远，与常途习用者不同。思辨，即性智之发用，周通乎万事万物，万理昭著。如人体无麻木枯废、血气不运之患，则仁智虽可分言，而毕竟一体也。《新论》准《大易》而作，形式不同，而义蕴自相和会。

《新论》立翕辟成变义。翕，即凝以成物，而诈现互相观待的宇宙万象。辟，则遍运乎一切翕或一切物之中，而包含乎一一物。故辟乃无定在而无所不在，无二无别，夐然绝待。翕辟皆恒转之所为。恒转，即本体之名。详《新论》。翕辟，喻如众沤。恒转，喻如大海水。但从翕之方面言，则似将物化，而失其本性。本性，谓恒转。从辟之方面言，则是不改易其本性，本性同上。常转翕从己，而终不可物化者。己者，设为辟之自谓。于此，而见翕辟毕竟不二。翕随辟转，只是一辟，故不二。亦即于此，而识恒转。于翕辟不二，而知此即恒转。譬如，于众沤而知其即是大海水也。本来无实物，而诈现物相，毕竟非有相、非无相。恒转本无形，而不能不现为翕辟。翕即现似物相，故知毕竟非无相。辟，亦无形也，终不失恒转本性，而翕终随辟，则翕虽诈现物相，要非实在，故知毕竟非有相。神哉，神哉！非有非无，穷于称赞而叹其神也。

就辟之运乎一一翕或一一物之中以言，便是一为无量。辟是一，已如前说。其运乎一一物之中，即本至一，而分化成多。

譬如月印万川，即本一月而为无量月。

就辟之至一而不可分、一一物各得其全以言，便是无量为一。辟是全整的一，故就其在甲物言，则甲物得其全，就其在乙物言，乙物亦得其全，乃至无量物皆然。譬如万川之月，元是一月。

就万物各具辟之全以言，则万物平等一味。《大易》“群龙无首”，龙者，阳物，喻物之各具有辟，以成其为物也。无首者，物皆平等，性分各足故。庄生“泰山非大，秋毫非小”，皆此义也。若推此义以言治化，则当不毁自由，任物各畅其性。各畅者，以并育不相害为原则。逾乎此，则是暴乱，非自由义。此不暇详。

就一一物各具之辟，即是万物统体的辟以言，则自甲物言之，曰天地万物皆吾一体，自乙物言之，亦曰天地万物皆吾一体，乃至无量物皆然。理实如是，非由意想谓之然。是故《论语》言“仁者，己欲立而立人，己欲达而达人”，人己非异体故。《中庸》言“成己”“成物”，物我无二本故。同体之爱，发不容已。孔氏求仁，佛氏发大悲心，皆从本体滚发出来。用李延平语。虽在凡夫，私欲蔽其本明，本明，谓本体。然遇缘触发，毕竟不容全蔽。如孟子言“今人乍见孺子入井，皆有怵惕恻隐”，即其征也。本此以言治化，《春秋》“太平”、《礼运》“大同”，岂云空想，人患不见己性耳。己性本与万物同体。

《新论》原心于沕穆，沕穆，无形貌。推原心之本体，本无形也。动而辟也。动者，流行义。本体流行，而有其显为辟之方面，即名为心。辟则至无而有，至无，谓无形也。辟不失其本体之自性，故无形。然无形而已，要非空无之谓，故又云有。至无而有，故是浑一而无封畛也。无形故无封畛。原物于沕穆，推原物之本体，则非物别有本也，固与心同一本体、同一沕穆无形者也。动而翕也。动义同上。本体流行，而有其翕之方面，即名为物。翕则不形而形，本体无作意，非欲自成为形物也，故云不形。然其显为翕之势，刹那势速顿现，虽无实质，而似有形焉。如当前桌子，只是刹刹势速顿现，宛尔成形。是其动以不得已。辟之流行，不可无资具故也。唯然，翕便现似各个千差万别，宛然世界无量。世界约说以二：曰器世界，即自然界；曰有情世界，即于自然界中，特举众生而目之。然复须知，翕成形，则只如其现似之形而已。若其周运与包含，且主宰乎翕者，则所谓辟是也。心物问题，古今聚讼。学者各任知见构画，云何应理？《新论》以翕辟言之，初时良由傥悟，后来随处体认，确信此理无疑。余年十八，读《易·系传》至“辟户之谓乾，阖户之谓坤”，神解脱然，顿悟虚灵开发者，谓之辟，亦谓之心；聚凝阖敛者，谓之翕，亦谓之物。心无内外。心是虚灵开发、无定在而无不在，本无形也，何内外可分？物者，心之所运用、所了别，亦非离心外在。当时颇见大意，只条理未析，意义不深耳。

谈哲学，如不能融思辨以入体认，则其于宇宙人生，亦不得融成一片。此中义趣渊微，难为不知者道也。体认极于证量。体认一词，前儒或泛用之，然语其极，即是证量。《新论》下卷附录中有答谢君书及此。非克己或断障至尽，则性智不显，不得有体认也。性智，即本体之名。见《新论》“明宗”章。体认，即本体之炯然自识。故惟本体呈露，方得有体认也。儒者言克己，佛氏言断障，障之与己，名异而实同。但佛家于此，发挥详尽，儒者却不深析之。己不克尽，障不断尽，则本体受蔽而不显，如何得有体认？思辨，本性智之发用，然己私与障染未尽，体认未得，则思辨易失其贞明之本然，思辨是性智的发用，则贞明是其本然也。元无迷乱，但人之生也，形气限之，而己私以起，障染以生，则蔽其本体，而贞明以失，如云雾起而蔽太阳。而有相缚之患。相缚一词，本之大乘相宗，意义极深远。相者，相状。为相所缚，曰相缚。人生不能离开实用，故理智常受实用方面的杂染，每取着境相。易言之，思辨之行，恒构画成相，此相既成，还以锢缚自心，而不得脱然默契实理，故云相缚。如哲学家解释宇宙，其实只是分析概念。此等概念，在哲学家思辨的心中，无往不是相缚。故非克己断障尽净，性智显而体认得，则思辨之行终不能遣相缚，而至于思泉纷涌而不取思相，辨锋锐利而不着辨相，直与实理亲冥为一。故非克己，至此为句。所谓不能融思辨以入体认者此也。向欲于《量论》中详此意，惜未及作。不能融思辨以入体认，则其于宇宙人生不得融一者，为其思辨心中所构画之宇宙，只是相缚，直将人生本来与宇宙同体之真，无端隔截故也。既自系于相缚，便不能有孟子所谓“万物皆备于我”及“上下与天地同流”之实际理地。譬如手足一旦受缚极重，便与全体血脉不相通贯，而成隔截之祸。又如蛛造网、蚕作茧而自缚其中，遂与向所生焉息焉、周通无碍之大自然隔截。此其可悲已甚，故谓宇宙人生不能融成一片也。

《新论》根本精神，在由思辨趣入体认，亦云证量或证会。即从智入而极于仁守。仁，即本体。佛老于虚寂显体，《新论》则于虚寂而有生生不息之健处认识体。生生，仁也。故说仁即本体，此是儒家一脉相承。仁守，即体认之候。若私意私欲蔽其本体，即无体认可言。思辨，则智之事也。此或为偏尚知的系统者所不得契。然理贞一是，学有正鹄，不可徇俗而丧吾所持也。自《新论》文言、语体两本问世以来，十余年间，辄欲以一得之愚与当世明哲商所向，天下之大，岂无与我同怀者乎？然而所期适得其反。汪大绅自序曰“学既成而日孤也”，余谓不孤不足以为学，可毋伤也。

之二

空洞的“无”的境界，决定没有的。只有不了解本体的人，才作这种“无”来想的。宇宙全是真实的弥满，真实是恒久的，不息的，哪有空洞的“无”呢？

还有许多哲学家，他们并不曾有意的作“有出于无”或“无能生有”这样的主张，并不说有空洞的无的境界，他们只把万变不穷的宇宙看作是客观独存的，只承认这个变动的一切行或万有是实有的，但不肯承认有所谓本体，并且厌闻本体的说法。他们以为，本体只是观念论者好弄虚玄而妄构一个神秘的东西来作宇宙的因素，这完全是一种迷谬罢了。他们的意思，大概如此。我觉得他们的评议，对于谈本体的学者们，也可作一个诤友。从来哲学家谈本体，许多臆猜揣度，总不免把本体当作外在的物事来推求，好像本体是超越于一切行或现象之上而为其根源的。他们多有把本体和一切行或现象界说成两片。他们根本不曾见到体，而只任他的意见去猜度。因此，任意安立某种本体，或以为是心的，或以为是物的，或以为是非心非物的，总当作外在的物事来猜拟。即在唯心家言，亦是臆想宇宙和人生有个公共的本源，而说为精神的已耳。其立论皆出于猜度，要非本于实证，与吾侪所见，自是天渊。当别为文论之。并组成一套理论，以解释宇宙。其实，只是他们各自构造宇宙，绝不与真理相应的。所以本体论上许多戏论，足以招致攻难，这是无可讳言的。

但是，谈本体者，虽有许多任意构画，我们却不能因此置本体而不肯究，甚至不承认有所谓本体。譬如病者，因食而噎，遂乃恶噎而废食。这是自绝之道，虽至愚亦知其不可的。今若以谈本体者多臆度和谬误，遂乃不谈本体，甚至不承认有本体，如此自绝于真理，便与恶噎废食无异了。如果承认变动不居的宇宙是实有的，而不承认宇宙有他的本体，那么，这个宇宙便同电光石火一般，绝无根据。人生在实际上说，便等若空华了。如此，便与印度的空见外道，无甚异处。又复当知，宇宙从何显现，是需要一种说明的。我们于此正要找到万化的根源，才给宇宙以说明，否则便与素朴的实在论者同其浅陋。这是不能餍足吾人求知的愿欲的。世间戏论者以为宇宙无所谓本体，只是变动不居的一切行或万有，互相联属的全整体可说为宇宙本体。为此说者本不承有本体，而姑以万有互相联属说为整体，即谓之本体。此乃印度古时矫乱论者之流，不足与辨。夫整体一词，为各部分之都称，若离一一部分，实无有整体可得。如言房屋，离一一椽及一一砖瓦等，实无有房屋可得。整体之言，唯有虚名，全无实义，如何说为本体？犹复须知，各部分的现象，变动不居，易言之，即是刹那刹那，故故不留，新新而起。孰发现是，孰流行是，孰主宰是？

……

总之，凡不承认有本体的见解，推至极端，还是归于空洞的无的一种思路。虽复依据常识而肯定现前变动的宇宙为实有，但这个宇宙是从何显现的，既不能有所说明，而不肯承认宇宙有本体。如此，则仍不能不说这个宇宙是从空洞的无中出生的。然则穷理到极至处，而能不堕入无见，妄计无有本体的见解，曰无见。此事真不易哪。

综前所说，理应决定宇宙或一切行是有他底本体的，至于本体是怎样的一个物事，那是我们无可措思的。我们的思维作用是从日常的经验里发展来的，一向于所经验的境，恒现似其相。因此，即在思维共相时，亦现似物的共相。例如，方是一切方的物之共相，而思维方时，即现似其相。若思维本体时，不能泯然亡相，即无法亲得本体，只是缘虑自心所现之相而已。须知，本体不可作共相观。作共相观，便是心上所现似的一种相，此相便已物化，心所现相即是心自构造的一种境象，此即物化。而不是真体呈露。所以说，本体是无可措思的。此中所谓思，是就通常所谓思维作用而说。别有一种殊胜的思，是能涤除实用方面的杂染，而与真理契会者，吾名之冥思。这种思，是可以悟入本体的。当俟《量论》详谈。但是，本体所以成其为本体者，略说具有如下诸义：

一、本体是备万理，含万德，肇万化，法尔清净本然。法尔一词，其含义有无所待而成的意思。清净者，没有染污，即没有所谓恶之谓。本然者，本谓本来，然谓如此。当知，本体不是本无今有的，更不是由意想安立的，故说本来。他是永远不会有改变的，故以如此一词形容之。二、本体是绝对的。若有所待，便不名为一切行的本体了。三、本体是幽隐的，无形相的，即是没有空间性的。四、本体是恒久的、无始无终的，即是没有时间性的。此中恒久二字并不是时间的意义，只强说为恒久。五、本体是全的，圆满无缺的，不可剖割的。六、若说本体是不变易的，便已涵着变易了；若说本体是变易的，便已涵着不变易了。他是很难说的。本体是显现为无量无边的功用，即所谓一切行的，所以说是变易的。然而本体虽显现为万殊的功用或一切行，毕竟不曾改移他的自性。他的自性，恒是清净的、刚健的、无滞碍的，所以说是不变易的。关于不变易和变易的问题，是极广大、幽奥、微妙而极难说的。我在此中，不暇详论，当别为一书阐发之。如上略说六义，则所谓本体，应可明白了。

之一原为“与黎邵西教授书”，见《印行十力丛书记》，载1947年湖北十力丛书印本《新唯识论》与《十力语要》卷首。之二原载《新唯识论》卷上“转变”章，1947年湖北十力丛书印本。题目系编者所加。

论本心仁体

之一

夫求识本心，在佛家盖自宗门兴起，而后盛趣此一路向，固夫人而知之也。儒家则远自孔子已揭求仁之旨。仁者本心也，即吾人与天地万物所同具之本体也。至孟子提出四端，恻隐之心，仁之端也；羞恶之心，义之端也；辞让之心，礼之端也；是非之心，智之端也。只就本心发用处而分说之耳。实则，四端统是一个仁体。仁体即本心之别名。儒家仁智等名，须随文取义。如仁之一名，有时克目本体，则非与义礼智信等德对待立名也。有时与义礼智信等德相对为言者，则此仁字系就发用处说。如随事而发之为恻隐则名仁，随事而发之为羞恶则名义是也。余可类推。智之一名亦然，有时为本体之目，有时就发用处说。准上谈仁可知。后来程伯子《识仁篇》云："仁者浑然与物同体。此言仁，只是吾人与万物统同的本体。义礼智信皆仁也。"此则直演孔子《大易》"元者善之长也"意思。《易》以乾元为万物之本体，坤元仍是乾元，非坤别有元也。杨慈湖深得此旨。元在人而名为仁，即是本心。万善自此发现，故曰善之长。逮王阳明作《大学问》，直令人反诸其内在的渊然而寂、恻然而感之仁，而天地万物一体之实，灼然可见。罗念庵又申师门之旨。盖自孔孟以迄宋明诸师，无不直指本心之仁，实则，仁即本心，而曰本心之仁者，为措词方便故。以为万化之原、万有之基，即此仁体，无可以知解向外求索也。明儒徐鲁源鲁源师事钱绪山，阳明再传也。曰："惟仁者，性之灵而心之真。[1]力按：仁即本心，亦即是性。凝于冲漠无朕，而生意盎然，洋溢宇宙。力按：冲漠无朕者，空寂也。佛家只体会到空寂，而不知空寂之中，正是生意凝聚、盎然不容已也。本体元是如此。以此言性，非枯寂断灭之性也。力按：佛家小乘，颇近枯灭。大乘不住生死，亦不住涅槃，视小乘已一变，然仍以度尽一切众生为蕲向，终与儒家人生观不同。由儒者之道，以衡大乘，则彼犹未离乎枯灭也。达于人伦庶物，而真体湛然，迥出尘累。以此言心，非知觉运动之心也。力按：知觉运动之心，习心也。仁则本心也。然仁体作得主时，则知觉运动之心，亦成为仁体之发用。此义宜知。故孔子专言仁，传之无弊。"鲁源此说，可谓得儒家之旨。

或有难言：孔门之学，教人即实事上致力，曷尝谈本心、说仁体耶？《论语》一书，可考见也。答曰：《论语》载门下问仁者甚多，汝乃不考，何哉？孔子寿至七十以上，门下三千，通六艺与闻至道者七十二人，其平生讲说极繁富可知。《论语》仅一小册耳，其所不载者何限。然即此小册所载问仁诸条，已于全书中甚占地位。夫门下径直问仁，则必孔子平生专以求仁为学，可知也。后儒如王阳明，以致良知为学，亦与孔子言仁相类。夫良知即本心，凡为阳明之学者皆知之。仁即本心，而治《论语》者顾不悟，何耶？孔子答门下问仁者，只令在实事上致力。易言之，即唯与之谈工夫，令其由工夫而自悟仁体，即本心或本体。却不曾克就仁体上形容是如何如何。一则此非言说所及，二则强形容之，亦恐人作光景玩弄。孔子苦心处，后人固不识也。昔有一友，亦尝谓《论语》言仁，非即本心。吾语之曰，《论语》云“君子无终食之间违仁，造次必于是，颠沛必于是”，此所谓仁，非本心耶？非本体耶？岂可将此仁体说向外去，而只作为行事上之一种规范或德目看耶？岂可，至此为句。其友闻之，悚然有省。印度泰戈尔氏来吾华时，自云曾读《论语》，只觉是一部法典然。孔子果如此，则学无本源，何足云圣？泰氏读《论语》而未通，亦足惜也。夫孔子岂未达本源者耶？彼自云十五志学，学者觉义，见《白虎通》。于觉而识仁体焉。学之究竟在是也。究竟一词，简异一切知识的学问。不仁谓之麻木。麻木者，不觉也，不觉即仁体梏亡。上蔡以觉言仁，甚是。朱子非之，误矣。志于仁，乃为志学。三十而立，此志已立定也；四十不惑，自识仁体也；五十知天命，既自识仁体，涵养益深，至此乃实证仁体即天命也。夫天命者，以其无声无臭，而为吾人与万物所同具之本体，则谓之天；以其流行不息，则谓之命。故天命非超脱吾人而外在者也。王船山不了孔子意思，其《读四书大全说》直以天道为超脱吾人而外在者，迷谬殊甚。墨翟之言天，盖视为外界独存，以此矫异于儒，而适成其惑。船山反阳明，而卒陷于墨。唯自识仁体，寂然无相之谓天，渊然不已之谓命，流行不息，古诗所谓“於穆不已”是也。於穆者，深远义。无可舍自本心以索之于外。是故其志学之始，内有存主，而非外铄。志者，存主义。存主即不违仁之谓。由是而立、而不惑，终乃灼然知天命之非外。知者证知，非知解之知。《阿含经》云“身作证”，是此知义，此理于吾身实现之故也。到此境地，只是仁体流行，绝无阂蔽，故曰六十耳顺。耳顺者，形容其无阂蔽也。又进则七十而从心所欲不逾矩。此义甚深微妙，学者切忌粗心作解。至此，则神用不测，乃仁体自然之妙。孔子“十五志学”一章，须融会《论语》全部意思及《易》、《春秋》大旨而潜心玩索，切忌断章截句作解。夫《易》之乾元，即是仁体，万物所资始也。《春秋》以元统天，与《易》同旨。成形之大者为诸天，皆乾元仁体之凝成也。举天则赅万有可知。《易》、《春秋》并言乾元统天，以皆孔氏之传故。证之《论语》，弟子纷纷问仁，则孔子平生之学不外反求本心，洞识仁体。尽己性而即尽物性，本无内外可分也。《论语》曰：“天何言哉？四时行焉，百物生焉，天何言哉！”时行物生，形容仁体，活泼泼地。世之谈哲学者，唯任知见去逐物起解，如何得领悟这般境界？认得此意，则知《论语》所记孔子言行，一一皆从仁体流出。唯其中有主故，渊然而恒寂，灵然而恒感，故发无不当。无不当，即是不逾矩。夫岂不见本源，而规规然于应事接物之间，拟立规范，若遵行法典之为耶？以世俗之智而测圣人，其陷于巨谬也宜矣。

《论语》记子所罕言，仁居一焉。仁即本体。然则夫子并非绝口不言仁体，只罕言耳。非上根利器，不可与言仁体，只随机感所触，而示以求仁的工夫。《论语》所记，皆谈工夫，无启示仁体处，诚哉其罕言也。孔子盖谓真理当由人伦日用中实践而证得。此中真理，即谓仁体。证得者，前引《阿含》云“身作证”是也。实践不力而遑解悟，其解悟必不实，终与真理为二也。此等精神，实为治哲学者所不容忽视，容当别论。明儒吕泾野，为学壹意践履。践履亦云实践，谓人伦日用中实修的工夫。其教学者有曰：“诸君求仁，须要见得天地万物皆与我同体，一草一木不得其所，此心亦不安，始得。须看伊尹谓‘一夫不获，不获，犹云不得其所。若己推而纳之沟中’是甚么样心。”力按：于此识本心，于此见仁体。王言曰：“此气象亦难。今日于父母兄弟间，或能尽得。若见外人，如何得有是心？”曰：“只是此心用不熟，工夫只在积累。如今在旅次，处得主人停当，惟恐伤了主人；接朋友务尽恭敬，惟恐伤了朋友；处家不消说，随事皆存此心。此语吃紧。数年后，自觉得有天地万物为一体气象。”力按：人人能如此为学，则世界可大同，人道成至治矣。泾野此段话极老实、极切近。学者求识仁体，却须如此下工夫。工夫做到一分，即是仁体呈露一分。工夫做到十分，即是仁体呈露十分。若全不下工夫，则将一任迷妄狂驰，迷妄者，染习也，计执形骸之私也。而仁体乃梏亡殆尽矣。尽者，灭尽。仁体本无亡灭，然自吾人生活上言之，既完全违逆仁体，令其不得显发，则等于亡灭之也。

还有史玉池明东林派之学者。谈求仁的工夫，亦极真切。其言曰："今时讲学者，率以当下指点学人，力按：当下一词，本之禅宗。如前引马祖答慧海一则公案，即是就慧海当下的心而指点他，令悟本体。宋儒中已多用禅机，明儒尤然。此是最亲切语。及叩其所以，却说饥来吃饭困来眠，都是很自然的，全不费工夫。力按：饥来吃饭困来眠，本禅师语，只是形容不昏沉及不起若何贪着的意思。当初随机指点，本无病，后来不悟者，妄附此语，遂成狂惑。见学者用工夫，便说本体原不如此，却一味任其自然，纵情从欲去了，是当下反是陷人的深坑。力按：阳明学派末流，确有至此者。不知本体工夫是分不开的。力按：此语的当。有本体自有工夫，无工夫即无本体。力按：本体，儒者亦名仁体。试看樊迟问仁，是未识自家仁体而兴问，夫子却教他做工夫，曰'居处恭，执事敬，与人忠'。参考《论语》。凡是人，于日用间总不外居处、执事、与人这些生活情况。居处时便恭，执事时便敬，与人时便忠。此本体即工夫。力按：恭与敬及忠的心，是本体发用，故云本体即工夫。学者求仁，居处而恭，仁就在居处；执事而敬，仁就在执事；与人而忠，仁就在与人。此工夫即本体。仁体与恭、敬、忠，分析不开。力按：恭也敬也忠也，皆工夫之名。实则此工夫即仁体，如何分得开？此方是真当下，方是真自然。若饥食、困眠，禽兽都是这等的。以此为当下，便同于禽兽，岂不是陷人的深坑？力按：禅家末流之弊，须得有此简别。且当下全要在关头上得力。今人当居常处顺时，也能恭敬自持，也能推诚相与，及到利害的关头、荣辱的关头、毁誉的关头、生死的关头，便都差了。则平常恭、敬、忠，都不是真工夫。不用真工夫，却没有真本体。故夫子指点不处不去的仁体，却从富贵贫贱关头。力按：贫贱，如去之不以正道，则终不去也。富贵，如处之不以正道，则终不处也。此不去不处之心，即是仁体。详见《论语》。孟子指点不受不屑的本心，却从得生失死关头。力按：如乞者遇食，得之则生，失之则死，但如与之者极无礼，则宁死不受而不屑偷生。此不受不屑之心即是本心，亦即仁体。参考《孟子》。故富贵不淫、贫贱不移、威武不屈、造次颠沛必于是、舍生取义、杀身成仁，都是关头时的当下。此时能不走作，才是真工夫，力按：此云不走作者，即本心不放失之谓。如本心认为当死时，忽私意起而间之，遂苟且偷生，此即走作。不走作者反是。才是真本体，才是真自然，力按：违逆本心而徇私欲者，为染习所驱使，确是不自然，非自省密者不知也。才是真当下。"〔2〕力按：以上须参考《论语》、《孟子》。如极贫贱乃至生死等关头时，一毫不走作，此其念念的当下，都是真的。易言之，纯是仁体显发。玉池这段话，确极真切，当与前所引泾野语参看，皆不失孔孟精神也。玉池谓有本体自有工夫，工夫毕竟是本体发用，非别有一心来用工夫，故云有本体自有工夫。无工夫即无本体，黄梨洲《明儒学案序》云："心无本体也，工夫所至，即其本体。"此其晚年注重工夫，可谓进境。而世或以为梨洲不承认有本体，则误解也。其首曰"心无本体"者，盖为纵夺之词，极言之以起下文工夫即本体耳。若不用工夫，则本体已梏亡矣。此是的然见道语。

之二

本心是绝待的全体。然依其发现，有差别义故，差别者，不一之谓。不得不多为之名。

一名为心。心者主宰义，谓其遍为万物实体，而不即是物。虽复凝成众物，要为表现其自己之资具，却非舍其自性而遂物化也。不物化故，谓之恒如其性。以恒如其性故，对物而名主宰。恒如其性，即不至堕没而为颓然之物，故乃对物而名主宰。

二曰意。意者有定向义。夫心之一名，通万物而言其统体，万物统共的实体曰统体。非只就其主乎吾身而目之也。主宰，省言主。后仿此。然吾身固万物中之一部分，而遍为万物之主者，即主乎吾身者也。物相分殊，而主之者一也。今反求其主乎吾身者，则渊然恒有定向。渊然，深隐貌。恒字吃紧。这个定向，是恒常如此而无有改易的。于此言之，斯谓之意矣。定向云何？谓恒顺其生生不息之本性以发展，而不肯物化者是也。生生者，至寂至净也。不寂不净，即成滞碍，而恶得生？不息者，至刚至健也。刚健故，恒新新而生，无有已止。以此见生命之永恒性。故此有定向者，即生命也，即独体也。刘蕺山所谓“独体”，只是这个有定向的意。依此而立自我，此非妄情所执之我。虽万变而贞于一，有主宰之谓也。文言本以《大学》“诚意”之意释此中意字，实误。明儒王栋、刘蕺山解“诚意”，并反阳明，亦好异之过。今此中意字，非常途所谓意识，乃与心字同为主宰义。但心约统体而言，意则就个人分上言之耳。

三曰识。谓感识及意识。夫心、意二名，皆即体而目之。复言识者，则言乎体之发用也。此中识字意义，与佛教中所谈识，绝不相同。彼所云识，实吾所谓习也。此则以本体之发用说为识。渊寂之体，感而遂通，资乎官能以了境者，是名感识。亦可依官能而分别名之以眼识、耳识，乃至身识云。动而愈出，愈出者，无穷竭义。不倚官能，独起筹度者，是名意识。眼所不见，耳所不闻，乃至身所不触，而意识得独起思维筹度。即云思维筹度，亦依据过去感识经验的材料。然过去感识既已灭，而意识所再现起者，便非过去材料之旧，只是似前而续起，故名再现耳。且意识固常有极广远、幽深、玄妙之创发。如逻辑之精严，及凡科学上之发明、哲学之超悟等等。其为自明而不必有待于经验者，可胜道耶！

故心意识三名，各有取义。心之一名，统体义胜；言心者，以其为吾与万物所共同的实体故。然非谓后二名不具此义，特心之一名乃偏约此义而立，故说为胜。意之一名，各具义胜；言意者，就此心之在乎个人者而言也。然非识之一名上无此义，特意名偏约此义而立，故独胜。识之一名，了境故立。感识、意识，同以了别境相，而得识名。感识唯了外境，意识了内外境。内境者，思构所成境。本无异体，而名差别，随义异故，学者宜知。此心意识三名，各有涵义，自是一种特殊规定。实则，三名亦可以互代。如心亦得云识或意，而识亦得云心或意也。又可复合成词，如意识，亦得云心意或心识也。

原载《新唯识论》卷下之一“明心上”章，1947年湖北十力丛书印本。题目系编者所加。

【注释】

〔1〕徐鲁源原话，以下还有：“先天后天，合为一致，形上形下，会为一原。”详见《明儒学案》卷十四《浙中王门学案四》。

〔2〕此处所引史玉池的话，其间有跳跃，有熊氏本人的话，但大意不差。详见《明儒学案》卷六十《东林学案三》。

论性智与量智

今造此论，为欲悟诸究玄学者，令知一切物的本体，非是离自心外在境界，及非知识所行境界，唯是反求实证相应故。

译者按：本体非是离我的心而外在者，因为大全大全，即谓本体。此中大字，不与小对。不碍显现为一切分，而每一分，又各各都是大全的。如张人，本来具有大全，故张人不可离自心而向外去求索大全的。又如李人，亦具有大全，故李人亦不可离自心而向外去求索大全的。各人的宇宙，都是大全的整体的直接显现，不可说大全是超脱于各人的宇宙之上而独在的。譬如大海水喻本体。显现为众沤，喻众人或各种物。即每一沤都是大海水的全整的直接显现。试就甲沤来说罢，甲沤是以大海水为体，即具有大海水底全量的。又就乙沤来说罢，乙沤也是以大海水为体，亦即具有大海水底全量的。丙沤、丁沤乃至无量底沤，均可类推。据此说来，我们若站在大海水底观点上，大海水是全整的现为一个一个的沤，不是超脱于无量的沤之上而独在的。又若站在沤的观点上，即每一沤都是揽大海水为体。我们不要以为每一沤是各个微细的沤，实际上每一沤都是大海水的全整的直接显现着。奇哉奇哉！由这个譬喻，可以悟到大全不碍显现为一切分，而每一分又各各都是大全的。这真是玄之又玄啊！

又按：本体非是理智所行的境界者，熊先生本欲于《量论》广明此义，但《量论》既未能作，恐读者不察其旨，兹本熊先生之意而略明之。学问当分二途：曰科学，曰哲学。即玄学。科学根本从实用出发，易言之，即从日常生活的经验里出发。科学所凭藉以发展的工具，便是理智。这个理智只从日常经验里面历练出来，所以要把一切物事看作是离我的心而独立存在的，非是依于吾心之认识他而始存在的。因此，理智只是向外去看，而认为有客观独存的物事。科学无论发展到何种程度，他的根本意义，总是如此的。哲学自从科学发展以后，他底范围日益缩小。究极言之，只有本体论是哲学的范围，除此以外，几乎皆是科学的领域。虽云哲学家之遐思与明见不止高谈本体而已，其智周万物，尝有改造宇宙之先识，而变更人类谬误之思想，以趋于日新与高明之境，哲学思想本不可以有限界言，然而本体论究是阐明万化根源，是一切智智，一切智中最上之智，复为一切智之所从出，故云一切智智。与科学但为各部门的知识者，自不可同日语。则谓哲学建本立极，只是本体论，要不为过。夫哲学所穷究的，即是本体。我们要知道，本体的自身是无形相的，而却显现为一切的物事。但我们不可执定一切的物事，以为本体即如是。譬如假说水为冰的本体，但不可执定冰的相状，以为水即如冰相之凝固者然。本体是不可当作外界的物事去推求的。这个道理，要待本论全部讲完了才会明白的。然而吾人的理智作用，总是认为有离我的心而独立存在的物质宇宙。若将这种看法来推求本体，势必发生不可避免的过失，不是把本体当作外界的东西来胡乱猜拟一顿，就要出于否认本体之一途。所以说，本体不是理智所行的境界。我们以为科学、哲学，原自分途。科学所凭藉的工具即理智，拿在哲学的范围内便得不着本体。这是本论坚决的主张。

是实证相应者，名为性智。性智，亦省称智。这个智是与量智不同的。云何分别性智和量智？性智者，即是真的自己底觉悟。此中真的自己一词，即谓本体。在宇宙论中，赅万有而言其本原，则云本体。即此本体，以其为吾人所以生之理而言，则亦名真的自己。即此真己，在《量论》中说名觉悟，即所谓性智。此中觉悟义深，本无惑乱故云觉，本非倒妄故云悟。申言之，这个觉悟就是真的自己，离了这个觉悟，更无所谓真的自己。此具足圆满的明净的觉悟的真的自己，本来是独立无匹的。以故，这种觉悟虽不离感官经验，要是不滞于感官经验而恒自在离系的。他元是自明自觉、虚灵无碍、圆满无缺，虽寂寞无形而秩然众理已毕具，能为一切知识底根源的。

量智是思量和推度，或明辨事物之理则，及于所行所历，简择得失等等的作用故，故说名量智，亦名理智。此智元是性智的发用，而卒别于性智者，因为性智作用依官能而发现，即官能得假之以自用。此中得者，言其可得，而非恒然。若官能恒假性智以自用，即性智毕竟不得自显，如谓奴恒夺主，无有主人得自行威命者，此岂应理之谈。易言之，官能可假性智作用以成为官能之作用，迷以逐物，而妄见有外，性智作用，以下省云性用。见有外者，以物为外故。由此成习。习者，官能的作用，迷逐外物，此作用虽当念迁谢，而必有余势续流不绝也。即此不绝之余势，名为习。而习之既成，则且潜伏不测之渊，不测之渊，形容其藏之深也。常乘机现起，益以障碍性用，而使其成为官能作用。则习与官能作用，恒叶合为一，以追逐境物，极虚妄分别之能事，外驰而不反，是则谓之量智。以上意思，俟下卷“明心”章当加详。故量智者，虽原本性智，而终自成为一种势用，迥异其本。量智即习心，亦说为识。宗门所谓情见或情识与知见等者，皆属量智。吾尝言，量智是缘一切日常经验而发展，其行相恒是外驰。此中行相一词，行谓起解，相者相状，行解之相，曰行相。外驰者，唯妄计有外在的物事而追求不已故。夫唯外驰，即妄现有一切物。因此而明辨事物之理则，及于所行所历，简择得失而远于狂驰者，狂驰，犹俗云任感情盲动者也。此或量智之悬解。悬解，借用庄子语。量智有时离妄习缠缚而神解昭著者，斯云悬解。悬者，形容其无所系也。解者，超脱义，暂离系故，亦云超脱。然以为真解则未也。以其非真离系，即非真解。必妄习断尽，性智全显，量智乃纯为性智之发用而不失其本然，始名真解。此岂易言哉？上云悬解者，特习根潜伏而未甚现起耳。且习有粗细，粗者可暂伏，细者恒潜运而不易察也。量智唯不易得真解故，恒妄计有外在世界，攀援构画。以此常与真的自己分离，真己无外，今妄计有外，故离真己。并常障蔽了真的自己。攀援构画，皆妄相也，所以障其真己而不得反证。故量智毕竟不即是性智。此二之辨，当详诸《量论》。今在此论，唯欲略显体故。本体亦省言体，后凡言体者仿此。

哲学家谈本体者，大抵把本体当作是离我的心而外在的物事，因凭理智作用，向外界去寻求。由此之故，哲学家各用思考去构画一种境界而建立为本体，纷纷不一其说。不论是唯心唯物、非心非物，种种之论，要皆以向外找东西的态度来猜度，各自虚妄安立一种本体。这个固然错误，更有否认本体而专讲知识论者。这种主张，可谓脱离了哲学的立场。因为哲学所以站脚得住者，只以本体论是科学所夺不去的。我们正以未得证体，才研究知识论，今乃立意不承有本体，而只在知识论上钻来钻去，终无结果，如何不是脱离哲学的立场？凡此种种妄见，如前哲所谓“道在迩而求诸远，事在易而求诸难”。此其谬误，实由不务反识本心。易言之，即不了万物本原与吾人真性，本非有二，此中真性，即谓本心。以其为吾人所以生之理，则云真性；以其主乎吾身，则曰本心。遂至妄臆宇宙本体为离自心而外在，故乃凭量智以向外求索。及其求索不可得，犹复不已于求索，则且以意想而有所安立。学者各凭意想，聚讼不休，则又相戒勿谈本体，于是盘旋知识窠臼，而正智之途塞，人顾自迷其所以生之理。古德有骑驴觅驴之喻，盖言其不悟自所本有，而妄向外求也。慨斯人之颠倒，可奈何哉？

前面已说，本体不是离我的心而外在的。这句话的意思，是指示他们把本体当作外界独存的东西来推度，是极大的错误。设有问言：既体非外在，当于何求？应答彼言：求诸己而已矣。求诸己者，反之于心而即是，岂远乎哉？不过，提到一心字，应知有本心习心之分。唯吾人的本心，才是吾身与天地万物所同具的本体，不可认习心作真宰也。真宰者，本心之异名。以其主乎吾身而视听言动一皆远于非理，物欲不得而干，故说为真宰。习心与本心的分别，至后当详。下卷“明心”章。

今略说本心义相：一、此心是虚寂的。无形无象，故说为虚；性离扰乱，故说为寂。寂故，其化也神，不寂则乱，恶乎神，恶乎化？虚故，其生也不测，不虚则碍，奚其生，奚其不测？二、此心是明觉的。离暗之谓明，无惑之谓觉。明觉者，无知而无不知。无虚妄分别，故云无知；照体独立，为一切知之源，故云无不知。备万理而无妄，具众德而恒如，是故万化以之行，百物以之成。群有不起于惑，反之明觉，不亦默然深喻哉！哲学家谈宇宙缘起，有以为由盲目追求的意志者，此与数论言万法之生亦由于暗，伏曼容说万事起于惑，同一谬误。盖皆以习心测化理，而不曾识得本心，故铸此大错。《易》曰“乾知大始”。乾谓本心，亦即本体。知者，明觉义，非知识之知。乾以其知而为万物所资始，孰谓物以惑始耶？万物同资始于乾元，而各正性命，以其本无惑性故。证真之言莫如《易》，斯其至矣。是故此心谓本心。即是吾人的真性，亦即是一切物的本体。或复问言：黄蘖有云，深信含生同一真性，心性不异，即性即心云云。此与孟子所言尽心则知性知天，遥相契应。宋明理学家有以为心未即是性者，此未了本心义。本心即是性，但随义异名耳。以其主乎身曰心，以其为吾人所以生之理曰性，以其为万有之大原曰天。故尽心则知性知天，以三名所表，实是一事。但取义不一，而名有三耳。尽心之尽，谓吾人修为工夫，当对治习染或私欲，而使本心得显发其德用，无有一毫亏欠也。故尽心即是性天全显，故曰知性知天。知者证知，本心之炯然内证也，非知识之知。由孟子之言，则哲学家谈本体者，以为是量智或知识所行之境，而未知其必待修为之功，笃实深纯，乃至克尽其心，始获证见，则终与此理背驰也。黄蘖言即心即性，是有当于孟子。然世人颇疑在我之心本心，亦省云心。他处准知。云何即是万物之本体？此如何开喻？答曰：彼所不喻者，徒以习心虚妄分别，迷执小己而不见性故也。性字，注见前。夫执小己，则歧物我、判内外，内我而外物，两相隔截。故疑我心云何体物。体物，犹云为万物之本体。若乃廓然忘己，而澈悟寂然非空，生而不有，至诚无息之实理，是为吾与万物所共禀之以有生，即是吾与万物所同具之真性。此真性之存乎吾身，恒是虚灵不昧，即为吾身之主，则亦谓之本心。故此言心，实非吾身之所得私也，乃吾与万物浑然同体之真性也。然则反之吾心，而即已得万物之本体。本体乃真性之异语。以其为吾与万物所以生之实理，则曰真性。即此真性，是吾与万物本然的实相，亦曰本体。此中实相，犹言实体。本然者，本来如此，德性无变易故，非后起故，恒自尔故。吾心与万物本体，无二无别，其又奚疑？孟子云："夫道，一而已矣。"此之谓也。

或复难言：说心便与物对，心待物而彰名，无物则心之名不立，如何可言吾心即是吾与万物所同具的本体？答曰：汝所谓与物对待的心，却是吾所谓习心。习心者，原于形气之灵。由本心之发用，不能不凭官能以显，而官能即得假借之，以成为官能之灵明，故云形气之灵。非谓形气为本原，而灵明是其发现也。形气之灵发而成乎习，习成而复与形气之灵叶合为一，以追逐境物，是谓习心。故习心，物化者也，与凡物皆相待相需，非能超物而为御物之主也，此后起之妄也。本心无对，先形气而自存。先者，谓其超越乎形气也，非时间义。自存者，非依他而存故，本绝待故。是其至无而妙有也，则常遍现为一切物而遂凭物以显。由本无形相，说为至无。其成用也，即遍现为一切物而遂凭之以显，是谓至无而妙有。故本心乃敻然无待，体物而不物于物者也。体物者，谓其为一切物之实体，而无有一物得遗之以成其为物者也。不物于物者，此心能御物而不役于物也。真实理体，无方无相，虽成物而用之以自表现，然毕竟恒如其性，不可物化也。此心即吾人与万物之真极，其复何疑？

真极，即本体之异语。

如前已说，本体唯是实证相应，不是用量智可以推求得到的。因为量智起时，总是要当作外在的物事去推度。如此，便已离异了本体，而无可冥然自证矣。然则如何去实证耶？记得从前有一西人，曾问实证当用什么方法。吾曰：此难作简单的答复，只合不谈。因为此人尚不承认有所谓本心，如何向他谈实证？须知，克就实证的意义上说，此是无所谓方法的。实证者何？就是这个本心的自知自识。换句话说，就是他本心自己知道自己。不过，这里所谓知或识的相状很深微，是极不显著的，没有法子来形容他的。这种自知自识的时候，是绝没有能所和内外及同异等等分别的相状的，而却是昭昭明明、内自识的，不是浑沌无知的。我们只有在这样的境界中才叫做实证。而所谓性智，也就是在这样的境界中才显现的。这才是得到本体。前面说是实证相应者名为性智，就是这个道理。据此说来，实证是无所谓方法的。但如何获得实证，有没有方法呢？应知，获得实证，就是要本心不受障碍才行。如何使本心不受障碍，这不是无方法可以做到的。这种方法，恐怕只有求之于中国的儒家和老庄，以及印度佛家的。我在这里不及谈，当别为《量论》。

今世之为玄学者，全不于性智上着涵养工夫，唯凭量智来猜度本体，以为本体是思议所行的境界，是离我的心而外在的境界。他们的态度只是向外去推求，因为专任量智的缘故。所谓量智者，本是从向外看物而发展的。因为吾人在日常生活的宇宙里，把官能所感摄的，都看作自心以外的实在境物，从而辨识他、处理他。量智就是如此而发展来。所以，量智只是一种向外求理的工具。这个工具，若仅用在日常生活的宇宙即物理的世界之内，当然不能谓之不当。但若不慎用之，而欲解决形而上的问题时，也用他作工具，而把本体当作外在的境物以推求之，那就大错而特错了。我们须知道，真理唯在反求。我们只要保任着固有的性智，保者，保持。任者，任持。保任即常存之，而无以惑染或私意障碍之也。即由性智的自明自识而发见吾人生活的源泉。这个在我底生活的源泉，至广无际，至大无外，至深不测所底，至寂而无昏扰，含藏万有，无所亏欠，也就是生天生地和发生无量事物的根源。因为我人的生命与宇宙的大生命元来不二。所以，我们凭着性智的自明自识才能实证本体，才自信真理不待外求，才自觉生活有无穷无尽的宝藏。若是不求诸自家本有的自明自识的性智，而只任量智，把本体当作外在的物事去猜度，或则凭臆想建立某种本体，或则任妄见否认了本体，这都是自绝于真理的。所以我们主张量智的效用是有限的。量智只能行于物质的宇宙，而不可以实证本体。本体是要反求自得的。本体就是吾人固有的性智。吾人必须内部生活净化和发展时，这个智才显发的。到了性智显发的时候，自然内外浑融，即是无所谓内我和外物的分界。冥冥自证，无对待相。此智的自识，是能所不分的，所以是绝对的。即依靠着这个智的作用去察别事物，也觉得现前一切物莫非至真至善。换句话说，即是于一切物不复起滞碍想，谓此物便是一一的呆板的物，而只见为随在都是真理显现。到此境界，现前相对的宇宙，即是绝对的真实，不更欣求所谓寂灭的境地。寂灭二字，即印度佛家所谓涅槃的意思。后仿此。现前千变万动的，即是大寂灭的；大寂灭的，即是现前千变万动的。不要厌离现前千变万动的宇宙而别求寂灭，也不要沦溺在现前千变万动的宇宙而失掉了寂灭境地。本论底宗极，只是如此的。现在要阐明吾人生命与宇宙元来不二的道理，所以接着说唯识。

原载《新唯识论》卷上“明宗”章，1947年湖北十力丛书印本。题目系编者所加。

论体用不二

之一

还有许多哲学家承认宇宙万象是客观存在，但不肯承认有实体，甚至厌闻本体论。实体与本体二名，虽有一字不同，而其义则一也。本者，言其本来有故，亦即是万物的自身。实者，言其真真实实。此与印度古代无因论者，同为浅见。余以为宇宙自有真源，万有非忽然而起。譬如临大海岸谛观众沤，故故不留，新新而起。应知一一沤相，各各皆以大海水为其真源。尼父川上之叹，睹逝水而识真常，神悟天启，非上圣其能若是哉？如只承认宇宙万象为实在，而不承认有本体，便如孩儿临海岸，只认众沤为实有而不知由大海水变作一一沤。……

有问：本体具何等义？答曰：略说四义。一、本体是万理之原、万德之端、万化之始。始，犹本也。二、本体即无对即有对，即有对即无对。三、本体是无始无终。四、本体显为无穷无尽的大用，应说是变易的；然大用流行，毕竟不曾改易其本体固有生生、健动，乃至种种德性，应说是不变易的。上来略举四义，学者虚怀默究，不患无脱然超悟时也。本体显为之显字，是显现义。

复次，前文已云，不妨假说本体为能变，还要补充一段话。此能变一词的能字，只是形容词，并不谓有所变与之为对。如果说，由能变造起所变，必将以能变为超脱乎所变之上而独在，不惟同于宗教拟人之神，更有能所对峙不得圆融之大过。须知，实体是完完全全的变成万有不齐的大用，即大用流行之外，无有实体。譬如大海水全成为众沤，即众沤外无大海水。体用不二亦犹是。夫实体浑然无象，而其成为用也，即繁然万殊。故从其成用，而赞为能。实体所以名能变者，其义在此。

已说实体为能变，当知实体非常非断，断者，断绝。故又名之以恒转。恒字是非断的意思，转字是非常的意思。非常非断，刹那刹那，生灭灭生，故名恒转。此乃即体显用，以立斯名。

之二

乾元是本体之称，本体，省云体。称，犹名也。乾坤是功用之目。乾坤，亦曰阴阳。功用者，功者功能，用者作用，故合而成词，然可省言之曰用。目，亦犹名也。

问：云何说乾坤是用？答：凡现象皆本体之功用，不即是本体也。坤为质、为物、为能，皆现象灿然者也，不谓之功用而何谓？乾为精神、为阳明、为健动、为心、为知，虽不可目见，而反己自识，皆现象炯然者也，炯然，著明貌。不谓之功用而何谓？

问：云何知有体？答：以有功用炽然显著，非幻化故，非虚妄故，非凭空而起故，故知用必有体。……

问：先生有时说精神物质都是本体之功用，有时说本体之流行名为用，二说有异否？答：不异。精神物质分明是现象，而西学一元唯心论者，直将精神当作本原；一元唯物论者，直将物质当作本原。实则此二宗者，皆是无元之论，易言之，皆是无体论。余据《大易》衡之，故说精神物质都是本体之功用。

从来谈本体者，或将本体说成立乎现象之上，或说为隐伏于现象背后，此皆误将本体推出于现象之外去。易言之，即将体用分割为二。余据《大易》正之，故说本体之流行名为用。如本体是不流行之体，便是僵固的死体，即无功用可言。惟其流行，而非僵固，故说流行是用。流行，必有奇偶两方面，似相对，而实互相含。偶者，为可分化之物质；奇者，为浑一而无畛域之精神。浑一之神，统御可分化之质，是为混然活跃之大流，此乃本体之功用也。

现象与本体，是为哲学上幽深至极而甚难解决之根本问题。余强探力索于此者良久，而常以探索愈深，眩惑滋甚为大苦。……若只认现象为实在，而悍然遮拨本体，则宇宙无原，人生无原。人生本不在宇宙外，而别出言之者，以重要故。吾人若自迷其原，则昔贤所叹浮生若梦也。是以浅躁之衷，自绝于真理，余未知其可也。若置本体而不问，付之不可知，此与前者相较，“唯之与阿，相去几何”？唯阿，见《老子》二十章。若以为，即万有而追原，据实事以求是，万事万物之成，未有无本原者，故言现象有原，则言之成理，吾认为是。无元之论，非老迂所知也。直承认有本体，建百家之皇极，理必穷其根，学必究其柢，百家之业，各精于一部门而不通于大道，庄生所叹“天下各得一察焉以自好”也。《尚书》曰“皇建其有极”，孰谓圣学可轻弃乎？理根二字，见郭子玄《庄注》。万理会通于一理。一理者，万物所由成、万理所由出，故曰根。是乃智者之所请事，而余之寡陋，有同尚焉。余年四十后，始为求原之学，所最费寻思者，厥为本体与现象是否可析而为二。此一问题，常在吾脑中。若道本体是超越现象而独在，即是立乎现象之上，便与天帝不异矣；若道本体是隐于现象背后，而为众甫，众甫，见《老子》二十一章。甫字，读父，古通用。王弼注：“众甫，物之始也。”严复曰：“众甫者，一切父也。西哲谓之第一因。”案一切父者，犹云一切物之父。前辈修词务简。则隐显二层，中间隔截，万物亦不需要此不相干之本体矣。本体隐伏内层，现象则显著于外层，内外之间有距离，即已隔断，互不相涉也。其后潜玩《大易》，求圣人所以于乾元无所开演之意。开演一词，见中译佛籍。犹云敷宣理论也。盖思之，思之，又重思之，久而后恍然有悟于圣意。伏羲始提出体用二字，其时未便斥破天帝，故只谈用。孔子始废天帝，而明示乾坤有本体，字曰乾元，亦名太极，然犹复谈用。其于乾元，无所论说者，非存而不论也。诚以体用本来不二，虽不妨分别而说，分别体与用而说也。毕竟不可以体用破析为二。由体用本来不二故，只可于乾坤变化，乾坤是本体之功用，其义屡见前文。而究尽其义缊，广为天下后世宣说，无隐无吝。大用畅通，即本体显发无余蕴，此言本体含藏万有，皆显于用。吾人能于用上畅通，则本体所有之一切，皆已显发出，再无有些子多余不尽之蕴也。此谓即用识体。注意。即用识体者，根本在体用不二。如体用可析而为二，则谈用只可明用，何可由用以识体乎？

问：体用有分，此义似易晓。体用不二，是义难知。奈何？答：乾坤大用，是乾元自身的现起。乾坤大用四字，作复词。乾元，即本体之名。譬如粥饭，是大米自身的现起。……

体者，对功用而得名，是功用之实体故。若无实体，则功用无由生。生者，发现义。故以实体对于功用或万物而言，即有为其本原之义。其字，为功用或万物之代词。本原，亦省言原。

用者，对体而得名，是实体之功用故。然实体完全发现而成功用，譬如大海水全现作众沤。此以大海水比喻实体，以众沤比喻功用。功用之外无有实体，譬如众沤之外无有大海水。曾航行大海者，必见大海水全现作众沤，不可离众沤以求大海水也。又复当知，功用万殊，故说万物差别。差别，犹云千形万状。而每一物，皆具有大全的实体，非是于实体中得其一分，以实体不可剖分故。譬如每一个沤，皆具有圆满的大海水，非是于大海水中得其一分故。是故一物所独具之乾元，实则是其与万物所同具之乾元。乾元，即实体之名。天地万物一体之义，确然昭明。言万物，即已包含天地。今特举之者，以是先儒成语，作复词可耳。《论语》之仁，内圣学也。《春秋》、《礼运》之公，外王学也。皆出自乾元性海。谁有慧者，而忍瞒昧。

问：《大易》之究竟义，究彻根源，无有不尽。是义至极，甚深复甚深，名曰究竟义。即体即用，即用即体，已闻之矣。今复有疑者，天地万物，即是大用欤？抑是由大用而生欤？答：如理而谈，如者，言其恰与理相应而无失也。万物与大用不可歧而为二。所以者何？万物非是离于大用流行而有各各独立之实自相故。万物，至此为句。非是二字，一气贯下。由此应说万物与大用本来不二。是义决定，无复狐疑。若汝言天地万物由大用而生者，今应问汝，"生"字作何解？若如母生子之生，则谬误太甚。"生"字本有发现义，如作发现解，则大用流行，活泼泼地，而发现种种迹象，谓之万物。昔人说万物为化迹者，亦此意。大化流行之迹象，曰化迹。如此说来，则万物即是大用流行之迹象，易言之，万物即以流行不已、活泼泼地之大用为其实自相，而可说与大用为二乎？自相，犹云自体。上文未及注。凡物各为独立的个体，故说物各有自体。如笔有其自体，张人李人亦各有其自体，他物可准知。此乃随俗而说也，实则物之自体都不固定，如理而谈，万物皆以流行不住的大用为其实有的自体耳。

问：如万物与大用为一，即万物都失其自己。所以者何？万物只是化迹，何有卓尔特立的自己乎？老氏万物刍狗之叹，庄子鼠肝虫臂之论，皆融万物于大化，而使万物失其自己也。答：甚矣，汝之迷也！大用流行，宛然有象。譬如闪电，一闪一闪，而现红光。红光，迹象也。汝以为此时电在红光外否？譬如大海水现作活跃之众沤。众沤，亦迹象也。汝以为大海水在众沤外否？譬如瀑流怒涌，万千白点，飞跃上下。白点，亦迹象也。

汝以为瀑流在白点外否？汝试思之，万物现似个体，而实以流行不已的大用为其自相。体用本不二，此云万物以大用为其自相，实即以乾元为其自相。他处未注者，准此。易言之，万物自身即是至大无外、丰富无竭之大宝藏，是乃大用遍在一一物中，非是离于一一物而有大用独存也，云何妄计融万物于大化？老庄误矣，汝又承之而自迷，岂不惜哉！凡物各成就其自己，人各充实其自己，人必认识自家本有大宝藏，方得充实。而曰万物失其自己，有是理哉？汝自丧其本有之大宝藏，乃失自己耳，而犹不悟可乎？《易》曰万物“各正性命”，汝深参去，予复何言！

之一原载《体用论》“明变”章，1958年上海龙门联合书局出版。之二原载《原儒》下卷“原内圣”，1956年上海龙门联合书局出版。题目系编者所加。

论翕辟成变

我们须于万变不穷之中，寻出他最根本的最普遍的法则。这种法则是什么呢？我们以为就是相反相成的一大法则。因为说到变化，就是有对的，是很生动的，有内在的矛盾的，以及于矛盾中成其发展的缘故。……所以说变，决定要循着相反相成的法则。……

中国最古的哲学典册，莫如《大易》。《大易》最初的作者，只是画卦爻以明宇宙变化的理法。他们画卦，每卦都是三爻。每卦分三爻，曰初爻、二爻、三爻。爻字的涵义，要训释便太繁，略言之，只是表示变动。为什么用三爻呢？从来解《易》的人，罕有注意及此。我常求其义于《老子》书中。《老子》说："一生二，二生三。"此中生字，是相因而有的意思。这种说法，就是申述《大易》每卦三爻的意义。本来，《大易》谈变化的法则，实不外相反相成。他们《大易》的作者。画出一种图式就是卦。来表示这相反相成的法则。每卦列三爻，就是一生二、二生三的意思，这正表示相反相成。从何见得呢？因为有了一便有二，这二就是与一相反的，同时又有个三，此三却是根据一而与二相反的。三，本不即是一，而只是根据于一。因为有相反，才得完成其发展，否则只是单纯的事情，那便无变动和发展可说了。所以，每卦三爻，就是表示变化之法则，要不外相反相成一大法则而已。……

上来已说相反相成的法则，今次当谈翕辟和生灭，便可甄明这法则，是一切的变化所共由之，以成其变了。变化二字，亦省言变。我们要知道，所谓变化，从一方面说，他是一翕一辟的。这一语中所下的两一字，只是显动势的殊异。动势，亦云势用。辟只是一种动势，翕也只是一种动势，不可说翕辟各有自体，亦不可说先之以翕，而后之以辟也。又从另一方面说，变化是方生方灭的。换句话说，此所谓翕和辟，都是才起即灭，绝没有旧的势用保存着，时时是故灭新生的。我们要了解变化的内容，必于上述的两方面，翕辟和生灭。作精密的解析、深切的体会，否则终是不堪窥变。

现在且谈翕辟。什么叫做翕辟呢？前面已经说过，本体是显现为万殊的用的，因此假说本体是能变，亦名为恒转。我们要知道，恒转是至无而善动的。无者，无形，非空无也。善者，赞词，乃形容动之微妙。其动也，是相续不已的。相续者，谓前一动方灭，后一动即生，如电之一闪一闪，无有断绝，是名相续，非以前动延至后时名相续也。不已者，恒相续故，说为不已。使其有已，便成断灭，有是理乎？这种不已之动，自不是单纯的势用。单纯二字，注见前。每一动，恒是有一种摄聚的，摄者收摄，聚者凝聚。如果绝没有摄聚的一方面，那就是浮游无据了。所以，动的势用起时，即有一种摄聚，这个摄聚的势用，是积极的收凝。因此，不期然而然的，成为无量的形向。形向者，形质之初凝而至微细者也。以其本非具有形质的东西，但有成为形质的倾向而已，故以形向名之。物质宇宙，由此建立。这由摄聚而成形向的动势，就名之为翕。我们要知道，本体是无形相的，是无质碍的，是绝对的，是全的，是清净的，是刚健的。但是，本体之显现为万殊的功用，即不能不有所谓翕。这一翕，便有成为形质的趋势。易言之，即由翕而形成一一实物了。恒转即本体之别名。显现为翕的势用时，几乎要完全物化，若将不守他底自性。这可以说是一种反动了。

然而当翕的势用起时，却别有一种势用俱起。与翕同时而起，曰俱起。他是依据恒转而起的。就这种势用上说，便说是依据恒转而起；若就恒转上说，便应说这种势用是恒转的显现。但恒转元是冲虚无为的，而其现为势用，却是有为的。由此，应说这种势用虽以恒转为体，而毕竟不即是恒转。如说冰以水为体，而却不即是水。这个势用，是能健以自胜而不肯化于翕的。即是反乎翕的。申言之，即此势用，是能运于翕之中而自为主宰，于以显其至健，而使翕随己转的。己者，设为辟之自谓。这种刚健而不物化的势用，就名之为辟。

如上所说，依恒转故，而有所谓翕。才有翕，便有辟。唯其有对，所以成变，否则无变化可说了。恒转是一，恒转之现为翕，而几至不守自性，此翕便是二，所谓一生二是也。然恒转毕竟常如其性，决不会物化的。所以，当其翕时，即有辟的势用俱起。

俱起，注见前。这一辟，就名为三，所谓二生三是也。前来已说，所谓变化，只是率循相反相成的一大法则，于此可见了。又复当知，此中所谓一、二、三，只是表示变动的符号，并不是有一二三的片段可分。更不是有由一至二、由二至三的先后次第可分。一只是表示体之将现为用的符号，此中将字，只是在言说上作推究之辞，事实上不是有个将现而未现的时候。二和三都是表示用的符号，则以翕和辟，均是克就用上而目之故也。就一言之，于此尚不足以识全体大用，因为说个一，只是虚拟体之将现为用。就二言之，于此亦不足以识全体大用，因为说个二，只是表示大用之流行，不能没有内在的矛盾，决不是单纯的。因此，有个近于物化的翕。此中近字，注意。非遂物化也，只是近之而已。这个翕似是大用的流行，须自现为似物的式样，来作自己运转的工具，才有这一翕。此中自己一词，设为大用之自谓。所以就翕上看，便近于物化，难得于此而识全体大用了。只有三，即是辟的势用。既是依据一而有的，却又与二相反，而即以反乎二之故，乃能显发三的力用，得以转二使之从己。己者，设为三之自谓。据此说来，三是包含一和二的。只于此，才识大用流行。也只于此，可以即用而识体。所谓体，本不是超脱于用之外而独存的，故可即于用而识体。申言之，就是于三而识全体大用。我们即于三而说之为体，也是可以的。于用而见体，便只说体，犹之于绳而见麻，便只呼麻。假若离了三，便无可见体。我们即于三之不可物化处，便识得这种势用即三。虽是变动的，而其本体元是不变的。三之不可物化，就因为他底本体是如此的。换句话说，恒转之常如其性，即可于此而知了。在昔《老子》书中述卦爻之义，而说“一生二，二生三”，此是表示变化要率循相反相成的法则，这是无疑义的。但是，他们并未有详细的说明。现在我们的说法是否与《老》和《易》的旨意全符，这自然成问题。不过，大体上还是相通的罢了。吾人穷理，到真是的所在，即古人已先我而言之，更喜先后相互印证，无可与古人立异。但古人有所未尽者，应当加以发挥或修正。学问之事，期于求理之是而已。

照上所说，恒转现为动的势用，是一翕一辟的，并不是单纯的。翕的势用是凝聚的，是有成为形质的趋势的。即依翕故，假说为物，亦云物行。行字，义见前。物即是行，故名物行。下言心行者仿此。辟的势用是刚健的，是运行于翕之中而能转翕从己的。已者，设为辟之自谓。即依辟故，假说为心，亦云心行。据此说来，我们在前面“唯识”章。曾讲过，物和心物，亦对心而名境。是一个整体的不同的两方面，现在可以明白了。因为翕和辟不是可以剖析的两片物事，所以说为整体。注意，此所谓整体，正是克就翕和辟的势用上说。但为言说上的方便，有时说翕是一种势用，辟又是另一种势用。此所谓一种、一种云者，绝不是表示各自独立的意思，因为克就翕和辟的势用上说，那就不是有实自体的东西，如何可说为各自独立？须知，这里所谓一种、一种，只是表示势用的分殊，而此分殊一词，虽含有不是单纯的意义，但决不含有可以剖为二片或条然各别的意义。此乃必须明辨者。

……

总之，翕和辟本非异体，只是势用之有分殊而已。辟必待翕而后得所运用，翕必待辟而后见为流行，识有主宰。如果只有辟而没有翕，那便是莽莽荡荡，无复有物。莽莽，空洞貌。荡荡，无物貌。如此，则辟的势用将浮游靡寄，而无运用之具。易言之，即无所依据以显发辟的德用。所以，当其辟时，决定有个翕，即为辟作运用之具。若无其具，则辟亦不可见了。又复应知，如果只有翕而没有辟，那便是完全物化，宇宙只是顽固坚凝的死物。既是死物，他也就无有自在的力用。易言之，即是没有主宰的胜用，而只是机械的罢了。然而事实上宇宙却是流行无碍的整体。我们把宇宙万象分割成段段片片的东西来看，那是依托翕的势用的迹象而误起分别，所以如此。实则弥满于翕之中而运用此翕者，只是辟的势用。夫辟，是有相而无形，辟的势用，非空无故，斯云有相。但此相非有质故，非有对故，复云无形。是无所不在的，是向上的，清净而无滞碍，说为向上。是伸张的，是猛进的。夫翕，是成形的，是有方所的，成形即有方所，而非无所不在的了。是有下坠的趋势的。据此说来，翕的势用是与其本体相反的。翕元是本体的显现，但翕则成物，故与其本体是相反的。本体是实有而非物的。而辟虽不即是本体，辟元是本体的显现，故不即是本体。譬如水成冰已，而冰虽不失水性，究不即是水。却是不物化的，是依据本体而起的。他之所以为无形，为无所不在，为向上等等者，这正是本体底自性的显现。易言之，即是本体举体成用。举体二字，吃紧。譬如水，举其全体，悉成为一切冰块，故水非离一切冰块而独在。本体之现为功用，是举其全体，悉成为一切功用。这种用，是流行无碍的，是能运用翕而为翕之主宰的。辟名为心，翕名为物。今如吾心为吾身之主，而交乎一切物，能裁断不爽焉，即此而知辟是主宰。此辟所以为殊特。

或曰：辟固名为用，翕岂不名用耶？答曰：翕自是用，此何待言？但是本体之现为功用时，必起一种反的作用即所谓翕者。以有此翕，乃得为辟的势用所依据以显发焉，于是而翕乃物化，疑于不成为用矣。我们只好于辟上识得大用，易言之，即唯辟可正名为用。而翕虽亦是用，但从其物化之一点而言，几可不名为用矣。如前所说，必有辟故，方见大用流行，亦即于流行而识得主宰。以其能转翕而不随翕转，如心能了别和运用一切物，而不为一切物所引诱或陷溺。即此而识主宰故。讲到此处，更须申说一段话，即我所谓主宰，是于辟的势用运行乎翕的一切物之中，而能自裁决断制，决不会迷暗以徇物，易言之，即不为物化，所以说为主宰。这个主宰的意义，本是就用上才见得，不是把本体看作为超越宇宙之上的一个造物主，而说名主宰。这是不容混淆的。

……

现在要归结起来，略说几句。本体现为大用，必有一翕一辟。而所谓翕者，只是辟的势用所运用之具。这方面的动向，是与其本体相反的。至所谓辟者，才是称体起用。此中称字，甚吃紧，谓此用是不失其本体的德性。譬如冰，毕竟不失水性，故云称也。辟却是和翕反，而流行无碍，能运用翕且为翕之主宰的。然翕虽成物，其实亦不必果成为固定的死东西，只是诈现为质碍的物，只是一种迹象而已。我们应知，翕辟是相反相成，毕竟是浑一而不可分的整体。所以，把心和物看作为二元的，固是错误，但如不了吾所谓翕辟，即不明白万变的宇宙底内容，是涵有内在的矛盾而发展的，那么，这种错误更大极了。矛盾是相反之谓。利用此矛盾而毕竟融和，以遂其发展，便是相成。吾国《大易》一书，全是发明斯义。

原载《新唯识论》卷上“转变”章，1947年湖北十力丛书印本。题目系编者所加。

论天化摄归人能

先生有云：圣人言天，以天化摄归人能。《易》曰“圣人成能”。乾坤之全体大用，若以其在人而言之，则曰人能而已。《新论》谈体用，所谓空寂生化之妙，刚健清净之德，是天德也，天德，谓本体。而实即是吾人之真性也。吾人本其所固有而不可穷竭之真源，努力发挥之，故曰“即工夫即本体”，详《新论》“明心”章。亦《大易》成能之旨。故吾人生活之源泉，极渊深而不虞其或竭，极富有而无忧其或匮。天在人，而人即天故也。《读经示要》第二讲。

虎生等昔侍教北庠，尝叩《南华》冲趣。先生愀然曰：魏晋人标三玄，实不解《大易》，涉《老》亦浅，其笃嗜盖在《南华》。汉以后名士，中《南华》之毒颇深，汝曹顾不察耳。《南华》根本迷谬处，即在视天化为无上之威力，庄子虽不主有神，而实计有变化之大力，超越万有，可名天化，亦云大化，亦可说为自然。而吾人之生，只是大化中偶然之化，如昙花一现耳。《大宗师》篇曰：“伟哉造物！又将奚以汝为，将奚以汝适？以汝为鼠肝乎？以汝为虫臂乎？”又曰：“浸假而化予之左臂以为鸡，予因以求时夜；浸假而化予之右臂以为弹，予因以求鸮炙；浸假而化予之尻以为轮，以神为马，予因以乘之，岂更驾哉！”此等意思，在庄生书中，随处可见。庄生之宇宙观与人生观，只是委心任运，恭然无自在力。二千余年名士，中其毒以迄于兹。天下无生人之气久矣，可不反哉！……近读《示要》有曰：造化在我，非我与造化真宰为二也。知我之所以为我，则存诚而其德不易，体健而其用不穷。位天地，育万物，皆我之自化也，而况予之臂与尻，其有不自我制之者乎？惜乎庄生不悟及此也。《读经示要》第二讲，评庄子处。又释《易》乾卦“时乘六龙以御天”云：乘者，载而有之之谓，龙喻本体。乾元，亦谓本体。言万物资乾元以始，既始，即物有自相，则乾元遂为物所载有而内足于己者。譬如众沤，资于大海水以始，既始，即沤有自相，则大海水遂为沤所载有而内足于己者。内足者，无待于外，而其充实不可以已。故日益上达，极乎实现乾元性体而无所亏，于是德用无穷，若龙之乘云气以御天而神变不测也，故曰以御天。《读经示要》第三讲，说《易》处。此皆发挥《新论》体用义，至真切、至深远。夫本体在人，即人之真性也，自我也。此乃真我，非小我之谓。变化，皆我之变化也；富有日新，皆我自足之德用也。若计有自然之变化，超脱于我人之上，而我人则是大化中偶化之赘物，《庄子·大宗师》明有附赘之言。人生全无意义，全无价值，全无力量。魏晋人颓废之流波，迄今益甚，有以也哉。由《新论》之旨，则天在人，而人即天。独化即是大化，独化，谓各个人或各个物；大化，谓万物统共之本体。大化非超越独化而别存。一切即一，一切，谓各各独化；一，谓本体。下仿此。一即一切。诸变化无常法，实皆彻体真常。就每一独化而言，均是变化无常的；就每一独化各各均具有大化之全体而言，即皆彻体真常。呜乎，《新论》其至矣！

先生尝言，自幼喜发奇想，及长而回忆，皆哲学问题也。少年从戎，图革命，时浏览科学常识书。如《格致启蒙》之类。后涉诸子百家言，复专力于梵方无着、世亲之学，晋求龙树、提婆大经四论，大经，谓《大般若》。思维空义，上稽《阿含》，推征释迦本旨。义海汪洋，游焉弗倦。久之抛弃见闻熏习，反求诸己，于佛氏渐有异同。而回忆少时所习六经四子，深契儒言，且于《大易》得其根柢与条贯。《读经示要》有曰：余早岁曾有一种思想，以为宇宙只是一大生生不息真机。一者，绝对义。大者，无外义。生生不息真机，谓本体之流行。吾人禀此生生不息真机而生，是为吾人之真性。而人之生也，形气限之，即常苦于物化，而蔽其真性，遂致人间为罪恶之丛，宇宙为黑暗之府，悲莫甚焉。是故古之道术，有主张逆生生之流，宁可沦虚耽寂，而不惜大地平沉、虚空粉碎，以建清宁之极者，释迦牟尼其此志欤！爰有觌体承当，谓自证本体，而保任勿失，即吾人能不为形气所累，而真性恒昭然呈现。于此立定，无有放舍，故谓承当。顺吾所固有生生不息之机，虚而不屈者其神全，不屈，谓无匮竭。神全，即虚灵而含大生之德故。动而愈出者其诚至，真诚之至，故动而无穷。新新而不用其故，进进而无有所凝，此言凝者，留滞义。会万物为一己，滞于形，即失真性，而己与物对。见真性，即不私其形，而万物皆与己同体。运形气以从心，心主乎身，发而有则，感而恒寂。形气乃心之所运用，何物化之患。即流行即主宰，即有待即无待，是乃体乾元而立人极，乾元者，生生不息之真体也。人得之为真性，能实体之而勿失，则人极立。极者，至也。人道之极至，在体现乾元。即人道而识乾元，人之真性即是乾元，故尽人道而乾元显。其为宣圣《大易》之旨欤！余生而孤露，早失怙恃，兄弟困穷，后先短折。且世运艰危，志存匡济，弱龄投笔，坎险频遭。久之，自顾非才，于世复无所可。孤怀落寞，少接人间，既谢世缘，不复参加革命。冥搜荷岸，时而出世思想生焉。王介甫诗云："荷花十丈对冥搜。"先生云，尝居近荷花池畔。然而余终非释迦氏之徒也。幼小趋庭，备闻《鲁论》。长而多患，益自振拔，兴言出世，辄复怀疑。三十而后，勤探大乘，初闻无住，倍增欣仰。小乘趣寂，自了生死，只是自利。大乘始言无住涅槃，谓生死涅槃两不住着也。已断惑染，虽故现生死，而非沦没，曰不住生死。已证寂灭，而不取寂，乃示现生死，不舍众生，曰不住涅槃。继而曰，见有生死，而云不住，何若不毁责生死，而直践吾生？佛家以生死为惑染，为坠堕，儒者不作如是观。直反己，而自了吾所以生之理，此理乃吾与天地万物所共禀之以有生，至真至实，至善无染者也。吾人实修而显发之，是即人即天也。既即人即天，则已超越物表，远离小己生死相，何惑染之有？何坠堕之有？子曰："未知生，焉知死？"圣人只令人反己，自求其固有生生不息之真，而存诚以充之，积健以体之。富有日新，德盛化神，我即天也，天即我也，岂复滞于小己之形，而有死之一字萦其虑哉？故圣人之所谓生，非佛氏生死之生，而佛氏之生死，圣人所不言也。学者不知此意，不堪论儒佛，亦不可通《新论》。见有涅槃，而云不住，何不悟生机至神以健，元自空寂？空寂，曾见前。实则空亦寂义，非空无之空。生生之实体，无昏扰，无迷暗，故云空寂。健者，生生之机，动而不可屈挠、不可穷竭、不容已止，故以健言。即生即寂，寂，非枯寂，寂而生也。生机之动，元非盲动。虚灵冲湛，本来寂也。明儒颇有澈悟及此者。佛家说十二缘生，无明为首，即谓众生由迷暗势力而生。叔本华承其说，皆大误。岂果有无生之境，名为寂灭，而云不住涅槃耶？《示要》原注太长，兹不全引。宜参考《示要》第二讲评佛家处。君子思诚所以存生之理，积健所以顺生之机，此人道之贞常也。不此之悟，而仍妄分生死涅槃二境，虽高言两不住，而实已有两境在，则所云不住者，乃宗教之神话耳。故大乘者，欲变小宗，而未离其根底。龙树、提婆、无着、世亲诸公，倘生中国，得闻儒道，其必弘阐尼山之绪无疑也。

原载《印行十力丛书记》，1947 年湖北十力丛书印本《新唯识论》与《十力语要》卷首。题目系编者所加。

衡论人文

略说中西文化

文化的根柢在思想。思想原本性情。性情之熏陶，不能不受影响于环境。中西学术思想之异，如宗教思想发达与否、哲学路向同否、科学思想发达与否，即此三大端，中西显然不同。此其不同之点，吾以为就知的方面说，西人勇于向外追求，而中人特重反求自得；就情的方面言，西人大概富于高度的坚执之情，而中人则务以调节情感，以归于中和。不独儒者如此，道家更务克治其情，以归恬淡。西人由知的勇追与情之坚执，其在宗教上追求全知全能的大神之超越感，特别强盛。稍易其向，便由自我之发见而放弃神的观念，即可以坚持自己知识即权力，而有征服自然、建立天国于人间之企图。西人宗教与科学，形式虽异，而其根本精神未尝不一也。中国人非无宗教思想，庶民有五祀与祖先，即多神教。上层人物亦有天帝之观念，即一神教。但因其知力不甚喜向外追逐，而情感又戒其坚执，故天帝之观念，渐以无形转化而成为内在的自本自根之本体或主宰，无复有客观的大神。即在下层社会，祭五祀与祖先，亦渐变为行其心之所安的报恩主义，而不必真有多神存在。故“祭如在”之说，实中国上下一致之心理也。中国人唯反求诸己，而透悟自家生命与宇宙元来不二。孔子赞《易》，首明乾元统天。乾元，仁也。仁者，本心也，即吾人与万物同具之生生不息的本体。无量诸天，皆此仁体之显现，故曰统天。夫天且为其所统，而况物之细者乎？是乃体物而不遗也。孟子本之以言“万物皆备于我”，参考《新唯识论》语体本“明心”章。庄生本之以言“独与天地精神往来”，灼然物我同体之实。此所以不成宗教，而哲学上会物归己，用僧肇语。陆子静言宇宙不外吾心，亦深透。于己自识，即大本立。此中己字，非小己之谓。识得真己即是大本，岂待外求宇宙之原哉？此已超越知识境界，而臻实证，远离一切戏论，是梵方与远西言宗教及哲学者所不容忽视也。《新唯识论》须参考。中国哲学，归极证会，证会则知不外驰，外驰，即妄计有客观独存的物事，何能自证？情无僻执，僻执，即起倒见。支离滋甚，无由反己。要须涵养积渐而至。此与西人用力不必同，而所成就亦各异。

科学思想，中国人非贫乏也。天算、音律与药物诸学，皆远在五帝之世。指南针自周公，必物理知识已有相当基础，而后有此重大发明，未可视为偶然也。工程学在六国时，已有秦之李冰，其神巧所臻，今人犹莫能阶也。非斯学讲之有素，岂可一蹴而几乎？张衡候地震仪，在东汉初。可知古代算学已精，汉人犹未失坠。余以为周世诸子百家之书，必多富于科学思想，秦以后渐失其传。即以儒家六籍论，所存几何？孔门三千七十，《论语》所记，亦无多语。况百家之言，经秦人摧毁与六国衰亡之散佚，又秦以后大一统之局，人民习守固陋，其亡失殆尽，无足怪者。余不承认中国古代无科学思想，但以之与希腊比较，则中国古代科学知识，或仅为少数天才之事，而非一般人所共尚。此虽出于臆测，而由儒道诸籍尚有仅存、百家之言绝无授受，两相对照，则知古代科学知识非普遍流行，故其亡绝易于儒道诸子。此可谓近乎事实之猜度，不必果为无稽之谈也。中国古代，一般人嗜好科学知识，不必如希腊人之烈。古代儒家反己之学，自孔子集二帝三王之大成以来，素为中国学术思想界之正统派。道家思想，复与儒术并行。由此以观，正可见中国人知不外驰，情无僻执，乃是中国文化从晚周发原便与希腊异趣之故。希腊人爱好知识，向外追求，其勇往无前的气概与活泼泼地的生趣，固为科学思想所由发展之根本条件，而其情感上之坚执不舍，复是其用力追求之所以欲罢不能者。此知与情之两种特点如何养成？吾以为环境之关系最大。希腊人海洋生活，其智力以习于活动而自易活跃，其情感则饱历波涛汹涌而无所震慑，故养成坚执不移之操。中国乃大陆之国，神州浩博，绿野青天，浑沦无间。生息其间者，上下与天地同流，神妙万物，无知而无不知。妙万物者，谓其智周万物而实不滞于物也。不琐碎以逐物求知，故曰无知。洞澈万物之原，故曰无不知。彼且超越知识境界，而何事匆遽外求，侈小知以自丧其浑全哉？儒者不反知，而毕竟超知。道家直反知，亦有以也。夫与天地同流者，情冥至真而无情，即荡然亡执矣。执者，情存乎封畛也。会真则知亡有知，则知与真为二，非会真也。而情亦丧，妄情不起曰丧。故无执也。知亡情丧，超知之境，至人之诣也。儒道上哲，均极乎此。其次，虽未能至，而向往在是也。

就文学言，希腊人多悲剧。悲剧者，出于情之坚执，坚执则不能已于悲也。中国文学以《三百篇》与《骚经》为宗。《三百篇》首《二南》，《二南》皆于人生日用中见和乐之趣，无所执，无所悲也。《骚经》怀亡国昏主，托于美人芳草，是已移其哀愤之情，聊作消遣。昔人美《离骚》不怨君，其实亡国之怨，如执而不舍，乃人间之悲剧，即天地之劲气也。后世小说写悲境，必以喜剧结，亦由情无所执耳。使其有坚执之情，则于缺憾处，必永为不可弥缝之长恨，将引起人对命运或神道与自然及社会各方面提出问题，而有奋斗与改造之愿望。若于缺憾而虚构团圆，正见其情感易消逝而无所固执，在己无力量，于人无感发。后之小说家承屈子之流而益下，未足尚也。要之中国人鲜坚执之情，此可于多方面征述，兹不暇详。

就哲学上超知之诣言，非知不外驰、情无僻执，无由臻此甚深微妙境界。然在一般人，并不能达哲学上最高之境，而不肯努力向外追求以扩其知，又无坚执之情，则其社会未有不趋于委靡，而其文化终不无病麋[1]之存在。中国人诚宜融摄西洋以自广，但吾先哲长处，毕竟不可舍失。

或问：西方文化无病麋乎？答曰：西洋人如终不由中哲反己一路，即终不得实证天地万物一体之真，终不识自性，外驰而不反，只向外求知，而不务反求诸己，知识愈多，而于人生本性日益茫然。长沦于有取，以丧其真。有取一词，借用佛典。取者，追求义。如知识方面之追求，则以理为外在而努力向外穷索，如猎者之疲于奔逐，而其神明恒无超脱之一境，卒不得默识本原，是有取之害也。欲望方面之追求，则凡名利、权力种种，皆其所贪得无厌而盲目以追逐之者，甚至为一己之野心与偏见，及为一国家一民族之私利而追求不已，构成滔天大祸，卒以毁人者自毁，此又有取之巨害也。是焉得无病麋乎？中西文化，宜互相融和。以反己之学立本，则努力求知，乃依自性而起大用，无逐末之患也。并心外驰，知见纷杂而不见本原，无有归宿，则其害有不可胜言者矣。中西学术，合之两美，离则两伤。

原载《学原》，1947 年第一卷第四期。又以《答某生》为题置于《十力语要初续》，略有改动。此据 1949 年香港东升印务局本《十力语要初续》收录。

【注释】

〔1〕“麋”，疑当作“菌”。下文同。

略论中西学问

弟以病躯，常有神伤不敢窥时报之感，故未阅《晨报》。昨闻人言，兄有一文，题曰“中西哲学合作的问题”，登在《北平晨报》思辨栏，系对弟前登天津《大公报》之文而发者。弟固素喜闻吾兄之言论，因觅取一读。关于“合作”一词，弟前文中尚未用及，只有如下数语：愚意欲新哲学产生，必须治本国哲学与治西洋哲学者共同努力，彼此热诚谦虚，各尽所长；互相观摩，毋相攻伐；互相尊重，毋相轻鄙，务期各尽所长，然后有新哲学产生之望云云。

兄或即由此段文字，而判为主张合作。实则与尊意所谓中西分治，元是一致也。分治之说，自社会言之，却是完成合作。如造针厂然，锻铁乃至穿鼻等等，人各分工而治，恰恰以此完成合作之利。但就个人治哲学而言之，是否应当中西兼治，弟颇因尊论而愿有所言。常以为如有人焉，能尽其诚，以兼治中西之学而深造自得，以全备于我，则真人生一大快事，更有何种理由，能言此事之不应当耶！如兄引《荀子》书云：“君子之学也，入乎耳，著乎心，布乎四体，形乎动静。端而言，蠕而动，一可以为法则。小人之学也，入乎耳，出乎口，口耳之间则四寸耳，曷足以美七尺之躯哉！古之学者为己，今之学者为人。君子之学也，以美其身；小人之学也，以为禽犊。”此段话，确足代表东方各派哲学底一致的根本的精神。中国儒道诸家如是，印度佛家亦如之。佛家经典形容佛身一一毫端放大光明，表示宇宙底清净就在他身上实现着。易言之，他就是真理显现。所以他说真如一名法身，不是当作所知的外在境界。特各家所造自有浅深，此姑不论。然此等实践的精神，即把真理由实践得到证明，人只要不妄自菲薄，志愿向上，则从事此等学问，用一分力，有一分效；用两分力，有两分效。谁谓治西洋哲学者对中国哲学便当舍弃不容兼治耶！

尊论云：“中国人求学的动机是求善，而不是求真。西方人底求知，志在发掘宇宙的秘密。便和开矿一样，其所得是在外的，与得者自身不必有何关系。所以西方能成功科学。这个态度，是以求知道实在为目标，不是当作一个价值来看。总之，西方人所求底是知识，而东方人所求的是修养。换言之，即西方人把学问当作知识，而东方人把学问当作修养。这是一个很可注意的异点。”此段话，是真见到中西文化和哲学根本不同处，非精思远识如吾兄者，何能道及此。但吾兄必谓中西可以分治，而不堪融合，则愚见适得其反。吾侪若于中国学问痛下一番工夫，方见得修养元不必屏除知识，知识亦并不离开修养。此处颇有千言万语，当别为详说。唯于兄所谓西学求真、中学求善之旨，是以真善分说，弟不必同意。兄云“西人态度以求知道实在为目标”，则所谓真者，即实在之异语。然“实在”之一词，或“真”之一词，似宜分别其用于何等领域之内，方好判定其涵义。而西洋哲学家真善分说之当否，亦将视真字之意义为何，然后可论。弟意哲学实只玄学。所求之真或实在，与科学所求之真或实在，本不为同物。科学所求者，即日常经验的宇宙或现象界之真。易言之，即一切事物相互间之法则。如凡物皆下坠，凡人皆有生必有死，地球绕日而转，此等法则，即事物之真，即现象界的实在。科学所求之真即此。但此所谓真，只对吾人分辨事物底知识的错误而言。发见事物间必然的或概然的法则，即得事物底真相，没有以己意造作、变乱事物底真相，即没有错误，故谓之真。是所谓真底意义，本无所谓善不善，此真既不含有善的意义，故可与善分别而说。西洋人自始即走科学的路向，其真善分说，在科学之观点上，固无可议。然在哲学之观点上亦如之，则有如佛家所斥为非了义者，此不可不辨也。哲学所求之真，乃即日常经验的宇宙所以形成的原理或实相之真。实相犹言实体。此所谓真，是绝待的，是无垢的，是从本已来，自性清净，故即真即善。儒者或言诚，诚即真善双彰之词。或但言善，孟子专言性善。而真在其中矣。绝对的真实故，无有不善；绝对的纯善故，无有不真。真善如何分得开？真正见到宇宙人生底实相的哲学家，必不同科学家一般见地，把真和善分作两片说去。吾兄谓中人求善而不求真，弟甚有所未安，故敢附诤友之末，略为辨析。总之，中国人在哲学上，是真能证见实相，所以他总在人伦日用间致力，即由实践以得到真理的实现。如此，则理性、知能、真理、实相、生命，直是同一物事而异其名。此中理性、知能二词，与时俗所用，不必同义，盖指固有底而又经过修养的之明智而言。中人在这方面有特别成功，因此却偏于留神践履之间，如吾兄所谓本身底修养，便不能发展科学。吾前言，修养元不必屏除知识，须知不必云云，则已不免有忽视知识的趋势。周子曰："天下势而已矣。势，轻重也。"富哉斯言！古今几人深会得？凡事势流极，至于天地悬殊者，其肇端只在稍轻稍重之间，非析理至严者莫之察也。《易》云："差之毫厘，谬以千里。"有味哉斯言也！罗素常说，喜马拉雅山头一点雨，稍偏西一点，便落入印度洋去，稍偏东一点，便落入太平洋去。中人学问，起初只是因注重修养，把知识看得稍轻，结果便似屏除知识，而没有科学了。西人学问，起初只因注重知识，所以一直去探求外界的事物之理。他也非是绝不知道本身的修养，只因对于外物的实测工夫特别着重，遂不知不觉的以此种态度与方法用之于哲学，他遂不能证得实相，而陷于盲人摸象的戏论。因此，他底修养只是在日常生活间，即人与人相与之际有其妥当的法则，此正孟子所讥为外铄，告子义外之旨即此。后儒所谓"行不著，习不察"，亦谓此等。中人底修养是从其自本自根，自明自了，灼然天理流行，即实相显现。而五常百行，一切皆是真实。散殊的即是本原的，日用的即是真常的。如此，则所谓人与人相与之际，有其妥当的法则者，这个法则底本身，元是真真实实、沦洽于事物之间的。可以说事物就是由他形成的。若反把他看作是从人与人底关联中构成的，那法则便是一种空虚的形式，这等义外之论，是不应真理的。所以言修养者，如果不证实相，其修养工夫，终是外铄。所以，站在东方哲学底立场，可以说，西人的修养工夫，还够不上说修养。只是用科学的知识，来支配他底生活，以由外铄故。或谓康德一流人，其言道德似亦不是外铄的，可谓同于东方哲人的修养否？此则不敢轻断。然康德在谈道德方面亦承认神的存在，此为沿袭宗教思想，且与科学计度外界同其思路。斯与东方哲学复不相类。总之，西人学问，纵不无少数比较接近东方者，然从大体说来，西人毕竟偏于知识的路向，而距东方哲人所谓修养，不啻万里矣。有谓吾兄以修养专属中人为不必当者，是乃粗疏之见也。如上所说，可见中西学问不同，只是一方在知识上偏着重一点，就成功了科学；一方在修养上偏着重一点，就成功了哲学。中人得其浑全，故修之于身而万物备，真理元无内外。西人长于分析，故承认有外界，即理在外物，而穷理必用纯客观的方法。中西学问不同，举要言之，亦不过如此。弟数十年来，感于国人新旧之争，常苦心探索其异处。常闻明季哲人方密之遗书谓中学长于通几，西学长于质测。通几由修养而得，质测乃知识所事。其与吾侪今日之论，犹一辙也。弟唯见到中西之异，因主张观其会通，而不容偏废。唯自海通以来，中国受西洋势力的震撼，中学精意随其末流之弊，以俱被摧残。如蒜精之美，不幸随其臭气而为人唾弃。因是惶惧，而殚精竭力以从事于东方哲学之发挥。《新唯识论》所由作也。是书今人盖鲜能解者。吾兄一向用功，亦不同此路数，或不必同情此书。弟因触及素怀，便及此事，要不欲多所旁论。窃以为哲学与科学、知识的与非知识的，即修养的。宜各划范围，分其种类，辨其性质，别其方法。吾侪治西洋科学和哲学，尽管用科学的方法，如质测乃至解析等等，西洋哲学，从大体说来，是与科学同一路子的。虽亦有反知的哲学，较以东方，仍自不类。治中国哲学，必须用修养的方法，如诚敬乃至思维等等。孔孟恒言敬、言诚。程子《识仁篇》云“以诚敬存之”。朱子所谓“涵养”，即诚敬也。孔孟并言思。孟云“不思即蔽于物”，甚精。孔云“思不出位”者，此犹佛家所谓思现观。不流于虚妄分别，不涉戏论，是谓思现观，是谓思不出位。宋以后儒者言修养，大抵杂禅定而思维之功较疏，宜返诸孔孟。“道并行而不相悖”，正谓此也。修养以立其本，则闻见之知壹皆德性之发用，而知识自非修养以外之事。智周万物，即物我通为一体，不于物以为外诱而绝之，亦不于物以为外慕而逐之也。孔孟之精粹，乃在是耳。孔孟主修养，而未始反知也。当此中西冲突之际，吾侪固有良好模型，又何必一切唾弃之哉！

尊论有云：“若以西方求知识的态度来治中国学问，必定对于中国学问觉得其中甚空虚，因而看得不值一钱。”此数语，恰足表示今人对于中学的感想。老子绝学无忧之叹，殆逆料今日事矣！忆弟年事未及冠，似已得一部《格致启蒙》，读之狂喜。

后更启革命思潮，六经诸子，视之皆土苴也，睹前儒疏记，且掷地而詈。及长而涉历较广，综事比物，自审浮妄，转而读吾古书，旷观群学，始自悔从前罪戾，而不知所以赎之也。中国学者，其所述作，不尚逻辑，本无系统。即以晚周言之，《论语》、《老子》皆语录体，《庄子》书则以文学作品发表哲学思想，《易》之十翼特为后儒传疏导先路，即法家墨家故籍稍存者，条理稍整，亦不得称为系统的著作。故有志中学者，恒苦古书难读。非徒名物训诂之难而已，其文无统纪，单辞奥义，纷然杂陈，学者只有暗中摸索，如何不难？此其难之在工具方面者也。至于儒道诸家所发明者，厥在宇宙真理，初非限于某一部分底现象之理。这个道理，“范围天地之化而不过，曲成万物而不遗”，《系传》形容得好。“语大，天下莫能载焉。语小，天下莫能破焉”，《中庸》形容得好。故高之极于穷神知化，而无穷无尽。近之即愚夫愚妇与知与能。至哉斯理，何得而称焉！赫日丽天，有目共见，有感共觉。感谓热度之感。无目无感者，不见不觉，遂詈人称阳宗之显赫。今之谓中国学问不值一钱者，何以异是。尤复当知，中国学问所以不事逻辑者，其所从入在反己，以深其涵养，而神解自尔豁如。然解悟所至，益复验之践履。故阳明所谓知行合一，实已抉发中国学问之骨髓。其视逻辑为空洞的形式的知识，宜所不屑从事。但此与西洋学问底路子，既绝异而无略同者。今人却自少便习于西学门径，则于本国学问，自不期而与之扞格。此其难之在于学子之熏习方面者也。虽有诸难，然只将中西学问不同处，详与分别，则学者亦可知类而不紊，各由其途而入焉。久之，则异而知其类，睽而知其通，何乐如之。

尊论又云："倘使以中国修养的态度来治西方学问，亦必觉得人生除为权利之争以外，毫无安顿处。"此段话，弟亦不无相当赞成，然终嫌太过。兄只为把知识看作与修养绝不相容，所以有这般见解。在西人一意驰求知识，虽成功科学，由中国哲学的眼光观之，固然还可不满足他，谓之玩物丧志，甚至如兄所云权利之争等等。然若有一个不挟偏见的中国学者，他必定不抹煞西人努力知识的成绩，并不反对知识。只须如阳明所谓识得头脑，即由修养以立大本，则如吾前云，一切知识皆德性之发用，正于此见得万物皆备之实，而何玩物丧志之有？西人知识的学问底流弊，诚有如吾兄所谓权利之争，要其本身不是罪恶的，此万不容忽视。如自然对于人生底种种妨害，以及社会上许多不平的问题，如君民间的不平、贫富间的不平、男女间的不平，如此等类，都缘科学发展，乃得逐渐以谋解决。此等权利之争，即正谊所在。正如佛家所谓烦恼即菩提，现代卑劣的中国人，万不可误解此义而谬托于此，千万注意。何可一概屏斥！东方言修养者，唯中国道家反知识，恶奇技淫巧。此在今日，不可为训。儒家元不反知，弟前文已说过。印度佛家本趣寂灭，然及大乘，始言无住涅槃，生死涅槃两无住着，名无住涅槃。小乘只是不住生死，却住着涅槃。及至大乘，说两无住，即已接近现世主义。又不弃后得智，彼说后得智是缘事之智，即分辨事物的知识。此从经验得来，故名后得。斯与儒家思想，已有渐趋接近之势。然趣寂之旨，究未能舍，此吾之《新论》所由作也。《新论》只把知识另给予一个地位，并不反知。儒家与印土大乘意思，都是如此。弟于《大学》取朱子《格物补传》，亦由此之故也。朱子是注重修养的，也是注重知识的。他底主张，恰适用于今日。陆王便偏重修养一方面去了。

弟于此一大问题研索甚久，自有无限意思。唯以五十病躯，略无佳趣，提笔便说不出来。拉杂写此，不知吾兄于意云何？尊意有所不然，即请尽情惠教。又此信以东方之学为哲学，自时贤观之，或不必然。但弟素主哲学只有本体论为其本分内事，除此多属理论科学。如今盛行之解析派，只是一种逻辑的学问，此固为哲学者所必资，然要不是哲学底正宗。时贤鄙弃本体论，弟终以此为穷极万化之原，乃学问之归墟。学不至是，则睽而不通，拘而不化，非智者所安也。见体，则莫切于东方之学，斯不佞所以皈心。此信请与张申府先生一看。吾与彼主张本自不同，但同于自家主张以外，还承认有他。

原题“答张东荪”，载《十力语要》卷一，1947年湖北十力丛书印本。题目系编者所加。

论中国文化史

锺伯良治中国文化史。先生语之曰：

汉魏及李唐两次大变端，极须注意。汉魏之际，是中国文化浸衰而将变底时机；李唐之世，是印度佛化统一中国成功底时期。两汉承周秦余烈，民德不偷，是时民俗，任侠尚义，故武帝卫霍能用之以夷胡虏。国力极盛。北逐强胡，西通西域，西南拓地亦复广远。推迹政治，则地方制度之良，吏治之美，饶有民治精神。器不楛恶，工艺足称，商旅远涉异域，不避险难，可谓盛矣。独以大一统之故，天下习于一道同风，朝廷又开禄利之途以奖经术，于是思想界始凝滞而少活动，则衰象已伏于此时矣。又自光武宏奖名教，士大夫皆思以气节自见，始于激扬，终于忿矜，气宇日以狭小。晚周先民各用其思而莫不渊广，各行其是而莫不充实，不尚众宠，不集一途，浩荡活泼，雄于创造之风，于斯尽矣！夫标名教而使人矫拂天性以奔赴之，历久则非人之所能堪也。故曹氏父子兴，始倡文学，恣情欲，尚功利，求不仁不孝而有治国用兵之术者，其为汉氏之反动思想也甚明。文学者，本以摇荡情感，倡之者既主于邪僻，绝无深根宁极之道，则率一世以为猖狂混浊，逞兽欲而失人性者，势所必然而莫之能御也。

故五胡乘中夏无生人之气，得入而据之，以恣其杀戮，所以招致者渐也。故夫中国文化自两汉盛时已伏衰象，迄于曹魏，而破坏遂不堪矣。是时中国民性固已稍颓，然奋厉之气，犹有存者，则魏晋间文学披靡之余，乃复有上探晚周思想，玄言宏廓深远，名、数、礼典、音律、医术，精擅者亦众，工艺复极其巧。魏马钧为木人，能令跳丸掷剑，缘絙倒立，出入自在。尝试作指南车。又为发石车，飞击敌城，使首尾电至。又作翻车灌水，更入更出。钧巧若神变，惜未尽试所作，傅玄序而叹之。见《魏志·杜夔传》。又魏世为陵云台，先平众木轻重，无锱铢相负，揭台高峻，常随风动摇，终无倾倒。见《世说·巧艺篇》。略征一二事，足见当时制造已极精矣。至其社会政治思想，则盛倡自由。鲍生之论，则为无政府主义者导先路。郭象《庄注》亦曰："伯夷之风，使暴虐之君得恣其毒，而莫之敢亢也。"见《让王篇》。向秀明治道之极在于物畅其性，而恶夫为治者之自任而宰物，其言闳深，异乎嵇康辈只为愤辞者矣。郭象《庄注》，原出向秀。汉世，帝制之势已高严。自汉已降，而奸雄草窃，迭起不穷，生灵涂炭，惨酷已极，此自由之声所为疾呼。然内乱未弭，五胡又乘之，真人道之大厄也。要之，六代衰乱，实汉氏之结果，而曹魏亦助长焉。

中国文化在汉世顿呈凝滞不进之状，思想界已僵固而无活气，空以名教宠章牢笼天下，其积弊之深，必将发泄于后，固事理所必至者。曹操虽反名教，然彼实生于思想涸竭之世，而纯为名教陶铸之人物。值汉德衰，不能明白以自树立，乃伪托文王之迹，故虽富于机智，而识见不能超特，局量不能宽宏，气魄不能伟大，毕生精力尽耗于猜忌与掩饰之途。其卑小如是，比于新室，已不足当仆圉。及司马氏效之，其细益甚。故石勒小胡犹得窃笑于其后。识者观魏晋开基，已卜世运升降之机矣。魏晋已下，大领袖人物遂不多见，故民质日以脆弱。是时所幸者，则思想界承两汉积衰之后，而忽呈奇伟之观。自玄家逮于众艺，纷纷崛起，辨物理，达神旨，浸淫返于九流，是《易》所谓“穷则变”之兆。盖中夏民族，本伟大之民族也。所资者深，所蕴者厚，宜其剥极而必复也。此转变之机势，虽经胡尘蹂躏，不少衰息。延及隋氏，遂一南北而纾祸乱。迄乎初唐，威武广被于四夷，文教普及夫群蛮，固泱泱大风也。此岂一二君相之力骤致于一旦者？盖六代已来，哲人艺士之努力所蕴蓄于社会者，深且大故也。夫自汉魏之际，肇始变化，爰及隋唐，国力既盛，宜其文化日益发展，不至夭殇。然而初唐之盛未几，社会复归混浊，政治乱于武夫。六代已来之学艺，造端虽宏，至此而一切斩焉绝迹。此何以故？则印度佛教思想正于初唐之世而告统一中国之成功，是以举中国之所固有者而尽绝之也。此治中国文化史者所万不可忽视之一大变也。

佛法东来，本在季汉之世，僧徒多来自西域，初亦不能盛行。唐窥基法师《唯识述记序》：“在昔周星闷色，至道郁而未扬。汉日通晖，像教宣而遐被。多觌葱右之英，罕闻天竺之秀。

音韵壤隔，混宫羽于华戎；文字天悬，昧形声于胡晋。”据此，可想见推行之困难矣。及罗什来华，以其精通三藏，又门下多材，盛事翻译，玄风始畅。然犹乘三玄余焰，附之以彰，未能独旺也。盖佛法东来，得餍乎国人之心者，虽原因不一，而主要之因则以玄家喜谈形而上，三玄于形而上之理只是引而不发，魏晋玄家才偏重及此耳。极与佛家接近，故迎合甚速也。如远公著《法性论》曰：“至极以不变为性，得性以体极为宗。”罗什见论而叹曰：“边国人未有经，便暗与理合，岂不妙哉？”远公故玄家，而特歆净土，以逃于佛，其理解固未尝得力于佛也，罗什之言可证。又僧肇著《般若无知论》，罗什览之曰：“吾解不谢子，文当相揖耳。”肇公此论，亦不出玄家见地。当时玄家既接近乎佛，而佛者亦乐援玄以自进，故佛法未遽独盛也。时国内释子，颇多坚苦卓绝，只身渡穷塞、犯瘴疠、履万险，求法天竺者甚众。然发生重大影响于祖国者，盖亦罕见。及唐玄奘西渡，研精群学，在印土已有大乘天之称。回国已后，而太宗以英伟之帝，竭力赞护，于是聚集英俊，大开译场，高文典册，名理灿然，沃人神智，况复死生问题，足重情怀。则自汉魏已来，缓兵进攻于中国思想界之佛法，至此得玄奘与太宗之雄略，大张六师，一鼓作气，遂举中国而统一于印度佛化之下。自此儒道诸家，寂然绝响。此盖中国文化中断之会也。佛法既盛，不独士大夫翻然景从，而其势力直普遍齐民，愚夫愚妇莫不向风而化，祷祀殷勤。盖社会观感所系，不在学校而在寺宇，不在师儒而在僧徒矣。汉魏之际，方变而上复晚周，萌芽骤茁，遽折于外来之佛教。此固当时华梵间不可思议之遇合，不可阻遏之潮流。佛法急图东展，而中国之玄学与其环境又恰与之应合。然佛教徒亦未免过于倾向外化，而将固有学术思想摧抑太甚。如佛道论衡，诋毁老庄，其词多顽鄙不足一笑。僧徒既不习国学，又妄以褊心嫉异己，此所以造成佛教大一统之局。由今观之，不得不谓为吾国文化史上之大不幸也。夫佛家虽善言玄理，然其立教本旨，则一死生问题耳。因怖死生，发心趣道，故极其流弊，未来之望强，现在之趣弱；治心之功密，辨物之用疏；果以殉法，忍以遗世；六代僧徒多有焚身殉法者，然莫肯出而救世。沦于枯静，倦于活动；渴望寄乎空华，求生西天。盲修绝夫通感；近死之夫，不可复阳。此犹有志苦修者也。若夫托伪之流，竞权死利，患得患失，神魂散越，犹冀福田，拜像供僧，诵佛修忏，其形虽存，其人已鬼。复有小慧，稍治文学，规取浮名，自矜文采，猥以微明，涉猎禅语，资其空脱，掩其鄙陋，不但盗誉一时，抑乃有声后世。苏轼、钱谦益、龚自珍皆是此流，今其衣钵授受未已也。至于不肖僧徒，游手坐食，抑或粗解文辞，内教世语，胡乱杂陈，攀缘势要，无复廉耻，等诸自桧，亦无讥焉。是故自唐已来，佛教流弊，普遍深中于社会，至今方蔓衍未已。民质偷惰，亦有由来，凡在有知，宜相鉴戒。然则佛法可绝乎？曰：恶！是何言？昔者佛法独盛，故其末流之弊愈滋，今则势异古昔，扶衰不暇，而可令其绝乎？佛家卓尔冥证，万事一如。事事皆如，故曰一如。所谓一叶一如来也。荡然无相而非空，寂然存照而非有。智周万物，故自在无挂碍；悲孕群生，惟大雄无恐怖。虽悲而无怖于险难。仰之莫测其高，俯之莫极其深，至哉佛之道也！是故会通其哲学思想而涤除其宗教观念，则所以使人解其缚而兴其性者，岂其远人以为道也哉？

中国文化既被佛家倾覆了，直到两宋时代，大儒辈出，才作中国文化复兴运动。他们都推本于晚周底儒家，定孔子为一尊，却无形地踵了董仲舒、汉武帝底故步。魏晋人上追晚周，派别却多。后人提及六朝，便以清谈家了之，而不肯细察当时学术流别。宋人比之，似觉规模狭隘，然而他们所以宗主儒家，也有道理。儒家有两个优点：一是大中至正，上之极广大高明而不溺于空无，下之极切实有用而不流于功利；二是富于容纳性，他底眼光透得远大，思想放得开阔，立极以不易为则，应用主顺变精义，儒家根本思想在《易》。规模极宏，方面尽多，善于采纳异派底长处而不专固、不倾轧。他对于道家、法家等，都有相当的摄受，这也是不可及处。《大学》格物的主张，与名家不相忤。荀子言礼治，亦有法家影响。《周礼》言政治经济，也有法家精神。《易·系传》谈治理，大致在辅万物之自然，决不自任以宰物。儒家各派都守这个原理，是与道家相通的。我和宰平在北海快雪堂曾谈到儒家这两个优点，他也和我同意。所以宋儒特别提出儒家来，做建设中国文化底基础。他们在破坏之余，要作建设事业，自然须有个中心势力，不容如魏晋思想那样纷歧。因此，宗主儒家，尚不算他们规模狭隘之征。

自佛教入中国已来，轮回之说普遍于社会，鬼神和命运的迷信，日益强盛。佛教分明是多神教，不过他底说法很巧妙。他把旁底神教如大自在天等极力拨倒，所以人说他是无神论。殊不知，人家底神打倒了，他底神又出来。试问十方三世诸佛，非多神而何？又如人人有个不死的神识，非多神而何？所以，信佛教者必信鬼神，其教义固如是。若乃三世因果之谈，则为世俗命运观念所依据，这个影响极坏。人生屈伏于神权，沉沦于鬼趣，侥幸于宿定，贪求世间利乐者，则妄计命运或可坐致。人情侥幸大抵如此。这不能不说是佛教之赐。《三百篇》是中国先民底思想的表现，都是人生的、现世的，无有迷于神道者。如《二南》于男女之际及凡日常作业、习劳之间，写出和乐不淫与仁厚清肃勤厉之意，表现人生丰富的意义、无上的价值。孔子曰："人而不为《周南》、《召南》，其犹正墙面而立也欤！"其得力于是者深矣。故迷信鬼神之风，非吾先民所固有也。古时虽重祭祀，特由慎终追远与崇德报功，以致其仁孝不容已之心耳。战国迄汉世方士，始假神怪以骗人主，然民间不必被其风。自佛教东来，而后迷信普遍于社会。幸有宋诸先生崛起，倡明儒家之学，以至诚立人极，《通书》阐发此旨。形色不得呵为幻妄，日用壹皆本于真实。念虑之微，事为之著，无往非至诚所发见。原吾生之始，则此生非用其故，若有神识，则是故物传来。是生本创新，而新乃无妄而皆诚。故君子至诚无息，以其日新而日生。迄夫形尽于百年，则虽生随形尽，而曾有之生、曾有之诚，其价值则亘古常新而不以百年尽也。又何待有个别的实物，遗于当来而后为快乎？神识即个别的实物。若果有之，则生生者将皆用其故而莫或创新，造化亦死机尔。岂其然哉？是故杜绝神怪，以至诚建人极。道尽于有生，未知生，焉知死。知止于不知。生何自来，此不可说，所谓不知也。然已曰不知，岂真不知哉？故冥会于斯而存诚以践形，则生之所自，即生是已。知至此而止矣，何必以私意推求，妄执有个别的实物若神识者，以为吾生之所自哉？物我同乎一体，而莫不各足；物各足于其性。显微彻夫一实，而无有作伪。仰不愧，俯不怍，至诚塞乎天地。饮食男女，凡生人之大欲，皆天则之实然。循其则而不过不流，故人欲即天性，而不可丑恶。尼父曰："道不远人。人之为道而远人，不可以为道。"至哉斯言乎！自周张二程诸儒崛兴，绍宣圣之绪，而后知人生之尊严而不可亵侮也，人生之真实而不为幻化也，人生之至善而不为秽浊也，人生之富有而无所亏欠也。本性具足，故发为万善而通感不穷。故鬼神既远，人性获伸，这是诸儒莫大的功劳。

然而他们却有短处，现在不妨略为说及。他们涵养本原的工夫，虽说绍述孔氏，却受佛家禅宗影响太深，不免带着几分绝欲的意思。实则欲亦依性故有，不一定是坏的东西，只要导之于正便得。如孟子教齐宣王，好色好货，都可推己及人，使天下无旷夫、无怨女，及使百姓同利。这欲何尝不可推扩去做好的？如果要做绝欲工夫，必弄得人生无活气，却是根本错误。或谓今人纵欲已极，正要提倡绝欲以矫之。不知讲学唯求其理之真而已，如何存得一个矫弊的意思？矫又成弊。俟鸟兽之风息，人道反诸正，将皆投诸真理之怀抱，而何至纵欲无已乎？我辈服膺儒先，不要漫无拣择。他们因为主张绝欲，故用功亦偏于主静。如伊川见人静坐，便叹其善学。静坐本是他们共同的主张。后来李延平更看得重要，尝曰：“学问之道，不在多言，但默坐澄心体认。天理若见，虽一毫私欲之发，亦退听矣。久久用力于此，庶几渐明，讲学始有力耳。”在他们底理论，动静是一致的。所谓即动即静、即静即动的，他们根本不承认是废然之静。这个理论，我也未尝否认。不过道理是很古怪的，往往差之毫厘，谬以千里，这个差谬，大须注意。静中固然不是没有动，但吾人才多着意在静，便已把日常接触事物底活动力减却许多。此处吃紧。所以他们虽复高唱格物致知，而其弟子已沉禅悦而惮于求知。他们虽复不忘经世致用，而卒以养成固陋偷敝的士习。因为他们把主静造成普遍的学风，其流弊必至萎靡不振，这个是不期然而然的。后来陈同父、叶水心一辈人才起来反抗他们底学说。同父思想虽粗，却甚可爱。那时候确少不得同父一派底功利思想。同父云：“禹无功，何以成六府？乾无利，何以具四德？如之何其可废也！”同父和朱晦翁辩论底几篇书，极有价值。最要紧的是两个意思：一是反对他们尊古卑今而否认进化的思想；二是反对他们自信未免于狭，而又把道理说得太高，所以误视三代已下底人都是盲眼。同父是个文学家，只惜气力太虚浮，毕意振作不起来。水心思想较同父稍细，而不及同父开张。他是一个批评家，颇似汉王仲任之流，然本领不大，虽博辩而无宏规足以自树，故虽有一时摧陷之功，终亦不能别辟生路。

总之，周程诸儒虽复树立儒家赤帜，而实受禅宗影响太深，未能完全承续儒家精神。虽则学术不能不受时代化，亦不能不容纳异派底思想，而他们却于儒家有未认清处，所以骨子里还是禅的气味多。他们主静和绝欲底主张，都从禅家出来的。这两个主张殊未能挽救典午以来积衰的社会。因为群众是要靠士大夫领导的，而当时士大夫都去做绝欲和主静底工夫，玩心无形之表。用超世的眼光看他，诚然超越人天，大可敬服；用世间的眼光看他，不能不说是近于枯槁了。

问：宋明儒绝欲工夫却能保持非功利的生活，于此见得人生无上价值，似未可反对也。先生曰：此须识我立言意思。我不是主张纵欲的，但用功去绝欲，我认为方法错误。只要操存工夫不懈，使昭昭明明的本心，常时提得起，则欲皆当理，自不待绝了。如果做绝欲工夫，势必专向内心去搜索敌人来杀伐他。功力深时，必走入寂灭，将有反人生的倾向。否则，亦好执意见以为天理。因为他一向孤制其心，少作格物的工夫，结果自非拿他底意见来做天理不可。宋明末叶底理学家都是好闹意见，至国亡而犹不悟。……孔孟都没有教人绝欲。孔子举克己复礼之目，曰“非礼勿视，非礼勿听，非礼勿言，非礼勿动”，只是教颜子在视听言动间操存此心，不流入非礼处去便是了。这工夫何等切近，何等活泼。至于孟子教人集义以养浩然之气，集义便是致知，便于事事物物知明处当。分明不是离事物而孤求之心，只集义养气，则欲不待绝，而自无违理之欲。所以，我觉得宋明儒底方法不对，还是上求之孔孟为好。以上评宋明儒绝欲，实太过，理学诸儒尚未至绝欲，但节欲工夫不可无耳。欲不可绝，而不可不节也。今仍存旧说者，志吾过故。十力记。

原题“高赞非记语”，载《十力语要》卷四，1947年湖北十力丛书印本。题目系编者所加。

论汉学与宋学及宋明理学史

近世言儒学者，有汉学宋学之争。汉学一词，本始于清人之反宋明而上追两汉考据之业。宋学一词，本指两宋濂洛关闽诸大儒心性或义理之学。钦夫、伯恭，皆朱子同调，永嘉一派亦伯恭开之。其实，言宋学即已摄明学。明学以阳明为主，阳明仍是承两宋心性之学，但自有创发，且与陆子较近，其视伊川、紫阳，则入手工夫不必同。而陆王之彻悟，实有高过于程朱者。此心性学之内部，所以有程朱、陆王二派之争。亦可云宋明之争。但如对汉学而言，即对考据之业而言。则阳明固是程朱象山后嗣，即明学统于宋学，不须别出言之也。

晚明诸儒之学，明季诸子，今人多列入清初，此甚无理。虽多力反阳明，且上诋程朱，然诸儒根本精神自是宋学，后当略说及之。

汉学全是注疏之业，盖释经之儒耳。宋学于心性或义理方面确有发明，衡其学术，盖哲学上之唯心论者。明儒便立心学之名。其思想甚有体系，其所造极深邃。明儒陈白沙曰："斯理也，宋儒言之备矣，吾恶其太严也。"白沙此评，其胸中元有千言万语，无法向人道。斯理是何等道理？云何见得宋儒言之备？

又云何见得太严？又云何恶之？后人既不会白沙意，亦不复求之，真可痛惜。白沙天资甚高，所以能见宋儒得失。晚明习斋诸儒，其评宋儒已多失当，至清人则皆为狂犬之吠矣。呜呼！论学谈何容易哉！宋儒因受禅家影响，不注重辨析，而宗教气味颇深，难免迂固拘执等病，此其短也。要之，宋学自是哲学，本非以注释经书为务者。宗经之儒，古有孟孙诸贤，后世则宋学家亦其流类。夫汉学，但治文籍，而搜集其有关之材料已耳。清世所称经学大师，其成绩不过如此。宋儒则穷经而能得意于文言之外。《易·系传》曰："书不尽言，言不尽意。"此先圣苦心诲人语也。今人必谓义尽言中，此则三家村较晴量雨之言，可作是说。圣贤所穷者极其大，所造者极其微，其深远之蕴，何可于文言中表达得出？文言毕竟如筌蹄，要须会意于文言之外耳。其学主反己，而天下之理得。《礼运篇》曰："不能反躬，天理灭矣。"郑玄注："反躬，犹言反己。"按反己二字，确是孔孟最上一着工夫。宋学能寻此血脉，而勿失之。工夫是否做到好处，乃别一问题，其认定此项工夫去努力，则不容忽视。天下之理得者，言自反而识得吾生之真，则万化之源、万物之本，无待外寻。吾与天地万物，非有二本故。此就源头上立言也。由实践以契真源，宋学精神在此。其所自得者深，岂为注疏之业者可测其中藏哉？汉学家每以空虚薄宋学。其实，程朱陆王诸大师探造化之微，究天人之故，其思理深邃，其生活充实，庶几宗庙百官之美富，空虚云乎哉？或曰：宋学短于致用，故不免空虚之讥耳。答曰：汉学之所考核者，果为何事？其空虚不又甚乎？虽宋学未识先圣之全体大用，而于本原处，要自有所认识，未可薄也。闻今人谈学术史有欲泯汉宋之界者，不知汉学仅为治经之工具，此等工具，为宋学家所必须留意不待言。宋学才是一种学术，即是哲学。实乃宗经而特有创发。二者不容混视，何须深论。若谓一人为学，于汉宋宜双修兼备，此则另是一事。而汉学宋学之类别不可紊，则有识者当不以余言为妄也。

汉学毕竟是学术界万不可少之工作。凡读古书者，于其训诂名物度数等等，度者，度制。凡社会组织与政治上一切制度、法令，以及礼俗等等，皆属度制。数者，数量。一切事物，莫不有数量存乎其间，故考据之业，亦须通数学。若茫然不知，则与不曾读书者何异？如此，则古人之精神遗产，吾实未能承受之，是自处于孤穷也，不智孰甚？孔子曰：小子何莫学夫《诗》，多识于草木鸟兽之名。又言夏殷之礼，而伤杞宋之文献不足征。则孔子如生乎后之世，其必不忽视汉学可知也。大凡注重哲学思想者，其读书于考据方面决不轻忽，而亦决不能如考据家一般精博，因其为学路向不同，其致力处自别。彼之从事考据，大抵视其思想之路向，与构成其思想体系之所需要者。如《论语》一书，考据家读之，于训诂名物等等方面，均须详考为佳。而哲学家读之，于名物等等，若无甚关于彼思想中之所急须参考者，则不妨阙疑。余尝言，各人读书之注意不同，正如多人入山，其注意各别。樵者入山只求薪木，工匠入山只求建筑材料，画家入山只领略自然神趣。善读书者，须识此意。汉学家见宋儒考核有未审处，便诋侮无所不至，此甚错误。汉学家补宋儒考核之所不足，固其宜也，若以其注经有未审而遂轻视宋儒学术，则大不可。然宋学家治经，如能创通大义，另有发挥，自属重要，而注经于训诂名物等等，不肯阙疑，则亦非注经之道。

汉世经师，约有数善：一、保存古义，功不可没。二、服膺经训，确立信条，躬行甚笃。如孝弟力田等信条，汉人特别提倡，一切道德均依此根本信条发生。孝弟为万德之萌芽，力田即注重勤劳与自食其力。故汉人笃实，无侥幸之风。但至东京，此意渐衰。三、通经致用，非徒侈博闻，事笺注。但其致用，只在帝政之下言匡济，如辅君德及用人行政方面，竭力以图功效。自汉以迄于清世，所谓名儒名臣经国济民之大业，不过如此。至于社会及政治上许多根本问题，如君主之权力及贫富不均等等，汉以来儒者似少能注意。因其只为考据之业，未知于大处用思故耳。然昔儒能留心当世之务，大而宰天下，小而一官一邑，一旦居职，能切实奏效。汉世公卿与循吏，至今为美谈。四、西汉之儒，其尊信经义，期见之实行。至有犯死而不安含默者，如眭孟、盖宽饶等，欲实行经说中天下为公之旨，乃悍然据经义上书皇帝，请其退位。当昭宣之世，朝无莽操，野乏伏戎，其本人又无私党，而纯以崇信经义之故，遂以求贤禅位责天子，至杀身不悔。此等精神，至为伟大。但至东京，则桓荣之徒，以治经干禄。后世经生，益不堪问。汉学有四善，今之学者，所宜恭敬奉持。

清儒虽以汉学自标榜，然从许郑入手，只以博闻是尚，于西汉经儒之整个精神，全无所感。清人托于汉学，实已丧尽汉学血脉也。然清儒旁搜博考之勤，亦有足称者。由治经以及于天文算学，乃至子史。逮清末而诸子思想渐昌，得与西洋思想相接纳。如严复评点《老子》，颇以西学相发明，章炳麟表章墨辩，梁启超等提倡荀子。诸人虽无所发挥，然已引起学者注意，足以开郁滞而起求知之欲，乃可吸收西学也。千载歇绝之佛家相宗，亦乘运而兴。晚明王船山首研相宗，而后无继者。至清末杨仁山，学佛虽宗贤首，而于相宗极提倡。其弟子欧阳竟无，遂盛弘斯学，几越唐贤。章炳麟于此宗，致力亦勤。语言文字之学，更蔚为大国。金石文字之研究，为近日发掘工作之先导，大有助于古史。今之利用发掘物而逞臆论古者亦不少，所望有纯正谨严之学者能正其谬。清儒最得力处，在其治学方法。胡适之曾有一文论之，兹可不赘。向者梁任公每颂清儒董理之绩，拟诸欧洲文艺复兴，余意未足相拟。欧人文艺复兴时代，自有一段真精神。申言之，即其接受前哲思想，确能以之激发其内在之生活力，而有沛然不可御与欣欣向荣之机。沛然者，充实与盛大貌。否则能有善果乎？……

清儒之流毒最甚者，莫如排击高深学术一事。夫学以穷玄为极，而穷玄以反己自识真源，尽其心而见天地之心，尽其性而得万物之性。天地之心、万物之性，并谓本体。夫言乎本体，则吾与天地万物之所同也，但以其主乎吾身则曰心，以其为吾所以生之理则曰性。故尽吾之心而见天地之心，尽吾之性而得万物之性者，以吾与天地万物本同体故。斯为游玄而不失其居。《新唯识论》始于“明宗”，终以“明心”，此中土圣哲所共同之心印，吾承之而不敢坠耳。夫玄之为言，以其理之无定在而无所不在也，非逞臆谈空，可谓之玄也，非虚构一种全无根据之空洞理论，可以谓之玄也。穷玄而反诸自家心性，始悟天地万物同体之实。故宇宙生生不息之无尽大宝藏，自反而即得之，毋待外求，是云不失其居。居此者，天地之日新无穷，皆我之日新无穷，万物之变化富有，皆我之变化富有，岂不乐哉？故学术之穷高极深者，莫如谈心性，生生之源，化化之本也。以上心字，皆谓本心。本心即与天地万物同体，非心理学之所谓心也。心理学之心，亦是本心发用，然已为形役，又杂习染，便不是元来体段，而亦成为物矣。此不可毋辩。学必至此，而后一切学术有其宗极；知必至此，而后一切知识得所会归；万德以此而有根源，身心以此而有主宰。身心之心，即心理学之心。至哉斯学，千圣之所辗转相传，何可一旦废而不讲！夫宋儒心性之学，远承孔孟。周子以主静立人极，而于静字下，自注“无欲故静”，则此静非与动相对之静也，而以停止之静训之可乎？立人极三字，的是尼山宗旨。明道《识仁篇》证之《大易》、《论语》及群经，孔子之学归本求仁，盖无疑义。此意已见第一讲，可复看。伊川朱子之学，居敬为先，敬则彻动静而一于仁矣。此以心之应接事物时名动，物感不交时名静。

敬只是心不散乱，动时尽自澄明泛应曲当，静时炯然毋有昏昧。动静一于敬，即动静皆不违仁体。《论语》及六经，大都言敬。此是孔门心法，与禅家习静工夫迥别。伊川朱子皆有见乎此，虽不免有拘执之病，未得如孔门之自然。学者但知其病处，即不至误学，而何可根本排斥之乎？陆子之学，以先立乎其大为宗。大者谓本心也，仁体也。《论语》所云“三月不违”与“日月至者”皆此而已。此者，谓“本心”或“仁体”，亦即谓“大”。“日月至者”，知及乎此而未能立也；“三月不违”，则几于立矣。三月，久词也，勿作三数解。陆学远绍孔门，复何疑？阳明言致良知。《易》曰“乾知大始”，又曰“乾以易知”，是良知即乾元也。乾元亦说为仁，良知与仁非二也。以生生不息，言仁，以非迷暗之动，故言知，其实一体也。宋学确承孔门心法，而言其受禅家影响者，只以其熏染宗教气味，工夫把持甚紧，宋明儒亦皆知工夫不可把持过紧，而实则早已于无形中受此病。譬如佛家说不着，实则早已着了空寂也。孔子说话，便无所谓着与不着。故本非禅而又不免似禅耳。禅家认识心体，何曾乖异吾儒？只禅宗未变更其出世教旨，工夫不免与吾儒异。则其于心体之证解，自有不与吾儒全同者。譬之嗜好不同之人同吃一菜，而各人所得之甜酸等味，终有不全同者。此中以嗜欲不同喻工夫之异，菜喻心体。禅家证见心体，总是寂的意味深；儒者证见心体，只是仁。仁本未尝不寂，不寂便是私欲起而为障，非本心也，非仁体也。孔子说仁者静，此静字不与动对，乃寂之谓也。悟此，则无疑于吾《新论》“明心”章之旨。但仁体本寂，而儒家却于生生不息方面证会独深，因此不至耽寂。儒家毕竟得其大全，而一味滞寂却是逆造化，却是反人生。吾游于儒佛之间许多年，经历甘苦，实有不能为人道者。学问岂是闻见之功、猜度为务者乎？宋学虽不免有几分耽寂意味，然事上磨练一语，却是宋学共同主张，程朱陆王皆然。此其所以异于禅也。宋儒失处不妨弹正，而绝不可一味轻薄，一概屏斥。清儒徒以考据之业，不知天地间更有甚理道，遂乃悍然诋侮宋学，若非灭绝之不可者。夫六经广大，无所不赅，而言其根极，必归之心性。自汉以后，此意久绝，宋学确能续此血脉，何忍轻毁，又何可轻毁？

心性之学，所以明天人之故，究造化之原，彰道德之广崇，广者繁广，道德随事发现，无定形也。崇者崇高，超脱小己之私故。道德即心性之发见。通治乱之条贯者也。治乱之几，固视乎人群相生相养之制度与法纪之当否，而制度法纪之所以当者，必出于道德，道德必有内在之源泉，即心性是也。功利论者，不明此理。他日有暇，容当论之。此等高深学术，云何可毁？人生如果完全缺乏此等学术之涵养，则其生活无有根源，古诗云：“人生无根蒂，飘如陌上尘。”只是不返识自家生活根源，故有空虚之感耳。根源谓心性。而一切向外追求之私，芒然纷然，莫知所止，私者，言其纯是逞小己之欲，亦即罗素所云占有冲动。芒然，惑乱貌。纷然，繁杂貌。莫知所止，终无餍足，苦之甚也。人生永无合理之生活，不亦悲乎？清儒反对高深学术，而徒以考据之琐碎知识是尚，将何以维系其身心，何以充实其生活？民质不良，至清世而已极。士习于浮浅，无深远之虑；逞于侥幸，无坚卓之志；安于自私，无公正之抱；偷取浮名，无久大之业；苟图嚣动，无建树之计；轻易流转，无固执之操。为学则喜趋时尚，而无所守。喜新者不必有得于新，时尚而已。守旧者更不知旧学果为何物，保存国粹之声，出于口而实未曾经于心。此清末民初之情形也。苏联革命，二十年而已大强，吾国自清末以来，只见腐败势力之逐层崩溃，而实难言革命。人材衰敝，乃至如斯。盖自晚明诸子之没，将三百年，而士之所学，唯是琐碎无用之考据，人皆终其身而无有玩心高明之一几。玩心高明四字，甚吃紧。此等境界，难以言说议拟。孔子曰“天何言哉？四时行焉，百物生焉”云云，孟子“上下与天地同流”，悟此者，便超越小己，才极高明而道中庸。学则卑琐，志则卑琐，人则卑琐，习于是者，且三百年，其不足以应付现代潮流而措置裕如，固其势也。严又陵尝曰：“学术之敝，至于亡国。”吾于清代汉学风会，有余恫焉。此等风会，于今犹烈。国内各大学文学院及文科研究所，本当为高深思想之发生地，而今则大都以无聊之考据为事，士之狃于俗尚而无独立创辟之智与勇，非三百年来汉学积习锢之者深欤！夫汉学家，大多数与朝贵为缘，内而王公与达官，外而督抚大吏，皆汉学家之所依附。宋明在野讲学之风，至清而绝矣。故思想不得开拓，而以无用取容。儒学精神，至此剥丧殆尽，而可与欧洲文艺复兴时代相比拟耶？晚世学人好为影响之谈，理不求其真，事不究其实，此可戒也。凡考古之学，与夫古籍训诂名物等等之考核，在学术界中本应有一种人为之，其有助于吾人稽古之需，功自不可没。然万不可谓此种工作，便是学术，且踣击一切高深学术而欲率天下后世聪明材智之士，共趋于此一途。锢生人之智慧，陷族类于衰微，三百年汉学之毒，罪浮于吕政，而至今犹不悟，岂不痛哉！

……

或有问言：先生之责清代汉学也，固不为过。考据可为也，而以是倡为风气，使举世为之，甚至三百年来之人皆为之，则民之智德力皆无所资以含育，而国有不危者乎？虽然，宋儒高谈心性，而于实用之学未免空疏。且心性之学偏于求静，其流失必归缓懦。民族之衰，实自宋始，先生独不责宋学耶？

答曰：宋儒之世，本当复兴晚周学术思想之全部，惜其识量太隘，错过此机。吾前已言之矣。然畴昔郡县之局，人智未易发展，宋儒殆亦环境所限欤？余尝言，宋儒之最可责者有二：一、无民族思想。二、无民治思想。典午至于北宋，胡祸已惨痛极矣。五代昏乱之小朝廷，几皆胡主。诸儒父祖，身受其毒。中夏之衰，由帝者宰割天下，使群黎百姓无以自献其智与力，故胡祸不可御耳。《春秋》著攘夷之义，《论语》大管仲之功，孟子有民贵之论，此皆诸儒所朝夕讽味者，而乃安于现状，一无省发何耶？孙复鄙陋，托《春秋》而张尊君之邪说。邪说既昌，夷狄以鸟兽行戮辱兆庶而干天位，则尊之亲之；盗贼以鸟兽行戮辱兆庶而干天位，则尊之亲之。乾坤毁，人道灭，可痛孰甚？

《春秋》书弑君之事，称国以弑，明君无道，国民当行革命也。而复乃释曰“称国以弑，举国之众皆可诛”，以鄙夫之心，厚诬圣文，逆天理，祸生民。周程诸老先生不能正其谬，崇其邪说，流毒千年，直至欧化东来而邪说始息，岂不哀哉！

……

谓宋学不能大挽衰运，吾固相当赞成。前已谓其不能倡明民族民治等思想。谓宋学绝无所补于衰运，余又何忍苟同？经胡祸之长久摧残与佛教之普遍侵入，北宋诸师崛起而上追孔孟，精思力践，特立独行，绍心性之传，察理欲之几，严义利之辨，使人皆有以识人道之尊崇，与人生职分之所当尽，而更深切了解吾民族自尧舜以迄孔孟，数千年文化之美与道统之重，余少时从事革命，对宋学道统观念颇不谓然，后来觉其甚有意义。盖一国之学术思想，虽极复杂，而不可无一中心。道统不过表示一中心思想而已。此中心思想可以随时演进，而其根源终不枯竭。卓然继天立极，而生其自尊自信之心，自知为神明之胄，而有以别于夷狄鸟兽。故宋儒在当时，虽未倡导民族思想，而其学说之影响所及，则民族思想乃不期而自然发生。郑所南、王洙、王船山、顾亭林、吕晚村诸大师，皆宋学而盛弘民族思想者也。……

理学跨越前代甚远，黄梨洲之言确尔不诬。明儒对禅宗之了解，比有宋诸师确深。其离禅而卒归之儒也，大抵由归寂而证会生生，其所得甚深。余欲得暇而详论之，却鲜此暇。盖自阳明倡学南中，承朱子而去其短，宗象山而宏其规，洒脱而无滞碍,雄放而任自然,其后学多有擒生龙搏活虎手段,奇哉伟哉!宋学传至阳明，乃别开生面。当此之时，君昏于上，学盛于下，自是而思想自由，人材众多。以逮晚明诸子，学不囿于一途，行各践其所知，庶几晚周之风，可谓盛矣。清儒以考据眼光，轻薄明儒最甚，何损日月之光，适怜其螳臂而已耳。使明季不亡于满清，则中夏之隆，当以文化沾被大地。……

宋学约分五期：

一、肇创时期。周子、二程、横渠、尧夫，皆宋学开山。而伊川年事较轻，吸收较广，讲学著书较久，受患难较深，刚大不可屈挠之气，亦感人最深，故为学者所宗。

二、完成时期。朱子生南宋,值理学被禁几绝,独起而弘扬之。北宋诸大师遗书，搜集编订，以授学者，又遍注群经，以及于史。历算等学，无不研寻，地质且有发明。考据之业，实导先路。朱子愿力甚宏，气魄甚大，治学方面颇广，其真诚之心与勇悍之气，可谓与天地同流。朝野奸邪构害虽烈，初不以死生易虑。宋学盖完成于朱子，张钦夫、吕伯恭、陆象山兄弟，则皆与朱子相为羽翼者也。而象山之学，独与朱子有异。

宋学自其初创，以至完成，其最大之功绩，略言之：（一）自魏晋以来，经夷狄与盗贼长期蹂躏，人道灭绝之余，印度佛化乘机侵略，诸师始表章六经，寻尧舜禹汤以至孔孟之绪，明道统之传,使人知人道之尊严与中夏文化之优越,卓然异于夷狄。吾人知所以自尊自信，故元、清以边疆夷俗入主，一则不久而覆，一则完全同化于中原礼义之教。吾人自尊自信之潜力，宋学养之已深也。（二）六经浩博，汉唐以来经师考据之业，于六经之大道，茫然无所究明。诸师始教人反求之心性，而又特标四子书，以明六经宗趣，于是圣学的然可寻。人皆知心性之学，当实践于人伦日用之地，而耽空溺寂之教，异乎圣道。

三、宋学初变时期。宋元学者皆诵法程朱，明初犹然。及阳明先生崛起，龙场一悟，始以致良知教学者，其学与朱子大异，而与象山较近，是为宋学初变。

程朱之学，历宋元及明代，传习日久，大抵注重践履，守先师语录甚严，而于本原处无甚透悟，学日益隘，人日习于拘执。故阳明先生发明良知，令人反己，自发其内在无尽宝藏与固有无穷力用，廓然竖穷横遍，纵横自在。庄生所云“自本自根”，朱子咏塘水诗所谓“为有源头活水来”，差可形容。宋学至阳明，真上达矣。阳明虽发见良知真体，而禅与老虚寂意思究过重。吾《新论》谈本体，虽申阳明之旨，而融虚寂于生化刚健之中，矫老释之偏，救阳明之失，于是上追《大易》，“范围天地之化而不过”。人生毋陷于迷乱，毋流于颓废，其在斯乎！

四、宋学再变时期。晚明诸子值东胡内侵，乃奋起而致力于学术思想之改造。是期之学者，大抵反阳明，而于程朱心性学之根本精神，则确守而益加虔，以矫王学末流狂放之弊。然诸儒皆严毅而不至拘碍，广博而备极深厚，崇高而不失恺弟，《诗》云“岂弟君子”，言平易近人。是其矫枉而无或过正，所以为美。

此期学者甚多，思想派别亦极复杂。此中不及详，但总举其优点，约有五：

（一）为学尚实测，堪为近世西洋科学方法输入之强援。明世王学，其长处在理性之发达。宋儒受外来佛教精神之震撼，诸儒虽反佛，甚至昌言驳轮回，而实则皆深受轮回说之影响，其精神生活中，极富宗教气味。及传统观念过重，尊孔孟而过于排斥异端。故理性受拘束。自阳明指点良知，而后去其障蔽。然王学末流，不免流于凿空，故船山、亭林、习斋诸儒之学，皆注重实用。其为学态度，皆尚经验，言治化得失，必征诸当代实情而复考历史，以推古今之变。如船山《读通鉴论》、《宋论》等，其政治及社会思想，乃汉唐以来诸儒所不能发。亭林《天下郡国利病书》皆周流各地参访，而山川险要，每询诸老卒。穷义理之奥妙，必本诸躬行实践，而力戒逞臆谈玄。如船山、二曲、习斋皆然。亭林于义理方面，悟解似不足言，但确守程朱遗教，躬行切实，堂堂巍巍，有惇大气象。诸儒注重实用与实测，乃王学之反响。此等精神，清儒早已丧失净尽，直至清末，始渐发露，而西洋科学方法输入，赖此为之援手。

（二）民族思想之启发。自孔子作《春秋》，昌言民族主义，即内诸夏而外夷狄是也。夏者，大也，中国人有大人之德。但其诸夏夷狄之分，确非种界之狭陋观念，而实以文野与礼义之有无为判断标准。……明季诸子始盛扬民族思想。在其前者虽有郑所南《心史》、王洙《宋史质》，而均无人注意。及至王船山、吕晚村、顾亭林诸儒，则发挥光大，千载久闷之义，一旦赫然，如日中天。晚村在当时宣传最力。晚村学宗程朱，而深惜程朱未明此义，愿救其失云。船山著书极多，深愤中夏圣作明述而成为崇高之文化，乃人道之极隆，不幸为夷狄鸟兽所残毁。深愤，至此为句。其书字字句句，皆悲心流露。世人徒知《黄书》，其实，船山各书随在可见其民族思想之活跃。直至咸同间，始由曾涤生刊行，而影响于清末之革命思想盖甚大云。亭林之言，见于《日知录》。清人刊行此书时，悉删削其关于民族思想之议论。今人发现原稿，而已不全矣。……

（三）民治思想之启发。船山《读通鉴论·晋论》有云："有圣人起，预定弈世之规，置天子于有无之外，以虚静统天下。"详此所云，明是虚君共和制。其曰"预定弈世之规"，则主张制定宪法甚明。……船山实持进化论者。汉唐诸儒，都无此见解。船山之民治思想，与其进化论实相关。大凡专政者，必以为人民不足进取，而因以总揽权力，恣一己之所欲为，以取覆败而不惜。若深信斯民之智德力无不日进者，则岂敢玩天下于股掌之上，以朽索驭六马，而自蹈覆辙哉！向者袁世凯欲叛共和，其文告与机关报纸，日以国民程度不足为言，卒至身与国俱蒙其祸。此亦执政者之殷鉴矣。顾亭林之民治思想，足与船山互相发明。……亭林、船山，同注重学风士习，此实民治根源也。中国而欲转危为安也，王、顾诸儒之学，其可不急讲乎？黄梨洲《明夷待访录》亦言民治，颜习斋《四存》之论，尤为民治本根。

（四）此期哲学，仍继续程朱以来之反佛教精神，而依据《大易》重新建立中国人之宇宙观与人生观。奏此肤功者，厥惟王船山。余昔与人书有云：“船山《易内外传》，宗主横渠，而和会于濂溪、伊川、朱子之间，独不满于邵氏。其学尊生以箴寂灭，《易》为五经之源，汉人已言之。而易学不妨名之为生命哲学，特其义旨广远深微，包罗万有，非西洋谈生命者所可比拟。明有以反空无，横渠云：“《大易》言幽明不言有无，显而可见者谓之明，隐而不可目见者谓之幽。”船山以为宇宙皆实也，皆有也，不可说空说无。其于佛老空无二词之本义，虽不免误会，然以救末流耽空之弊，则为功不浅。船山曾研佛家有宗，盖亦融有义以言《易》。主动以起颓废，此则救宋明儒末流之弊，与习斋同一用意，但习斋理解远不逮船山。率性以一情欲，船山不主张绝欲或遏欲，而主张以性帅情。使情从性，则欲无邪妄，而情欲与性为一矣。此与程朱本旨并不背，可惜戴震不识性而妄奖欲。论益恢宏，浸与西洋思想接近矣。”此所举四义，实已概括船山哲学思想。学者欲研船山学，不可不知此纲要。自清末梁任公以来，时有谈船山者，大抵就涉猎所及，而摘其若干辞义有合于稗贩得来之新名词或新观念者，以赞扬之，至于船山之根本精神与其思想之体系及根据，则莫有过问者。今人谈旧学，无一不出此方式，而欲学无绝道无丧，得乎？呜呼，吾老矣！眼见此局，不知所底。余之言，将为世人所侮笑，吾固明知之，而弗忍无言也。吾有惧也，吾有痛也。中国人经三百年汉学风气，斫丧性灵，生命力空虚已至极度。倚赖外人之劣性与贪淫、忍酷、骗诈、委靡等恶习，及思想界之浮浅混乱现象，皆由生活力太贫乏故也。船山哲学实为振起沉疴之良药。遗书具在，学者凝心读之，而得其深广之思，感其浓厚之悲，有不愤发为人者乎？吾终不敢薄今之人，吾信人生总是向上，譬如行者前进，或时失道迂回，终亦必前而已矣。今人读书为学，只是广闻见找知识，以此博污俗浮名。如此，何能进学？何得成人？即读尽古圣贤书，亦感发不起。本讲首言立志、责志，此实程朱陆王相传血脉也。世不乏志士，幸垂察焉。……

（五）考据学兴，而大体归于求实用。……晚明诸子，复寻朱子之绪而盛弘之，考据学遂大行。亭林、太冲，尤为一代学者宗匠。太冲尝病当时讲学家立学社，当时学社，即以学术团体而兼有政治之结合者。欲有所提倡，而本领皆太小，不能收实效。清末以来，由维新以迄学生运动，及各种提倡，皆苦于领导者本领不足，都无善果。故其为学务博通，而未尝不归于切实有用。亭林尤朴厚，其学之方面极广，而所成就皆极伟，然主要者在政治哲学。《日知录》一书即发表其政治哲学者也。是书外表为一考据家之笔记，而内容博大深远，乃其政治思想之所寄，为极有体系之著作。如教化根原、学风士习污隆、社会习俗好坏、法纪度制得失、食货蓄耗，乃至河渠道路兴废，皆征诸当世，而上下古今，以推其变。根本主张，厥惟民治，故于地方政制，考证极详。废君权而行民主，亭林确有此意……亭林治学，确是以先圣哲精神，而兼具西洋科学家之态度者。清人迄今士子，好为琐碎无聊之考索，不知果何所谓？亭林勤于考察，尤可爱慕。其《金石文字记序》云："余自少时，即好访求古人金石之文。比二十年间，周游天下，所至名山巨镇，祠庙伽蓝之迹，无不寻求。登危峰，探窈壑，扪落石，履荒榛，伐颓垣，畚朽壤，其可读者，必手自钞录，得一文为前人所未见者，辄喜而不寐。"此与汉唐儒生专守书册之风，固已大异。余以为考据之学，必若亭林，而后无愧于斯业。晚明之世，精考据者固多，船山此种工夫甚深，不待言，自余亦无须详述。

综上所举五项，可见晚明诸子学之概要。船山哲学思想，虽宗横渠，而于周子、二程、晦翁均服膺甚至。亭林自序《下学指南》有云："有能繇朱子之言，以达夫圣人下学之旨，则此一篇者，其硕果之犹存也。"又祭朱子文曰："两汉而下，虽多保残守缺之人；六经所传，未有继往开来之哲。惟绝学首明于伊洛，而微言大阐于考亭，不徒羽翼圣功，亦乃发挥王道，启百世之先觉，集诸儒之大成。"又与人书有曰："昔之说《易》者，无虑数千百家，如仆之孤陋，而所见及写录唐宋人之书，亦有数十家，有明之人之书不与焉，然未见有过于《程传》者。"亭林于本原之学，确守程朱，其自立卓然，有以也。颜习斋虽诋及宋儒，不过攻其末流之弊而已。《四存》之论，其有一语一义不源出程朱者哉？黄太冲受学蕺山，本阳明嫡嗣。太冲所学方面极多，著述亦最富。振阳明之绪者，赖有斯人。李二曲之学，亦宗阳明，而救其后学之失。以上所举，于晚明诸子中，最为大师，而无一非宗主宋学者。此外，宏博之儒，奇节之士，全谢山集中所载甚多，然犹限于江浙一隅耳。盖不可胜数。要皆宋学之所熏陶，无须具论。余故以晚明为宋学再变时代，盖纪实也。皮锡瑞《经学历史》以晚明王、顾、黄诸儒为汉宋兼采之派，甚谬。宋学中自有考据一门，不曾依托汉学。当时本无汉学之名也。宋学自阳明初变，而心性学始上探孔孟之微。程朱派以阳明为禅，适得其反。禅家言心即是性，本有合于孔孟者。汉以来经师皆不悟心性之旨，守文而已。程朱始究心性，而所见犹未的当，至陆王乃澈悟。世儒不知禅之有合于儒，而疑陆王袭禅法，岂不诬哉？此中不及详论，须另为文言之。宋学至阳明，确为极大进步。及末流空疏，而晚明诸子又复再变，于是思想自由，更注重实用。民治论出，则数千年帝制将倾；民族义明，而文化优崇之族类方得独立自由。历算地理诸学，是时讲者亦众，科学已萌芽焉。诸子虽皆反阳明，然实受阳明之孕育而不自知耳。明世如无阳明学，则吾人之理性，犹不得解放，而诸子之学术思想，又何从产生乎？诸子当神州沦陷、东胡入主之日，冒百艰，拚万死，潜谋光复。大功未集，乃从事学术思想之改造，期于唤起群众。此等伟大精神，真足挥落日，转大地。使清世儒生能继诸子之志与业，中国何至有今日哉！宋学经一再变，始有上复晚周之机。由今而论，中西文化融通，亦于晚明之新宋学可见其端。余每以晚明为汉以后学术史上最光辉时代，倘亦有识所公认也。

五、宋学衰落时期。……

原载《读经示要》卷二，1949 年上海正中书局出版。题目系编者所加。

论哲学之领域

之一

前答书，承布之《晨报》“思辨”，弟已见过。稍错落几字，亦无关宏旨。顷奉惠书，敬悉尊意亦复印可。昨宰平过此，谓西人“哲学”一词，本为知识的，而弟以中国学问为哲学，却主张知识与修养一致，此恐为治西洋哲学者所不许，盍若不用哲学之名词为得，云云。弟以此问题，要详细讨论，便极麻烦。若扼要而谈，亦自易易。数年前，吾兄似尝言，于宗教、哲学外宜有一种东西，非宗教、非哲学，而亦兼此二者之性质。弟当时曾佩服兄之此说，以为东方学问当属此类，然最后卒不赞同，盖以为学术只宜分科哲两途。孔德谓哲学兴而宗教便成过去，此说欠妥；至谓科学兴而哲学便成过去，尤为无理。关于本体之参究，当属诸学问，而无可属诸宗教，此意他日当另详。本体论既是学问的，非宗教的，而科学确不能夺取此一片领土，则哲学终当与科学对立，此又不待烦言而解。弟坚决主张划分科哲领域。科学假定外界独存，故理在外物，而穷理必用纯客观的方法，故是知识的学问。哲学通宇宙、生命、真理、知能而为一，知能，解见前答兄信。本无内外，故道在反躬，《记》曰："不能反躬，天理灭矣。"此义深严。非实践无由证见，故是修养的学问。如此说来，则不必于哲学外，另立一种非宗教非哲学的名目。分类贵简而能赅，毋取过为烦琐。宰平谓西人形而上学亦是知识的，与中国人修养的学问毕竟不类，如何可通称哲学？弟以为哲学之领域既经划定，即以本体论为其领域，而中西人对于本体底参究，其方法与工夫，各因境习而有不同，境者环境，习者习染。因之其成就亦各不同，此足征夫一致而百虑，终无碍于殊途同归。驰求知识者，反己自修，必豁然有悟"众里寻他千百度，回头蓦见那人正在灯火阑珊处"。喻意，寻思熄处，冥证真理。专事修养者，大本既立，毋须绝圣弃智，老云圣智，即谓知识。将见一切知识，皆是称体起用，所谓左右逢源是也。严又陵云：行履五洲，学穷千古，亦将但见其会通而统于一而已矣。又陵尚有此识量，不审今人何故自狭自小乃尔。又今人知识，在枝节处似有进步，但绝无宏通深远之虑，日趋浮浅，此甚可忧。若辈动诮人开倒车，实则若辈所倡导者，在今日西洋人视之，又何一不是倒车？又弟尝以为哲学上凡能自成其为一家言者，必有确实见到处，亦必有许多错误处。真理之旁隐有错误，错误之中伏有真理。吾人不能如今日青年一般见解，以为过去底哲学思想，都应打倒。须知真理无古今，而一切错误，又恒为真理之伴侣。真理常繁复的不绝的在错误之中发现。故古人错误处，由今观之，皆有可贵。而古人确实见到处，则其理万劫常新，而无可易也。安得谓过去悉可舍弃，而唯时尚是崇耶？今人对旧学观念，除唾弃不顾外，只有玩古董之心理。此所以无温故知新之效，虽读吾先哲古书，究与躬行无与。如此士习，未知他日有转机否？暑热脑闷，语无伦次，唯兄教之。

之二

中国的哲学，不似西哲注重解析。此个问题，甚难置答。据我推测，大概中国人生在世界上最广漠清幽的大陆地方，他底头脑深印入了那广漠清幽的自然，他底神悟直下透彻了自然的底蕴，而消释了他底小我。易言之，他底生命与自然为一。儒家“与天地合其德，与日月合其明”，老子底“返朴”，庄子底“逍遥游”，这些话，都是表示他大彻悟大自在的真实境界。因此，他不愿意过计算的生活，不肯把本来浑全的宇宙无端加以解析，不肯把他本来浑一的生命无端分作物我，别了内外。他见到分析是因实际生活方面而起的一种支离破碎的办法。他并不是故意反知，却是超出知识猜度的范围而握住了真理。因此，应该说他是超知识的。我总觉得哲学应该别于科学，有他独立的精神和面目。科学之为学，是知识的。哲学之为学，是超知识的。《白虎通》说：“学者觉义。”觉者，自明自见自证，这是为哲学的“学”字下个确切的训释。哲学和科学底出发点与其对象及领域和方法等等，根本不同。哲学是超越利害的计较的，故其出发点不同科学。他所穷究的，是宇宙的真理，不是对于部分的研究，故其对象不同科学。他底领域，根本从本体论出发而无所不包通，故其领域不同科学。他底工具，全仗着他底明智与神悟及所谓涵养等等工夫，故其方法不同科学。一般人都拿科学的眼光来看哲学，所以无法了解哲学。尤其对于东方的哲学，更可以不承认他是哲学。因为他根本不懂得哲学是什么，如何肯承认东方的哲学？我觉得在今人底眼光里，好似东方硬没有学问。本来，哲学上的道理，能见到的人便见得这道理是无在无不在，不能见到的人也就没有什么。先哲说得好："百姓日用而不知。"可惜这句话底义味，少人领得。

所谓超知识的也者，本无神秘，亦非怪迂。知识所以度物，而理之极至，不属于部分，乃万化所资始，则不可以物推度，唯反其在己，自识本来。情蔽祛则物我之障都除，识想亡则内外之执顿尽。识想，谓虚妄分别。内外之界，起于分别故。一真无待，当下炯然，瞒昧不得，起想便乖。此非知识所行境界，何消说得？向秀云，知生于失当。徇物故有知，可不谓之失当乎？人生役于实际生活，不得不徇物，而知于此起焉。然至徇物，而性命亏矣。

又哲学与美学及宗教不同者，美学是由情感的鉴赏而融入小己于大自然，此兴趣所至，毕竟不自识本来面目；宗教是由情感的虔信而皈依宇宙的真宰；这个真宰完全是他底意想所妄构。哲学则是由明智，即最高的理性作用，对于真理的证解。实则，这种理性的证解，就是真理自身的呈露。故无能所可分，故离意想猜度，故真理不是妄构的境界。

之一原题"与张东荪"，之二原题"答沈生"，载《十力语要》卷一，1947 年湖北十力丛书印本。题目系编者所加。

中国哲学的特色

吾闻欧人言及中国哲学，辄与宗教并为一谈。各国大学于哲学科目中并不列入中国哲学，或则于神学中附及之。此则与中国学问隔阂太甚，而为中西文化融通之一大障碍，私怀所常引为遗憾者也。中国民族之特性即为无宗教思想，此可于中国远古之《诗经》而征之。《诗经》以《二南》冠首，首篇曰《周南》，次篇曰《召南》，名为《二南》。其所咏歌，皆人生日用之常与男女室家农桑劳作之事，处处表现其高尚、和乐、恬淡、闲适、肃穆、勤勉、宽大、坦荡之情怀，不绝物以专求之内心，故无枯槁之患，亦不逐物以溺其心，故无追求无餍之累。日常生活皆顺其天则，畅其至性，则自一饮一食以及所接之一花一木，乃至日星大地，无在非真理之显现，故不必呵斥人间世而别求天国。难言哉！《诗经》之旨也。孔子《论语》中谈《诗》者最多，其语伯鱼曰："汝为《周南》、《召南》矣乎？人而不为《周南》、《召南》，其犹正墙面而立也欤？"朱子《集注》：正墙面而立者，谓"一物无所见，一步不能行"。人而不治《二南》之诗，便不能生活，犹如面墙。孔子之尊《二南》如此，非以其表现人生最极合理之生活而不迩于神道故耶？孔子之哲学思想，实本于《诗》。

故儒家学说在中国常为中心思想而莫有能摇夺者，以其根据于中华民族性，有至大至深至远之基础，而于吾人真理之要求，确能使自得之而无所诞妄。此孔子所以为大也。《诗经》所载，多属古代民间之作品。古者太史陈诗，以观民风，是其征也。《诗经》中绝无神道思想，虽《二南》以外，亦间有天帝等名词，然所云天者，即谓自然之理；所云帝者，谓大化流行，若有主宰而已。非谓其超越万有之外，而为有意志有人格之神也。故《诗经》中之天与帝，不能与景教经典中之天帝等词同一解释。即此可见中华民族之特性。至其无宗教思想之为长为短，自是别一问题，此不欲论。唯中国人一向无宗教思想，纵云下等社会不能说为绝无，要可谓其宗教观念极薄弱，此为显著之事实。欧美人士传教中土者，凡所交接，多无知之官僚绅士，与入教之徒来自下等社会者，中国人入教者，多来自下等社会。故罕能了解中国文化之内蕴，而或以宗教观念解释吾国哲学思想之书，此其附会乱真，至为可惧。力愿欧人留心中国哲学者，当于此注意。

中国哲学有一特别精神，即其为学也，根本注重体认的方法。体认者，能觉入所觉，浑然一体而不可分，所谓内外、物我、一异，种种差别相都不可得。唯其如此，故在中国哲学中，无有像西洋形而上学以宇宙实体当作外界存在的物事而推穷之者。无有像三字，一气贯下读。西洋哲学之方法，犹是析物的方法。如所谓一元、二元、多元等论，则是数量的分析，唯心唯物与非心非物等论，则是性质的分析，此外析求其关系则有若机械论等等。要之，都把真理此中真理，即谓宇宙实体。后皆同此。当作外界存在的物事，凭着自己的知识去推穷他，所以把真理看作有数量、性质、关系等等可析。实则，真理本不是有方所有形体的物事，如何可以数量等等去猜度？须知，真理非他，即是吾人所以生之理，亦即是宇宙所以形成之理。故就真理言，吾人生命与大自然即宇宙，是互相融入而不能分开，同为此真理之显现故。但真理虽显现为万象，而不可执定万象，以为真理即如其所显现之物事。此中意义难言。真理虽非超越万象之外而别有物，但真理自身并不即是万象。真理毕竟无方所、无形体，所以不能用知识去推度，不能将真理当作外在的物事看待。哲学家如欲实证真理，只有返诸自家固有的明觉。亦名为智。即此明觉之自明自了、浑然内外一如而无能所可分时，方是真理实现在前，方名实证。前所谓体认者即是此意。

由体认而得到真理，所以没有析别数量性质等等戏论。由此而中国哲人即于万象而一一皆见为真理显现。易言之，即于万象而见为浑全，所以有天地万物一体的境界，而无以物累心之患，无向外追求之苦。但亦有所短者，即此等哲学，其理境极广远幽深，而以不重析物的方法故，即不易发展科学。若老庄派之哲学，即有反科学之倾向。唯儒家哲学，则自孔子以六艺教学者，皆有关实用的知识。六艺者，一曰礼，凡修己治国与纲维社会之大经大法皆具焉。二曰乐，制乐器、正音律、谱诗歌，于是而乐备，人心得其和乐，礼乐相辅而行。推礼乐之意，则通乎造化之奥妙，究乎万有之本原，而使人畅其天性。其绪论犹略可考于《礼记》之书。三曰射，修弓矢而教人习射，所以讲武事而御外争也。四曰御，车乘之用，平时则利交通，战时则为军备。五曰书，即语言文字之学。六曰数，即算学。孔门七十子后学，于社会政治的理想尤多创发。下逮宋明儒，注重格物穷理与实用及实测之学者，若程朱诸子，迄船山、习斋、亭林诸儒，代有其人。设令即无欧化东来，即科学萌芽或将发于中土儒家之徒，亦未可知也。然儒者在其形而上学方面，仍是用体认工夫。孔子所谓默识，即体认之谓。默者，冥然不起析别、不作推想也。识者，灼然自明自了之谓。此言真理唯是自明的，不待析别与推求，而反之本心，恒自明自了。孟子所谓“思诚”，所谓“反身而诚”，所谓“深造自得”，亦皆体认也。思诚者，诚谓绝对的真理，思者体认之谓，非通途所云思想之思。思诚，谓真理唯可体认而得也。反身而诚者，谓真理不远于人，若以知解推求，必不能实见真理，唯反躬体认，即灼然自识。深造自得者，所谓真理，必由实践之功，而后实有诸己。由儒家之见地，则真理唯可以由体认而实证，非可用知识推求，但吾人在日常生活的宇宙中，不能不假定一切事物为实有，从而加以析别，故又不可排斥知识。宇宙间的道理，本是多方面的，本是无穷无尽的，若执一端之见、一偏之论，必贼道而违理。儒家于形而上学主体认，于经验界仍注重知识。有体认之功，以主乎知识，则知识不限于琐碎，而有以洞澈事物之本真；有知识，以辅体认之功，则体认不蹈于空虚，而有以遍观真理之散著。万事万物皆真理之所显。故真理者，从其为事物之本真而言，即说为绝对；从其显现为万事万物而言，即绝对便涵相对。由此而说事物之理即真理之散著。故知识不可排斥，为其遍观事物，而真理之散著可征也。然则儒家其至矣乎！

中国哲学以重体认之故，不事逻辑，其见之著述者，亦无系统。虽各哲学家之思想莫不博大精深，自成体系，然不肯以其胸中之所蕴，发而为文字。即偶有笔札流传，亦皆不务组织，但随机应物而托之文言，绝非有意为著述事也。《论语》书中记孔之词曰："天何言哉？四时行焉，百物生焉，天何言哉！"于此可窥孔子之胸抱。老子亦曰："道可道，非常道。"后详。又曰："俗人昭昭，昭昭，驰辩智也。我独昏昏；自得于冥默也。俗人察察，察察，务别析也。我独闷闷。欲无言也。"庄子曰："大辨不言。"自来中国哲人，皆务心得而轻著述，盖以为哲学者，所以穷万化而究其原，通众理而会其极，然必实体之身心践履之间，密验之幽独隐微之地。此理昭著，近则炯然一念，远则弥纶六合，唯在己有收摄保聚之功故也。不使心力驰散而下坠，名收摄保聚。如其役心于述作之事，则恐辨说腾而大道丧，文采多而实德寡。须知，哲学所究者为真理，而真理必须躬行实践而始显，非可以真理为心外之物，而恃吾人之知解以知之也。质言之，吾人必须有内心的修养，直至明觉澄然，即是真理呈显。如此，方见得明觉与真理非二。中国哲学之所昭示者唯此。然此等学术之传授，恒在精神观感之际，而文字记述盖其末也。夫科学所研究者，为客观的事理，易言之，即为事物互相关系间之法则，故科学是知识的学问。此意容当别论。而哲学所穷究者，则为一切事物之根本原理，易言之，即吾人所以生之理与宇宙所以形成之理。夫吾人所以生之理与宇宙所以形成之理，本非有二。故此理非客观的，非外在的。如欲穷究此理之实际，自非有内心的涵养工夫不可。唯内心的涵养工夫深纯之候，方得此理透露，而达于自明自了自证之境地。前所谓体认者即此。故哲学不是知识的学问，而是自明自觉的一种学问。但此种意义，极深广微奥，而难为不知者言。须知，哲学与科学，其所穷究之对象不同、领域不同，即其为学之精神与方法等等，亦不能不异。但自西洋科学思想输入中国以后，中国人皆倾向科学，一切信赖客观的方法，只知向外求理，而不知吾生与天地万物所本具之理元来无外。中国哲学究极的意思，今日之中国人已完全忽视而不求了解。如前所说，在吾国今日欧化之学者闻之，殆无不诮为虚玄与糊涂。想先生与欧洲之学者，得吾此信，亦将视为糊涂之说也。然真理所在，吾宁受诮责，而终不能不一言，是在先生谅之而已。

如上所说，中国哲学之特别色采，已稍可窥见。……

原题“答马格里尼”，载《十力语要》卷二，1947年湖北十力丛书印本。题目系编者所加。

文化与哲学

哲学年会，张申府君发表《我所了解的辩证法》一文。此会吾未到场。唯据申府先生文中，提及目前国内有两件事，都是与哲学密切相关的：一是关于中国本位文化建设的讨论，二是需要一种新哲学的呼声。吾于此极有所感。但此问题太大，如欲详细讨论，则非费神不可。吾以久病，困于用思，艰于写文字，故欲就管见所及略抒大意。昨冬吾南行，过汤君锡予家，蒙、钱、贺、郑诸君均在座。吾曾发一种议论，即谓中国学人有一至不良的习惯，对于学术根本没有抉择一己所愿学的东西。因之，于其所学无有不顾天不顾地而埋头苦干的精神，亦无有甘受世间冷落寂寞而沛然自足于中的生趣。如此而欲其于学术有所创辟，此比孟子所谓“缘木求鱼”及“挟泰山超北海”之类，殆尤难之又难。吾国学人，总好追逐风气。一时之所尚，则群起而趋其途，如海上逐臭之夫，莫名所以。曾无一刹那，风气或变，而逐臭者复如故。此等逐臭之习，有两大病：一、各人无牢固与永久不改之业，遇事无从深入，徒养成浮动性。二、大家共趋于世所矜尚之一途，则其余千途万辙，一切废弃，无人过问。此二大病，都是中国学人死症。吾且略举事例。远者姑置勿论，前清考据之风盛，则聪明才俊之士，群附汉学之帜，而宋明义理之学，则鄙弃不遗余力。民国洪宪之变以后，时而文学特盛，则青年非为新文学家不足自慰；时而哲学特盛，则又非哲学不足自宠；时而科学化之呼声过高，则青年考大学者，必以投理工、弃文哲为其重实学去浮虚之最高表示。实则文学、哲学、科学，都是天地间不可缺的学问，都是人生所必需的学问。这些学问，价值同等，无贵无贱。我若自信天才与兴趣宜于文学，则虽举世所不尚，吾孤往而深入焉，南面之乐，不以易也。乃至自信我之天才与兴趣宜于哲学或科学，则虽举世所不尚，吾孤往而深入焉，南面之乐，无以易也。如此，则于其所学，必专精而有神奇出焉。试问今之学子，其习业果非逐臭，而出于真正自择者有几乎？又试就哲学言，其诸名家思想，经介绍入中国者，如斯宾塞、如穆勒、如赫胥黎、如达尔文、如叔本华、如尼采、如柏格森、如杜威、如罗素、如马克斯、如列宁，以及其他，都有译述，不为不多。然诸家底思想，不独在中国无丝毫影响，且发生许多驳杂混乱及肤浅偏激，种种毛病，不可抓疏。此何以故？则因诸家之学，虽经译述其鳞爪，或且移陈其大旨，然当其初入，如由一二有力者倡之，则大家以逐臭之态度而趋附。曾未几时，倡者已冷淡，而逐者更不知有此事。夫名家显学，既成为一派思潮，则同情其主张而移译之者，必有继续深研之努力，方得根据其思想而发挥光大，成为己物。今倡之者既出于率尔吹嘘，逐之者更由莫名其妙之随声附和。若此，则斯宾塞、穆勒，乃至马克斯诸公之精神，如何得入中国耶？又就吾固有学术而言，今之治国学者，以西人有考古学，又且以考据方法强托于科学方法，于是考据之业，又继乾嘉诸老而益称显学。问有究心义理者乎？此事殆疑绝迹。独有绍兴马一浮氏者，沉潜周孔六艺之场，贯穿华梵百家之奥，践履敦实，义解圆融，庶几扶持坠绪。然独行无侣，孤调寡和，斯学向后无人问津，盖可知已。佛家唯识之学，虽来自印土，然实吾先哲早经融化而成为己物者，中间湮绝已久，自欧阳大师起而张之，民国八九年间，号为显学。乃不须臾，风会转变，而此学音响又绝矣。即就西洋科学而言，生物与地质较为易治，且有地域性质，则治者竞尚焉，而他科颇无闻矣。中国人喜逐臭，而不肯竭其才以实事求是；喜逐臭，而不肯竭其才以分途并进；喜逐臭，而不肯竭其才以人弃我取。如是陋习不袪，而欲谈中国本位文化建设，而欲谈新哲学产生，其前途辽阔，曷由而至哉！此吾于申府之提议，而不能无感也。夫新哲学产生与中国本位文化建设，则必于固有思想，于西洋思想，方方面面均有沉潜深刻的研究，然后不期而彼此互相观摩，长短相形，将必有新的物事出焉。否则终古浅尝，终古混乱，一切话都不须说也。

又就申府先生之提议而略抒愚见。所谓本位文化建设与新哲学产生，虽从两方面言之，实则目前最急者唯新哲学产生一事。夫言一国底文化，则其所包络者广漠无垠。一砖一石，亦莫非其文化的表现。然究其根荄，要必在哲学思想方面。中国今日既未有新哲学产生，则为中国本位文化建设之谈者，殆如“见卵而求时夜”，毋乃过早计耶？愚意欲新哲学产生，必须治本国哲学与治西洋哲学者共同努力。彼此热诚谦虚，各尽所长；互相观摩，毋相攻伐；互相尊重，勿相轻鄙。务期各尽所长，然后有新哲学产生之望，此为第一义。次言创新。须知创新者，不是舍除其所本有，而向外移来人家底物事。移与创，分明不是一回事。故为全盘外化之说者，是太消灭自家创造力，自暴自弃之徒也。创新者，更不是从无生有，如魏晋人误解老子哲学之所云也。创新必依据其所本有，否即空无不能创。吾于《新唯识论》中曾言此理。如吾人生理，新陈代谢是创新义也。新的血脉固不是陈的，然何尝不是依据陈的而变生得来耶？谈至此，则吾人对于固有哲学宜研究抉择，以为温故知新之资。吾盖常留心于此，而谓晚周儒学，即孔家哲学，实为今人所当参究。

何以言之？中国哲学，由两汉而上，可谓儒道二家对峙之局。由两汉而下，可谓儒道释三家混合之局。而儒家真精神，实已式微。略陈其故。晚周思想，号为极复杂，然言其大别，不外儒、道、名、法、墨五家。墨家、名家，皆早绝。法家虽自秦汉以来，犹若流行未息，如汉萧何、文帝、昭烈、诸葛，以及后之王荆公、张江陵等。但西汉以来法家，所讲者只是行政方面一种综核与苛察的手段，唯萧何、文帝不为苛察。曹参守萧何之规，大抵何为治，是能综核名实，故当其转饷已能济军。已全失晚周法家意思。如《淮南》所述，法生于众，及法籍所以禁人君使无擅断，韩非任法不尚贤，即反对儒家人治而主张法治等等根本思想，此皆晚周法家思想仅存者。西汉以后之法家，遂绝不注意及此。故吾谓晚周法家亡绝甚早，后之法家实不足称为法家也。据此，名墨法三家在晚周已骤起而骤灭，秦之李斯是后世张江陵一流人，不足为法家。故唯儒道二宗并行。所谓两汉而上为儒道对峙之局者以此。魏晋以后，道家玄学与印度佛家迎合。自此，儒家虽未至灭熄，而释道混合之思想，实特别占优势。即儒家亦大变其本来，而杂于二氏矣。所谓两汉而下为儒道释混合之局云云者以此。固有哲学底兴废，略如上述。吾今者何独有取于儒家，此又吾所不能不略言之者。

一、儒家底宇宙观、人生观，可谓离虚妄分别而得到真实的了解。此意本非仓卒所能言，非用简单与直率的语句可以表出，非深究儒家群籍而反之自心得其会通者，亦难与之谈斯义。然不得已而欲略言之，则其玄学，明示自我与宇宙非二，即生命与自然为一。哲学家向外觅本体，不悟谈到本体，岂容物我对峙、内外分别。此其为真实义者一。本体是流行不息的，是恒时创新的，《易》曰："日新之谓盛德。"是至刚至健的，是其流行也有物有则，而即流行即主宰的。故如佛道之以虚寂言者，不悟虚寂舍不得动用。如西哲亦有言变动者，却又不能于流行识主宰。唯儒家所究为真实义者，此其二。本体的性质不是物质的，故唯物之论此所不许；却亦不是精神的，然必于此心之不物于物处，而识本体之流行焉。故儒者不妨假就心以言体，但绝不同于西洋的唯心论者，此则不可无辩。本体是无内外可分，不可当作一个物事去推寻。所以非心非物之论，亦此所不许。西洋哲学本体论上种种戏论，此皆绝无。此其为真实义者三。理解必待实践而证实，践履笃实处，即是理解真切处。实践不及，但是浮泛知解，无与于真理。此其为真实义者四。略陈四义，而儒家玄学上底价值，已可窥见。其所以夷诸子而独尊者，岂偶然耶？

次则儒家规模大。其在一般的哲学方面，对于以前固有的学术，能容纳异派，而冶之一炉。如孟子重法守，至言瞽瞍杀人，舜为天子，不得拒捕，只有窃负而逃，以全恩谊。桀纣之诛，是诛独夫，不为弑君。此皆孟子融摄法家义也。

荀卿言礼治，亦近法治。又孟荀并能辩议，有名家、墨家精神。至于《礼记》、《周礼》，皆儒家巨典。《礼记》多融会道家，《大学》一篇，言止定静安，是最著之例。《周礼》多融会法家，此尤易见。孔子只言敬，敬贯动静者也。及《礼记》始言静，《乐记》“人生而静”，《大学》“知止而后定，定而后静，静而后安”之说，此皆道家义，而儒家取焉。宋儒遂本之以援佛入儒。《周礼》底学说，王安石稍采其一部分，至近世而始尊其价值。清末孙仲容依之作《政要》，以与西洋法治国之政制相比附，当时亦多影响云。尝谓晚周各学派之亡绝，大抵老庄学派底影响为多。老庄思想，根本反对知识。故名家，则庄子攻之；墨家，则庄子薄之；只许为才士，薄之之词也。法家尤为其所摧折。惟儒家容纳较宏。

三、儒家不反对知识，此等精神，根本与科学相得。《论语》记“子入太庙，每事问”，足见其平时无在不存每事问的精神。吾以为科学成功，特别在此。事理本在目前，行而不著，习焉不察，则一切混沌过去。如壶水澎涨，苹果坠地，古今妇孺所恒见而不问者。至奈端、瓦特诸公，乃始肯问焉，而得有绝大发明。故尝谓科学成功，只是个每事问。孔子此等精神，即是科学精神。故其教学者以六艺，即礼、乐、射、御、书、数，即是当时简单的科学。虽逮后来新兴的宋儒，如程子、朱子，作《大学补传》，以即物穷理言格致。此其所以特异二氏之处。然儒家未及成功科学者，特以前有道家，后有释道合流，为之障碍耳。然晚周儒家于社会科学方面，自有许多发明。其见于群经者，要待整理而表出之。今西洋科学输入，将使儒家精神从此昭苏，而可妄疑其相扞格耶？

四、儒家言正德利用厚生，见于《书》者也。言制器利用，见于《易》者也。言人之所欲多者，其可用必多，见于《吕览》者也。《吕览》虽杂，但儒家的成分较多。孟子寡欲之说，寡其不正之欲耳，戒其纵欲以累心者耳，与释道主绝欲者迥殊。此等精神，与科学不相违戾，又不待言。

五、儒家言经济，《论语》则有“不患寡而患不均”之义。《大学》言理财，归之平天下。言伦理，孔子则由孝弟而推之为泛爱众。又曰：“老者安之，少者怀之，朋友信之。”先儒谓是天地万物一体气象，视虚言平等博爱者何如？孟子由亲亲而推之仁民爱物。又曰："老吾老以及人之老，幼吾幼以及人之幼。"是皆将封建社会的道德观念扩而充之，至于全人类与万物，即于无形中消灭封建社会的思想，其化育之功神矣。此正为今后世界所要求者，而谓儒家精神非科学的，何其自绝于真理之甚耶？

综上五义，略明儒家思想宜图复兴，以为新哲学创生之依据。精力短促，辞难达旨，唯欲引起贤达之注意，故不避不文与迂陋之讥，冀高明君子进而论之。不然，哲学年会一哄而散，即有人提出问题，事后亦如雨后烟云。学人尚如此偷废，则吾民族其危矣，尚何文化与哲学之可云？此文今春登天津《大公报》。本因一时兴感，匆匆写去，深愧草率。然仍存之者，则以所言毕竟切近故耳。二十四年八月三十日病翁记。

原题"为哲学年会进一言"，载《十力论学语辑略》，1935年北京出版社出版。又曾以"文化与哲学"为题于《中国文化建设协会山西分会月刊》1935年第一卷第五六期合刊特载。

与梁漱溟（一）

漱兄：

前与渊庭带一小条，当收阅。

尊书谈中国方面，吾多不赞同者：一、中国确是退化，唯太古代至战国时期光彩万丈。兄古代太忽略，直等于置之不论，此吾不赞同者一。二、中国文化虽开得太早而确未成熟，尤不当谓秦以后二千年为成熟期。秦后二三千年，只有夷化、盗化、奴化三化，何足言文化？此宜替历史揭发，永为来者之戒。三、尊书谈到根源处，只揭周孔礼教一语。孟子在战国叙学统道统，从尧舜三王直到孔子，吾以此为定论。唐人始尊周公，原是莫名其妙，并未明其所以然。尊意即提出周孔礼教，便当分别说明周公之思想与主张，及孔子之思想与主张，然后略明孔子之承于周公者何在？孔子本人之思想，其体系如何？其宗主为何？秦以后衰微之运是否尚存孔子精神？今后发挥孔子精神，宜如何舍短取长？孔子思想自当求之六经。六经以《易》、《春秋》为主，《周官》次之，三经纲要提得起，余经皆易讲。周公之思想难推考，吾意三《礼》中唯《仪礼》是周代典制之遗，非孔子所修。此书虽非周公本人之作，而周代典制必承周公开国之精神与规模，殆无疑义。今欲究周公之礼教，似当由《仪礼》之章条而推出其理论或义蕴。二三千年来，治《仪礼》者，只是训诂名物，不知其义。周公之影响于两周之世运者为何？如其影响于孔子集大成之儒学者又如何？此皆谈文化者所不宜略。

尊书谈义务权利诸处，甚善，然须于本原处有发挥而后言及此等处，自更好。本原处，尊书固曾及之，即所谓礼是，然吾犹嫌于礼之义犹欠发挥。

六经之道，含宏万有，提其宗要，则仁与礼而已。仁者礼之本，礼者仁之用。徒言礼教而不谈仁，则无本，是亦尊书遗漏处。虽云谈文化与专讲哲学者不同，然文化根源处总须提及才好。

伦理在古圣倡说，只是教条，亦可云德目。垂此教条，使人率由之，久之多数人习而成化，固有可能，然不必人人能如是也。若云社会制度或结构，中国人之家庭组织却是属于制度或结构者，尊书似欲讳此弊，而必以伦理本位为言。其实，家庭为万恶之源，衰微之本，此事稍有头脑者皆能知之，能言之，而且无量言说也说不尽。无国家观念，无民族观念，无公共观念，皆由此。甚至无一切学术思想亦由此。一个人生下来，父母兄弟姊妹族戚，大家紧相缠缚。能力弱者，悉责望其中之稍有能力者；或能力较大者，必以众口累之，其人遂以身殉家庭而无可解脱，说甚思想，说甚学问？有私而无公，见近而不知远，一切恶德说不尽。百忍以为家，养成大家麻木，养成掩饰，无量罪恶由此起。有家庭则偏私儿女，为儿女积财富，以优养骄贵。儿大则爱妻子而弃父母，女大则爱丈夫与其所生子女。人类之卑贱与残忍以至于此。余痛此习不革，中国无可自强。吃苦，自立，不图安逸，不存私心，如此，则剥削之邪心消灭，达于德与廉耻矣。尊书巧避家庭本位之丑，而曰伦理本位，做好文章果何为者？此好文章只是你个人的德性表现与人格表现，而何预于中国社会？

我说中国文化开得早而未成熟者：一、《大易》明明言“裁成天地，曲成万物”等等，此比西洋人言征服自然，利用自然，尤伟大，尤宏富。荀卿《天论》言“制天命而用之”一段，即本于《易》。假使此等广大义趣不绝于汉世象数之易家，则吾古代百家之科学思想必大发达无疑。又如“制器尚象”、“备物致用”、“立成器以为天下利”等等精义，亦皆科学精神。由此精神发展去，则生产技术与工具必早有发明，而吾之社会因仁与礼之本原异乎西洋，或者不至演资本主义社会之毒而别有一种创造。易言之，即《礼运》大同之盛得早现。

二、《公羊春秋》已不许大家庭组织存在，一家至多只许五口人。子多者，其长成必令独立成家，不许父母兄弟聚成大家。倘此制实行，中国决不会为秦以来二三千年之丑局。

三、尊书言中国只有民有、民享，而无民治，真奇哉！信若斯言，人民不参预国政而享谁、而有谁乎？譬如某家子弟不治家事，而专倚赖父兄管家者，此等子弟犹得享其家、有其家乎？《周礼》之地方政制严密至极，此非民治乎？各职业团体皆得以其职与内外百职事并列，此不谓之民治而何谓？《大易》比卦之义，即人民互相比辅为治，此得曰吾之臆解乎？

吾略举三证，中国文化分明未成熟。先圣启其理想，后嗣不肖未能析明与实践，何谓成熟？吾所欲言者甚多，细节处亦多可商。但一个多月以来，饱闻粪气，吾与仲女均无精神。觅《易经》又觅不好，无法达意，望兄垂察。兄书时引出问题，有极好处，亦时有病。惜吾今精力短促，难以细语商量。昔居觉生兄言，人生六十五以后便觉衰，力量不行。吾六十生日彼尝言此，艮庸昨犹忆其语，今六十六乃深觉精力差。东兄前言，候你回，吾三人当聚谈一会。宰平犹未至，将不来聊。

原载《回忆熊十力》，1989年湖北人民出版社出版。

与梁漱溟（二）

前天一信，殊未尽意，兹略申者：

兄言中西文化之发展似归本于感情理性。与理智各有偏胜。吾以为如本体透露者，则本体流行，触处是全体大用显发，感情理智决无偏胜。故乾卦言仁而大明在，孟子、阳明言良知而万物一体之仁在，此真实义也，不可忽也。吾古圣以此为学，以此立教，以此立政，以此化民成俗。

本体未澈，即在虚妄妄识。分别中作活计，虽云妄识为主公，而本体未尝或熄，但妄识毕竟乘权，本体终难呈露。妄识流注，有势用而无恒德，有偏胜而非圆满。以上二语，千万吃紧，余确是自家体认得来。佛于圆成言圆满，《易》于乾体言圆神，皆不可以分别心去索解。故其行于物也，则猛以逐物与析物、辨物，而理智胜；其希求寄托也，则投依与执着之情胜；其与人之交也，则对峙与争衡之情亦胜。争衡谓由斗争而求得平衡。兄谓西人只是理智的，其实西洋人亦是感情的，但其情为妄情，不自本体流露耳。所以西洋文化一方面是理智，一方面又是最不理智。兄似于西洋文化根荄尚未穷尽真相。西洋文化本自二希，一希腊的理智，一耶教希伯来。的感情。二者皆不识本体，即不澈心源，此中有千言万语难说。吾年五十五以后，日日究一大事，渐有所悟，六十而后，益亲切无疑。

中国何尝只是情胜？古代百家之科学思想虽已失传，而天文、数学之造诣似已不浅。指南针作者，一云黄帝，一云周公，或黄帝首创，周公继述也。此非明于电磁者不能为，则物理知识古有之矣。李冰，战国时秦人，其水利工程当在今人犹惊叹莫及，则工程学盛于古代可知。木鸢则墨翟、公输并有制作，是亦飞机之始。舟舵发明，当亦甚古，西赖之以航海，此与造纸及印刷术贡献于世界者甚伟大。《易·系传》言“裁成万物”，天地曰成。荀卿本之作《天论》。又曰“开物成务”、“备物致用”、“立成器以为天下利”，此皆科学精神之表现。周初或有奇技淫巧之禁，而孔门易学已力反其说。汉人象数实为术数之《易》，非七十子所传孔氏之《易》。孟轲称孔子集大成，是为中国学术思想界之正统派，万世不祧之宗也。惜乎汉人迎合皇帝，妄以封建思想释说而经遂亡。今不注意圣人微言大义之仅存者，而断定中国决不能有科学，余实未能印可。科学思想发生于古代而斩绝于秦汉，此其故，自当于秦汉以后二千数百年之局考察情实，自不难见。吾《读经示要》曾言之。

民主政治，兄谓中国人只有民有、民享诸义，而所谓民治，即人民议政或直接参政等法治[1]与机构，中国古籍中似无有。吾谓不然。先说圣言治道，其本在仁，其用在礼，仁者礼之本，礼者仁之用。而政法皆礼之辅。《春秋》与《周官》之法制，可谓广大悉备矣。兹不及详，略就兄所云民治者征之。《春秋》书新[2]人立晋便有由人民公意共选行政首长之法。《周官》于国危或立君等大事，亦有遍询民众之文；又于各种职业团体皆列其职，即各业团直接参预国政。至于地方制度之详密，尤可见民治基础坚实。余常以《周官》一经为由升平导进太平之治，灼然不诬。程朱与方正学并尊此经，皆有卓见。西洋议会少数服从多数之规，吾先哲似不尽赞同，兄已见及此，然先哲未尝不征取多数意见。孟子盖公羊《春秋》家也，其言国人皆曰贤未可也，见贤焉，然后用，此即明政长必遍征人民公意，而仍不以众议为足，必本其所自觉者裁决之，始付诸实施。孟子虽就用贤一事为言，推之百政，殆莫不然。余谓孟子此等主张最有深义，凡民主国家遇有大事，咨于群众，往往有昧于远识者，咨其群而合于庸众偷堕之情；或逞其偏见，易得大众赞；或险默之徒阴挟野心，而饰辞以欺骗群众，一夫倡说，众人不察而妄和。此弊不可胜举。是故孟子言用贤，必遍征国人公意而卒归于政长之本其所见，以为裁决。如此则政长有前识于大计，议会不得挠之，此为政长留自决之余地，实议会政治之所当取法也。春秋战国间，法家谈民主者，必与儒家相为羽翼，惜其书已失传。《读经示要》曾言之。孔门之儒大抵依据《春秋》、《周官》，注重法制。如孟子伤当时之民无法守，又曰“徒善不足以为政”，其留意法制可知。今传孟氏之书，或其弟子所记，不可窥子舆思想之全也。《管子》书似亦大体近于民主思想，而惜其不纯，似多杂糅之文，七十子后学尚法者所托。六国昏乱，一切学术频于废绝，秦政更毁之务尽。汉儒征焚坑之祸，《春秋》许多非常可怪之论都不敢著竹帛。史公、何休当时尚闻口义，汉以后遂不可复闻矣。今若遽谓古籍中无民治制度，吾就《春秋》、《周官》、《孟》、《管》诸书推之，犹不敢作是武断。

中国学术，兄又谓其非哲学，或不妨说为主义与思想及艺术，吾亦未敢苟同。夫哲学者，即指其有根据及有体系之思想而言。非空想，非幻想，故曰有根据；实事求是，分析以穷之，由一问题复引生种种问题，千条万绪，杂而不越，会之有元，故云体系。思想之宏博精密如是，故称哲学。子贡称孔子曰“宗庙之美，百官之富”，可谓能了悟孔子之思想者。孰谓如是美富之思想，不可名哲学乎？主义者，综其思想之全体系，而标其宗主之义，以昭示于人，故言主义。孰有不成学术而可言主义乎？艺术毕竟是情趣之境，非由能诠深达所诠。能诠谓智，所诠谓理。今俗以中土之学归于艺术，是自毁也，而兄何忍出此乎？斯文行坠，吾偷存一日，犹当维护朋友之义，存乎直谅，愿察苦怀，勿以为迂人有成见也。

原载《回忆熊十力》，1989年湖北人民出版社出版。

【注释】

〔1〕“法治”，据下文当作“法制”。

〔2〕“新”，疑当作“卫”。

独立学思

论科学真理与玄学真理

之一

来函所说二端，其前一端，固吾夙所主张也。体会之功，所以自悟。论辩之术，虽为悟他，而自悟亦资之。此土儒道，均尚体会而轻论辩，其得在是，失亦在是也。测物之知，毕竟欠缺也。印土佛家，自悟悟他，双方兼顾，诚如所云。然诸大论师毕竟尚玄悟而不基实测，与远西学者论辩之术，又不同途。至云根本道理与各部门散殊的知识，本非睽而不通，此则诚谛，吾何间然？宣圣曰“一以贯之”。《般若》说“如”，非一合相。如者具云真如。唯如非一合相，所以非混条然万法而为如，乃即此条然万法而皆是如也。故一贯之旨，非混万为一，正于万见一。唯其如此，故智者依本智而起后得。佛家依根本智起后得智。德性之知既扩充，而闻见之知亦莫非德性之用。儒家认识论中，以此为极则，实与佛家本后二智义相通。故学者求知，虽不遗散殊，而要在立本。来书所举第二端与第一义自相关，毋须别答。

吾贤次难，似于《语要》卷一未尝措心。卷一答张东荪先生书中，曾言所以作《新论》之意。此土著述，向无系统，以不尚论辩故也。缘此，而后之读者，求了解乃极难。亦缘此，而浅见者流，不承认此土之哲学或形而上学，得成为一种学。《新论》劈空建立，却以系统谨严之体制而曲显其不可方物之至理。学者诚肯虚心、细心，熟习此论，必见夫此土晚周儒道以迄宋明，旁及印土大乘，其诸哲学家中，对于宇宙人生诸大问题，无不网罗融合贯穿于《新论》之中，旁皇周浃，无所遗憾。又其针对西洋哲学思想以立言，而完成东方哲学的骨髓与形貌。若治西洋哲学者，而头出头没于其推论设证之间，不获昂首网罗之外，一究真理蕴奥，则于《新论》寄意，亦必漠然，谓为无物。此诚无可如何之事，而亦无所用其计较者也。《新论》只是完成东土哲学或形而上学，其立言自有领域，然未尝排除知识，即非不为科学留地位。须知讲哲学者，只不反对科学与知识，其为书也，非必取世间各种知识而悉叙说之也。

儒者何尝专讲一本而遗万殊？假设阴阳，以明变易不易之理，而天道之奥天道者，本体之代语。与夫人事物理之至动至赜而不可亚、不可乱者，莫不究明焉。《易·系》曰：“言天下之至赜而不可恶也。”案荀爽“恶”作“亚”，次第也。设举一事一物而推寻其因果关系，实无穷无尽，乃展转相缘以俱有。莫穷其始，莫究其端，何可为之次第耶？荀说是。此《大易》所以与天地准也。《春秋》本玄[1]以明化，董子《春秋繁露·重政》云：“元犹原也。”何休《公羊注》云：“元者气也，无形以起，有形以分，造起天地，天地之始也。”深察百国政俗与人群变端，因推三世以明大同太平之休美，甚盛哉！制割万有而赞襄大化者，是所以文成数万，其指数千也。《易》与《春秋》，其义皆在辞外，宜乎守文者所不与知。若乃《礼》《乐》之隆，原本性情，周行万物万事而莫不畅。《诗》则极人情之真，而人生意义之丰富，于兹可识。儒者之道，如此其广大悉备也。而吾贤乃谓其专论一本而遗万殊，何哉？夫学者读古书，贵通其意。六经之言虽运而往矣，若其微意所存，则历劫常新而未尝往也。学者求之六经，而得圣人之意，则学不当陋，而道岂容拘？智周万物，而后不陋；易简理得，乃始无拘。善学者，博约兼资。约以造微，微者单微。理之极至，则易简也，故谓单微。又微者微妙，所谓“众妙之门”是也。约者，实践实证，实有诸己之谓。博者徒务多知，纵上究乎玄，而仍不离知见也。约则极玄，而体之日用践履之间，心与理冥为一，不只是一个空洞的知见。博以尽物。尽物者，谓穷尽万物之理。夫物理不可胜穷也，而精炼于或种部分之知识者，勿以一曲之见而衡一切，足以知类不紊，又必观其会通而究其玄极，其斯之谓尽物矣。均毅有才气而能精思，吾所属望至切。倘得缘会，析诸疑义，则孤怀寥寂之余，良得所慰已。

之二

来书云：毅觉徒谓玄学与科学领域不同、方法不同、分工而治，尚不能完全解决哲学之问题。盖玄学之真理与科学之真理，既同为真理，则人不能不问此种真理与彼种真理间如何流通。

若玄学真理为究极的真理，则人不能不问科学之真理如何可汇归或依附于玄学真理。自此点而言，西洋哲学实有其独特之价值。以西洋哲学之主要问题，实即此问题。即如康德、黑格尔、柏格森、怀特海等，均系自分析科学中之概念、假设，以指其必汇归或依附于玄学真理者。云云。

此等问题太大，殊难简单作答。若详言之，必须成若干册，至少亦一巨册，焉得有此气力？无已，仍本吾意略答。玄学、科学，皆缘吾人设定有所谓宇宙，什么叫做宇宙，自是一种设定。而试行穷究其中真理。即由穷究故，不得不方便善巧，姑为玄学科学之区别。科学尚析观，析观亦云解析。得宇宙之分殊，而一切如量，即名其所得为科学之真理。于一切法，称实而知，是名如量。玄学尚证会，得宇宙之浑全，而一切如理，即名其所得为玄学之真理。于一切法，不取其相，冥证理体而无虚妄分别，是名如理。实则，就真理本身言，元无所谓科学的与玄学的这般名字。唯依学者穷究之方便故，则学问不限一途而或得其全，或得其分。由此，假说有科学之真理与玄学之真理，于义无妨。

来函谓“科学之真理如何可汇归或依附于玄学真理”。余以为，就宇宙论言，善谈本体者，一方面须扫相以证体，相者谓现象界。若执取现象界为实在者，即不能见体，故非扫相不可。然另一方面却必须施设现象界，否则吾人所日常生活之宇宙，即经验界，不得成立。因之吾人知识无安足处所，即科学为不可能。佛家说“五蕴皆空”，五蕴谓现象界。似偏于扫相一方面。

《新论》说本体之流行，即依翕辟与生灭故，翕辟、生灭，皆谓流行。现象界得成立；亦复依翕辟与生灭故，说现象界无实自体。易言之，便于现象界而不取其相，即于此而见为真体之呈显，是即扫相证体。

由成立现象界之一方面而言，科学上之真理，已有依据。由遮拨现象界之一方面而言，遮拨云云，即上所谓扫相证体。玄学上之真理，即有依据。

设问：何故成立现象界同时复遮拨现象界？答曰：成即涵遮，否则成立之名不立；遮即涵成，否则遮拨之名亦不立。

谈至此，君毅必犹谓科玄两种真理，虽各有依据，但科学上之真理如何可汇归或依附于玄学真理，仍未解答。吾复诘汝：汝道真理是个什么东西？他既不是呆板的东西，何须以此一种理汇归或依附于彼一种理？但学者探索真理，则有由科学之途，析观宇宙，得其分殊，而竟昧其全者，似其所得之真理，犹不免支离破碎，而须要有所汇归或依附。若尔，则赖有玄学，明示宇宙之为浑全的。其所以为浑全的者，乃于分殊相上，不执取此分殊相。易言之，即于分殊相而见实相。实相即实体之异名。强以喻明：如于一一沤相不执取为一一沤相，而直于一一沤相皆见为大海水；此一一沤相虽复万殊，而一一沤相都无自性，其实体即是大海水故。故于众沤见大海水，即离分殊而得浑全，一味平等。前所云于分殊相而见实相者，义亦犹此。

如上所说，浑全不是离开一一分殊的而别为空洞之一境，又不是混合这些分殊的而作成一个总体，却是即此一一分殊的而直见其皆即实体之呈显。易言之，即于宇宙万象而不计着为物界，但冥证一极如如，一者，言其无待。极者，言其为理之极至。如如者，常如其性故。盖于分殊而识其本体，当下即是真常。其微妙如此。

总之，体则法尔浑全，用则繁然分殊。科学上所得之真理，未始非大用之灿然者也，即未始非本体之藏也。用者体之用，故《易》曰“藏诸用”。藏字义深。如本体是顽空的而没有用，即现象界不能成立，科学亦不可能，焉有所谓科学之真理？唯体必有用，所以科学有可能。而其所得之真理，亦可说是依实体显现故有。所以从本体方面说，此理亦是他所内涵的，故谓之藏。如此，则玄学上究明体用，而科学上之真理已得所汇归或依附。余自视《新论》为一大事者，以此而已。君毅犹有疑焉何也？西洋哲学家何曾识得体用？其谈本体，只是猜卜臆度，非明睿所照，故往往堕于戏论。

以上略明吾所主张。以下就来函疏误处，稍事解析。

来函云：玄学之真理与科学之真理，既同为真理，则人不能不问此种真理与彼种真理间如何流通。此段话于科玄真理直下断定之词，未有说明，似觉不妥。吾于此将提出二问：一、玄学之真理，果以谁家所见为真理乎？二、科学上之真理，果与玄学真理，同为真理乎？举此二问，仍自作答如下，聊以奉质。

答一问曰：玄学上之真理，果以谁家所见为真理？此自有哲学以来，截至现在，常为不得解决之问题。即由现在以趋未来，其永远不得解决，当一如今昔之状态可知也。然则玄学上之真理，果皆无据，而不成为真理乎？非也。玄学家者，其根器利钝与熏修疏密，彼此相较，不止千差万别也。而玄学之对象又甚深微妙，非如日常经验界的事物可以质测也。故古今恒不乏少数之玄学家得到真理，而大多数不堪了达真理之学者，反与之为敌而不肯信，非独不信而已，又自以其迷谬之知见而为真理。于是朱紫淆而莫辨，雅郑乱而失鉴，此玄学上之真理所以难有一致印许者也。此事如欲详谈，便如一部《二十五史》，从何处说起？吾亦唯有本吾个人见地而略言之。

吾确信玄学上之真理，决不是知识的，即不是凭理智可以相应的。然虽如此，玄学决不可反对理智，而必由理智的走到超理智的境地。吾常求此而有契于佛家。佛家对于世间所谓宇宙万象，确曾作过很精密的解析工夫，决不是糊涂的漫然否认现前的世界。所以在稍闻佛法的人，都承认佛家是凭理智来解决他对于宇宙人生诸大问题，不仅靠情感上的信仰作安慰。一般人对佛家这种看法，似乎没有错。然或者只看到如此而止，则不同小小错误，却是根本不了解佛家。须知，佛家唯一的归趣在证会。而其所以臻于证会之境地，在行的方面有极严密的层级，如十信等等，乃至十地。许多专门名词，今略而不谈。在知的方面则任理智而精解析。至其解析之术，精之又精，则将一向情识计着，不期而自然扫荡，于是不见有少法可取。犹云无有些少实物可得。友人张东荪尝言，今日新物理学的趋势，反不承认有物。吾谓此无足奇，科学上解析之术愈精故耳。然佛家若只是解析，则可以有科学之贡献，佛家诚然富有极精深的科学思想。或不必成功玄学。就令本解析之术建设一种玄学，亦不过分析概念，构成许多理论，以建立某种本体。某种者，如心或物及一元与多元等。虽复持之有故，言之成理，然其所成立的真理，毕竟是其脑筋中构画的一副图案，犹如一架机械，此与实际的真理决定不能相应。相应义深。能证入所证，冥合为一，方得名相应。佛家所呵为戏论者，正谓此辈。故在佛家虽精解析，但以之为扫相之一种方便。扫相，说见上文。将情识中所计着的实在的宇宙，一经解析，如剥芭蕉，一层一层的剥去，便不见有实物了。他不独对物界来解析，就是对内心的观察，亦用精严的解析术。所以他在心理学上，很早就打破了神我或灵魂的观念。他更精于解析概念或观念，发见他是些虚妄分别或意计构画的东西，意计者，意识周遍计度，曰意计。所以剥落这般僻执的知见。总之，佛家利用解析来破分别法执，佛家说执，有二种：一俱生，二分别。凡日常思想见闻与学问上的思想及理论并主张等等，一切不依正智而生，只从妄识筹度而自坚执不舍者，总名分别法执。旧亦言我执，而此不及者，据实，我执亦法执摄，故但言法执可也。然分别执尚粗，可以解析，作相当对治。俱生执便深细难断，恃解析而无修养，则不能断执。每有学问家终不透悟真理者，无养故也。随顺入法空观，法执不空，无有见体。佛家“观”之一字，其意义幽奥难言。到了修法空观的时候，便超过了解析的工夫。这时，理智作用便开始转化成正智，但未纯耳。观法，亦可叫思维法，《解深密经》所谓“如理作意，无倒思维”是也。

此不是常途所谓思维或思想，不可误会。又叫思现观，其功候浅深，极难言。为趣入证会境地之一种开导。但是，知行须合一并进，如果只务解析而缺乏修行或涵养，决定无从达到证会的境地。所以，证会不是很容易谈的。后来宗门喜言顿悟，不独大小乘空有二派罕言之，即就《阿含》考察释迦氏的思想，便可见他注意解析与修养的工夫，哪可轻言顿悟？如果要说顿，除非一顿以前经过许多渐悟。譬如春雷，轰然一声，阳气之积以渐故也。佛家确是由理智的而走到一个超理智的境地，即所谓证会。到了证会时，便是理智或理性转成正智，离一切虚妄分别相，直接与实体冥为一如，所谓正智缘如。此时即智即如，非有能所，后来唯识师说正智以真如为相分，便非了义。通内外、物我、动静、古今，浑然为一，湛寂圆明。这个才是真理显现，才是得到大菩提。佛家学问，除其出世主义为吾人所不必赞同外，而其在玄学上本其证会的真实见地而说法，因破尽一切迷执，确给予人类以无限光明，无论如何不容否认。

其次，儒家底孔子，尤为吾所归心。孔子固不排斥理智与知识，而亦不尚解析，此其异于印度佛家之点。然归趣证会，则大概与佛家同。孔子自谓“默而识之”，默即止，而识即观也。止观的工夫到极深时，便是证会境地。《论语》记子曰：“天何言哉？四时行焉，百物生焉，天何言哉！”非证见实相，何能说得如此微妙？实相即实体异名，亦即真理之异名。孔佛同一证体，然亦有不似处。佛氏专以寂静言体，至于四时行百物生的意义，彼似不作此理会。缘他出世主义，所以不免差失。本体是寂静的，孔子若不亲证到此，便不会有“天何言哉”之叹。唯其湛寂，无为无作，故以无言形容之。然大用流行，德健化神，四时行而百物生，以此见天理之不容逆，夫子其至矣乎！然孔子下手工夫与佛家又各有不同，当别为论。

《新论》发明实相，见前。融会华梵，斯于玄津，实作指南，所冀仁贤，降心加察。

答二问云：科学真理果与玄学真理同为真理与否？此在主张科学万能者与哲学上之唯物论者，必绝对的肯定科学上之真理，而唾弃玄学或哲学不值一钱，以为玄学上之真理只是幻想。今欲审核科玄两造之真理，必先将两造所谓“真理”一词，其涵义各为何等，加以刊定。然后科学真理与玄学真理为同与否，不辨自明。

真理一词在玄学上大概有如下之意义：一、是遍为万法实体。亦云宇宙本体。二、是其为物也，真理非物也，而此云物者，不得已而强为指目之词。如《老子》云：“道之为物。”法尔本然，法尔，佛书中名词，犹言自然；而不译自然者，意义深故。本谓本来，然谓如此。本来如此，曰本然，不能更问理由。不由想立，哲学家多任思想构画，以安立本体，不悟此理周遍圆满，默而存之，炤然现前，岂假想立？一涉乎想，便构成一件物事，所谓捏目生华，早自绝于真理矣。不依诠显。此理不可以言诠显，言者所以表物故。《易》曰“默而成之，不言而信”。三、是唯证相应，智与体冥，无有内外、物我等等对待之相，离分别故，离戏论故。具此三义，方名玄学上之真理。《易》曰“易简而天下之理得”，即谓此也。

真理一词在科学上意义如何，姑且略说如下：一、必设定有客观的存在之事物，即所谓日常实际生活的宇宙或经验界，此理科学上之真理。方有安足处所。程子说“在物为理”，此理诚是在物的，不是由心所造的。易言之，即是纯客观的。二、此理之发见，必依据感官经验，得有证据。虽各科学上许多真理之发明常由玄想，然玄想与空想及幻想等不同，必其经验甚多而神智开豁，不拘一隅，纵心于虚，妙观幽奥。及其发见之后，又可于经验界得其左证。三、如上所说，则此理之获得，必由纯客观的方法，又能为一般人所公认。四、此理之自身，在其所以存在之条件下，必有不变性。除非其条件因或种变故而更革或消失，则此理亦随之消失。如现时各科学上之许多真理，虽依经验界的事实为据，但这些经验的事实，以何为标准而测定其相互关系与法则？此在吾人总不外以其所在之地球为标准。设一旦地球粉碎或失其常轨，则不独地质学与生物学等等之真理顿时丧失其真的性质与价值，即天文学上之真理亦起变革，即理化等等科学上之真理，将无一不随地球粉碎而与之俱碎。如今日所测定电子之性质与振动速度及其相互关系等等，在今日视之为真理，然或一旦值地球运行失轨时，则今日所测定电子之速度等等或不能不起变异。如地球完全粉碎，则其时电子之波动为何状甚难设想。即令其时宇宙不能停止动力，而其动力仍将有形成电子之趋势，此或可以吾《新论》所谓形向者名之，然此形向之动势，不必与今日科学所测定于电子者相同，而今日所有关于电子之种种真理，尔时或不存在。然如其条件不曾有更革或消失，则此理仍自有不变性。如设想将来世界，太阳系统之关系一如今日，则太阳从东方出之真理，一定如今日而不变。此为真理自身存在所不可缺之一义。如其无此，则一切事物都是不可捉摸的，更有何真理可言。五、此理虽有不变性，而非绝对无变易性。非绝对故，即是分殊的。因此理托足于经验界，而经验界的事物都是对待的现象，都是无量无边各种互相关联的事情。此理非他，就是存在于无量无边各种互相关联的事情中之法则或规律。就理对事情说，便是理存在于事情之中；就事情对理说，便是事情具有此理。须知，理不是空洞的形式，事情不是杂乱无章，事情与理实际上是分不开的，但言词上又不能不别说。然复当知，事情与关联两词只是言语上不能不分，实则关联非别为空架子，事情不是有如独立之一支柱。除了事情，固找不着关联；除了关联，也寻不着事情，只好说事情就是互相关联的。这样看来，事情自然不是绝对的无变易性。事情既是无量无边各种互相关联的东西，所以存在于其中之理是千条万绪而分殊的了。六、此理虽说是在物的，是纯客观的，实亦离不开主观的色彩。如物理学上之粒子说与波动说，毕竟不可征知世界的实相，而只是吾人主观上对于世界之一种图景。但科学总是力求避免主观的偏蔽与妄臆等等，而完全注重外在世界的事实的发见，所以说为纯客观的。举此六义，而科学上所谓真理一词，其意义已可了然。

科玄两造所谓真理，既分别刊定如上。玄学上真理一词乃为实体之代语，科学上真理一词即谓事物间的法则。前者玄学真理。为绝对的真实，后者科学真理。之真实性只限于经验界。此其不同可知。

又科学上之真理，上来略以六义刊定，然第一义中设定有客观的存在之事物，即所谓经验界，以为其真理之安足处所，此即其根本义，自余诸义皆依此得成。据此而谈，科学真理得所托足，实赖玄学给以稳固的基地。玄学唯以穷究实体为其本务。须知，一言体，便摄用，无用即是顽空，体义不成故；一言用，便摄体，无体即是顽空，作用义不成故。所以，有体必有用。大用流行，幻现众相，幻义是活义。详见《新论》“转变”章。科学便把住流行的幻相，而设定为客观的存在之事物，即经验界，科学真理才有安足处所。换句话说，即是吾人的知识有了安足处所。假使没有玄学真理，则诚有如来函所虑，科学真理将无所汇归或依附。《新论》发明体用，可谓诚谛，而学者多不了。《破破论》与《语要》，须参看。科学真理虽依玄学真理为基地，然不得与玄学真理同为真理。他的本身是站在一种设定之上的。或问：大用流行，有物有则，科学依此建立，如何说科学真理不得与玄学真理同其真实？答曰：从一方面言，宇宙万象“至赜不可亚”，亚义见前函。繁然万象，不可为之次第。正以其互相关联，而又向前扩张不已，所以说不可次第也。“至动不可乱”。繁然万象，实非静物，故次言至动。虽不可为之次第，而非无法则。佛家言增上缘法，所谓由此有故彼有。而互相关联与扩张不已之中，自有则而不可乱焉，则又未尝不强为之次第也。《系传》此二语，其义相互发明，广博浩汗。于此见大用流行，即于此知科学上之真理，皆玄学真理的内涵。所谓一为无量，一谓玄学真理，无量谓科学真理。下准知。无量为一是也。但从另一方面言，科学把住流行的幻相，当作存在的物事去探寻，就因为吾人在日常实际生活方面，一向享用实物的观念，不期然而然的要如此。虽说科学不断的进步，对于物理世界的观念并不是如常识一般的看作很固定的物事，然而无论如何，科学总要设定外界的独立存在，外界亦云物理世界，亦云自然界，亦云日常生活的宇宙或经验界。始终脱不开看静物的方法。所以在科学上无法体会流行的真际。就令谈变动，总要做一件物理的现象来解释。而流行的真际，除非证体时才可得到。友人马一浮《新论序》曰："穷变化之道者，其唯尽性之功乎！"此意从来几人会得？我常说，科学上安立了物，而玄学上虽一方面随顺科学予他安立物界的基地，但其根本态度和方法，却要把一切物层层剥落，乃至剥落净尽，才识得科学真理的基地之真相。谈至此，科学之真理不得与玄学真理同为真理，当可豁如。

玄学所以要归诸证会，这个道理，儒家尽管去做工夫而不肯说，佛家却费尽千言万语，种种破执，无非欲引人入证会之路。佛家所谓执者何？就是一个计着有物的观念。《十力语要》卷一有一书谈佛书中"法"字义，值得深玩。

科学不应反对玄学，哲学家更不宜置本体而不究。除去本体论，亦无哲学立足地。《新论》刊行之一部分，只是谈体。但此书孤行，读者总多隔阂，诚如来函，须完成《量论》为佳。然衰世百艰，又且忽焉老至，精力实不堪用，此诚无可如何。

科学家或有轻视玄学，哲学家或有菲薄本体论者，此无他故，大抵人情封于成见，则难与穷神；滞于有取，则无缘证真。玄学上之真理，体万物而非物，故不可以物相求；体万物者，谓此真理遍为万物实体。肇群有而不有，故莫得以有形遇。有形者域于形。真理虽为群有所肇始，而真理不即是有。若执有之形貌，以拟真理，则乖违已甚矣。虽复曰希曰夷，未脱视听；《老》云“视之不见名曰夷，听之不闻名曰希”，实则不可见闻之理，初未尝遗脱见闻之物而独存。故体玄者，一闻一见，莫非希夷之存，岂常拘于闻见，取物而遗理哉？无声无臭，不离日用。准上可知。而有碍之心，终不达夫神旨；下士之智，恒自绝于天德。天德，用为真理之形容词。按《中庸》云：“苟不固聪明圣知达天德者，其孰能知之？”此玄学所以难言也。

写至此，吾已倦极，即当截止，唯有所附及者。前答张东荪先生谈宋明儒书，彼最后有一答函，布在《哲刊》，吾未作复。东荪常考虑中国学术思想如何能得今后治西洋学术者之了解，而使中西有融通或并存之益。此诚极大问题，吾虽有些意思，但犹待研讨，未欲发表。东荪最后答吾函，以本体论为西方哲学之特色。吾谓西洋学者，探索本体之精神固可佩，但其本体论大概是戏论。又云：《易经》只讲宇宙论，而无本体论。此说殊不然。本体不可直揭，故就用上形容。若会《易》旨，即其中辞义，无非显体。“易有太极”与“一阴一阳之谓道”云云，《系传》固已分明指出。然玄奘法师亦谓“《易》不谈体”，奘师挟门户之见，本不能了解《易》义。不独东荪有此说。至谓佛家之修证在于得见，儒者之修证在于所行，揣其意，言见自不遮行，彼决不谓佛家是空洞的见解故；言行亦不遮见，彼决不谓儒者是冥行故。要之，儒佛异同，暂可不问，自家寻着落，却是要紧。总望吾贤虚怀大受，不独私衷之幸，而此学、此理将有所寄。吾同郡老儒毕斗山先生云：中国学人，二大劣性：不肯服善，不肯细心。是可为戒。

之一原题“答均（君）毅”，之二原题“答唐君毅”，载《十力语要》卷二，1947年湖北十力丛书印本。之二曾以“科学真理与玄学真理”为题发表于《文哲月刊》1936年第一卷第七期。

【注释】

〔1〕“玄”，疑当作“元”。

论体认与思辨

之一

来函谓时人疑余谈及西洋思想，辄以武断之态度而轻有所抑。此乃于吾书不求甚解之故。西洋思想来源，一为希腊思想，一为希伯来宗教思想。其来自希腊者，在哲学方面，为理智之向外追求。其来自宗教者，为情感上有超越万有之神之信仰。余平生之学，参稽二氏，佛与道。而卒归吾儒。体用不二之旨，实融天人而一之。须深究吾《新论》。此与宗教固截然殊途，以视西洋哲学专从思辨入手者，又迥乎不同。恃思辨者，以逻辑谨严胜，而不知穷理入深处，须休止思辨而默然体认，直至心与理为一，则非逻辑所施也。恃思辨者，总构成许多概念，而体认之极诣，则所思与能思俱泯，炯然大明，荡然无相，则概念涤除已尽也。概念即有相。余之学，以思辨始，以体认终。学不极于体认，毕竟与真理隔绝。学不证真而持论，总未免戏论。纯凭知解构画，何可与真理相应？凡哲学家著述，是否为证真之言，唯明者能辨之，难与不知者论。时贤于先圣贤之意，根本不求解，更无望其能解，而况于吾书！妄相訾议，置之可耳。夫不真知天人不二、神质不二、神者谓上帝与心灵或精神，但此云上帝，与宗教家意义不同。质者，谓肉体及物质宇宙。体相不二，体谓本体，相谓现象界。上文不真知三字，一气贯至此。及不了思辨与体认之诣有殊者，而欲其与于知言之选，何可得乎？夫谓中西哲学所有之问题不必同，吾何尝有是言？但学人所至之境，不必同耳。论学固须观同，要须辨异，而后求同，乃无病。此余一向所持也。

之二

科学的心理学，其方法注重实测，其解释心理现象以神经系统为基础。若站在科学的立场来说，余固不须反对，然或以为心理学之观点与方法可以发明心地，余则未知其可。……其实，神经系统只是心作用之所凭藉以发现，而直说为心理的基础，便似心灵从物质而生，此其观点实太偏而不正。须知，心物两方，其实体是一。以心为物之本，固不可；以物为心之源，亦大谬。……若夫高级心灵，如所谓仁心，则唯有反己体认而自知之耳，诚非实测术所可及也。……

科学的心理学，其研究的对象自是人类的心。研究动物的心，则别为分枝的专业。而实际上则人类的高级心灵仁心。为彼等之测验所不及，遂绝不涉及。其实，心的发展，必至乎仁，始不受锢于形气的个体而流行充塞乎宇宙。……此乃心灵之真相，唯人类机体组织完善，乃得显露出来耳。真相，犹俗云真面目。

哲学的心理学，其进修以默识法为主，亦辅之以思维术。

默识法者，反求吾内部生活中而体认夫炯然恒有主在，恻然时有感来。有感而无所系，恻然之感，同情于万物，本无私意私欲之杂，故无系。有主而不可违，此非吾所固有之仁心欤？……默者，非屏去事物、冥然不生其心之谓，乃贯动静而恒无昏扰，是为默也。识者，体认仁心而不放失，即由仁心运行乎万物万事之交，不令有一毫私意私见掺杂。是以知明处当，万理平铺现前，故曰默识也。默识，是生生动动、活泼泼地。后儒修诚主敬，直是迂滞矜持。朱子《论语集注》于默识无所会，况其后学乎？

思维术者，直任明睿的思维，深穷宇宙体用，洞然旷观，毋滞一曲，须会其全，毋妄推度，要必有据。久之，体用透彻，而心之所以为心，有其源，源，谓心与物之实体。有其关系，关系，谓物质乃与心相反相成，是其关系密切，不容忽视。皆明明白白，无复疑矣。

之一原题“答徐复观”，载《十力语要初续》，1949年香港东升印务局出版。之二原载《明心篇》，1959年上海龙门联合书局出版。题目系编者所加。

论玄学方法

承寄《思想与时代》第十三期评《新论》一文，其后有疑问三点，复承嘱答复。吾大病初痊，老来不易恢复康健，意兴萧索，略酬明问，不得畅所怀也。

第一，贤者认为吾之玄学方法，非纯恃性智或体认，实亦兼恃量智，此见甚是。但若疑吾有轻量智之嫌，则或于吾书有未子细看也。又《量论》未作，则吾之意思隐而不彰者实多，又向未有接谈之机会，宜贤者不尽悉素怀也。此一问题，实在太广大。每以为东西学术之根本异处，当于此中注意。大文第二疑点，实与此中密切相关。吾三十年来，含蓄许多意思，欲俟《量论》畅发。而以神经衰弱，为漏髓病所苦，一旦凝思构文，此病辄发，便不可支。此苦非旁人可喻。又谈理之文字，不可稍涉苟且。宋玉之赋美人，谓“增之一分则太长，减之一分则太短，施朱则太赤，傅粉则太白”，审美如是，论文亦似之。哲学文字，其于义理分际，谨严盖亦如此。朱子为《四书集注》，自云：“字字皆经秤量。”此非深于理者，无从知此意也。佛家以幽赞玄义之文辞，归之工巧心，工巧二字，勿作世俗的意义会去。有味哉！世俗可与语此耶？每见相识，怪吾著书之难，曰：“何不坐而言，令从游纪述？”吾闻之，俯首而叹。此辈以为天下无不可明白说出的道理，说出即录下，便成著述。如此见解，滔滔者天下皆是也，吾谁与言？又凡喻之于心者，出诸口便困；口头有时勉强道得者，形之文字又觉无限艰难。逻辑律令，其难犹次。深入其阻而显出之，遍历其广博而如量以达，无有漏义，则难之又难。且文章之事，纯是精神气力之表现，精气亏乏，虽胸罗万理，无可倾囊而出。偶为语录式之笔语，则在今日似不适应群机。今欲昌明一种学术，总以系统的论著为宜。吾少孤苦，极人生难堪之境。中年困学，加以病患，初犹不敢轻为著作。年邻半百，始有意乎斯文，而精气已不堪用矣。今迫六十，更复何言！《新论》语体本，若以文学眼光观之，自是短阙；若仅作谈理文字看去，则每下一义，每置一字，皆经周察审虑，无有丝毫苟且，期于字字见吾之心肝脏腑而已。若夫辞义往复，百变不离其宗，期于达意。孔子曰：“书之重，辞之复，呜呼！不可不察也。其中必有美者焉。”《春秋繁露》。非精义入神，诚难知制作之不易。《量论》之所以难写出者，自度精气只如此，欲本不苟之心作去，乃大不易耳。然此书不作，则于《新论》之了解，要不无阂碍。不卜将有作者起而弥吾缺憾否耶？上来许多枝蔓谈，聊为贤者倾吐，此后将正酬来难。

东方学术，无论此土儒道及印度释宗，要归见体，此无疑义。但其从入之途，则有顿超直悟者，乃上根利器也。亦有婉转迂回，久历艰辛而后忽遇明珠者，根器虽钝，及其成功，一也。明珠喻性智，前所谓顿超直悟，亦即于此超悟而已。至此，则迂回者与顿悟合辙，所谓殊途同归也。性智是本心之异名，亦即是本体之异名。见体云者，非别以一心来见此本心，乃即本心之自觉自证，说名见体。此义确定，不可倾摇，玄学究极在此。如何说不纯恃性智或体认耶？纯恃二字，吃紧。此处容着得丝毫疑情耶？此非量智安足处所，宁待深言。顿超直悟人，当下觌体承当，不由推求，不循阶级。宗门大德，皆此境界。颜子、蒙庄、僧肇、辅嗣、明道、象山、阳明诸先生，虽所造有浅深，要同一路向也。根器钝者，难免迂回，其触处致力，全凭量智作用，探索不厌支离，征测尤期破碎。以此综事辨物，功必由斯。以此求道，道谓本体。岂不远而！但使心诚求之，久而无得，终必悟其所凭之具具谓量智。为不适用。一旦废然，不信任量智有无限的效能。反之即是。反之即得性智。宋人小词“众里寻他千百度，回头蓦见那人正在灯火阑珊处”，正谓此也。故玄学见体，唯是性智，不兼量智。是义决定，不应狐疑。会六艺之要归，孔门标六艺。通三玄之最旨，魏晋人标三玄。约四子之精微，宋明诸师标四子。极空有之了义，佛家大小乘不外空有两轮。以吾说证之，未见其有一焉或偶相戾者也。斯乃千圣同符，百王共轨，非有意为合，乃神悟之玄符耳。

然玄学要不可遮拨量智者，见体以后，大有事在。若谓直透本原，便已千了百当，以此为学，终是沦空滞寂，隳废大用，毕究与本体不相应。譬之游断航绝港而蕲至于海，何其谬耶？大人之学，由修养以几于见道，见道即见体之谓。唯保任固有性智，而无以染习障之，无以私意乱之，使真宰恒时昭然于中，不昏不昧，只此是万化根源，通物我为一。阳明咏良知诗“无声无臭独知时，此是乾坤万有基”，实了义语也。此种境地，岂可由量智入手得来？然到此境地，却又不可废量智。须知，量智云者，一切行乎日用，辨物析理，极思察推征之能事，而不容废绝者也。但有万不可忽者，若性智障蔽不显，则所有量智，唯是迷妄逐物。纵或偶有一隙之明，要不足恃。人生唯沦溺于现实生活中，丧其神明，以成乎顽然之一物，是可哀可惨之极也。若修养不懈，性智显发，此即见体时。则日用间一任性智流行于万物交错、万感纷纶之际，而无遗物以耽空、屏事以溺寂。至静之中，神思渊然，于物无遗，而于物无滞，是所谓性智流行者，亦即是量智。但此云量智，乃性智之发用，与前云性智障蔽不显时之量智，绝非同物。从上圣哲为一大事因缘出世，兢兢于明体立极之学，岂无故哉？得此学者，方成乎人，方善其生，否则丧其生而不人矣。然若谓见体便游乎绝待，可以废绝量智，抑或看轻量智，以格物致知之学为俗学，无与于大道，此则前贤所常蹈其弊，而吾侪不可复以之自误而误人也。

抗战前，友人欲与吾讨论中西文化，以为二者诚异，而苦于不可得一融通之道。吾时默而不言，因《量论》未作，此话无从说起。实则，中学以发明心地为一大事，借用宗门语，心地谓性智。西学大概是量智的发展。如使两方互相了解，而以涵养性智立天下之大本，则量智皆成性智的妙用。研究科学，经纶事业，岂非本体之流行而不容已者耶？孰谓量智可废耶？

佛经说佛号遍知，其徒或以为成佛则自然无所不知也，不知遍知云者，就真谛言，谓其证见真如，真如即本体之名。已知万法之本、万法之真，故说为遍知耳。若克就俗谛言，一切事物之理，虽成佛见体，果能不待量智推征而自然无所不知耶？

《新论》主于显体，立言自有分际，《量论》意思，此中固多有不便涉及者。

大文第二疑点云，著者一口抹煞，谓西洋哲学无体认，此亦未免武断。实则，吾未尝武断也。若肯承认吾前文所说之不谬，即中学归极见体，易言之，唯任性智，从修养而入，则西学是否同此蹊径，似不待申辩而知其判然矣。夫体认之境，至难言也。由修养深纯，涤除情识而得到之体认，此天人合一之境地，实则即人即天，合一犹是费词。中土哲人所为至卓绝也。西学一向尚思维，其所任之量智，非必为性智显发而后起之量智也。何者？反求本心，吾似未闻西哲有以此为学者也。夫思想之用，推至其极，不眩则穷。穷与眩异者，眩则思之多端，杂乱而成惑；穷者，思能循律而极明利，然终止乎其不可思，故穷也。思至于穷，则休乎无思，而若于理道有遇焉。此任量智之学者所自以为体认之候也。西哲所有者当不外此，而格以吾先哲之体认，则似之而非也。非从修养入手，则情识未净，乘思之穷，而瞥尔似有默遇焉，非果与真理为一也。要之，此事难言，必其从事于儒道佛诸氏之学，而非但以见闻知解或考核为务者，有以真知前哲之用心，然后知西哲自有不得同乎此者。昨腊，吾应南庠讲演之请，方、何诸先生亦断断致辨，谓吾薄西学不见体为未是。及讲后燕谈，方先生畅论西哲工夫，不外努力向外追求。吾笑谓之曰：本体是向外追求可得耶？君毋乃为我张目乎？今纵退一步言之，如贤者所说，西哲自昔即有言体认者，然此必非西洋哲学界中主要潮流。犹如晚周名家，似亦偏尚量智，然在中土哲学界终不生影响，可以存而不论。凡辨章同异，只约大端别异处较论而已。人与动物同处岂少也哉？而撮举大端，则二者不止天渊之判矣。

昨函写就后，复有余意未尽者。大文有云：著者体用不二之说，西洋哲学亦非绝无所见，如柏烈得来《现象与实在》一书，实尝言之。如曰："现象无实在不可能，因如是，则谁为能现？而实在无现象将为空无，因在现象外必无物也。"是柏氏亦非外现象而求实在。即怀黑德教授《历程与实在》一书，亦明此义。云云。吾不能读西籍，向者张东荪尝谓《新论》意思与怀黑德氏有不谋而合处，未知果然否？贤者所述柏氏语，似与《新论》有融通之点，然骨子里恐不必相近也。西洋学者所谓本体，毕竟由思维所构画，而视为外在的。《新论》则直指本心，通物我、内外浑然为一，正以孟氏所谓"反身而诚"者得之，非是思维之境。柏氏是否同兹真髓，吾不能无疑也。昨函答来函"西哲自昔亦有体认之说"，吾谓其似之而非者，盖东方哲人一向用功于内，涤尽杂染，发挥自性力用，其所谓体认，是真积力久，至脱然离系、本体呈露时，乃自明自见，谓之体认。庄子云："明者，非谓其明彼也，自明而已；见者，非谓其见彼也，自见而已。"故此义极严格。西洋学者从来以向外找东西的态度探索不已，如猎者强烈追求，期有所掳获然。故其所见之体，正是其思维中所构画的一种境界，非果亲证实在而直与之为一也。西洋诸哲学者，其未能的然了解实在与现象为不二者，固是错误，即如柏氏辈观想入微，似有当于吾所谓体用不二之旨，然彼之入手工夫，恐终是西洋路数，唯向外探索为务，则彼所见之体，要非如实证见。若尔，则彼之体用不二观，虽与吾有其相近，而骨子里究判若天渊。此不容不辨也。体认之意义，吾已略说如前，不独西洋学者功力不同，未必果有此诣，即在宋明人语录中，其于体认一词，亦有宽泛的说法。或以寻思义理，反复含玩，使印解益加深切，谓之体认；或则推寻至竟，瞥然有省，恍悟至理毕竟不可思议，于是旷然若有默喻。以上两种意义，皆与吾前所谓自明自见者，绝不相侔。其后之一种，由推寻至竟而返诸默喻，其所谓默喻，犹是最极微细的观想，非即本体呈露也。本体必离系而始显，以探索为功者，始终有所系也。故彼之体认，非吾所谓体认也。真见体用不二者，说一真湛寂也得，说大用流行也得。说一真湛寂即是大用流行，说大用流行元是一真湛寂，均无不得。此中具无上甚深微妙义，恐柏氏思解所至，未许入实际理地。

又大文云：著者认"心物皆无自体，同为一个整体不同之两方面"，此其说，最近西洋哲学同见及之。如罗素，如杜威，如怀黑德，无不同声否认心物各有自体。心物二元论，已成过去。贤者此段话，从大端趋势上说，固无不可；然各家持论的内容与其根本观念，又当莫不互异。《新论》依本体流行假说翕辟，复依翕辟假名心物。随俗谛，则不坏世间相，心物皆许有故；入真谛，则于世间相而荡然离相，乃见一切皆真。诸家果臻斯诣否？

又大文云：著者自认与西洋哲学不同之点，在于本体之认识恃性智而不恃量智，此不唯与柏格森之直觉说有相似处，即柏烈得来亦见及之。柏氏谓“思想仅能运行于有对，而不能运行于无对；思想如与实在一致，即为思想之自杀”，是柏氏亦感觉量智不可恃。贤者所引柏氏语，甚有意思，不悉中文有翻本否？贤者素精于柏氏之学，何不移译得来？唯云“与柏格森直觉说有相似处”，则期期以为不可。忆昔阅张译《创化论》，柏格森之直觉，似与本能并为一谈。本能相当《新论》所谓习气。其发现也，则名习心。习心趣境，固不待推想，然正是妄相，不得真实。此与吾所谓本体之认识及性智云者，截然不可相蒙。此间黄艮庸等皆于此与吾同其所见。

病痢初痊，辞不达意。义理不厌求详，非必欲诤一己之是也。

……

原题“论玄学方法”，载《思想与时代》，1942年第十六期，又以“答谢幼伟”为题置于《新唯识论》语体文本卷下之二附录中，略有删改。此据1947年湖北十力丛书印本《新唯识论》收录。

论穷神知化与思修交尽

余年三十五，始专力于国学，实为哲学思想方面。上下数千年间，颇涉诸宗，尤于儒佛，用心深细。窃叹佛玄而诞，儒大而正，佛氏上驰于玄，然玄者实之玄也，游玄而离实，则虚诞耳。此意难与佛之徒言。从来名士好佛者必抑儒，非惟不知儒，实未知佛耳。卒归本儒家《大易》，批判佛法，援入于儒，遂造《新论》。《新唯识论》，省称《新论》。他处仿此。更拟撰两书，为《新论》羽翼：曰《量论》，量者知义，见《因明大疏》。量论犹云知识论。曰《大易广传》。两书若成，儒学规模始粗备。余怀此志，历年良久。向学已晚，成学迟而且孤。汪大绅自叹“学既成而日孤也”。大绅有卓识，独惜其未能超宋、明而上追洙、泗，未尽其才也。然《三录》在宋、明学中，规模较阔。

自四十、五十以至七十之年，长厄于疾，又经国难，先后草创《新论》二本。文言本及语体本。最近乃就语体本，删为定本，了此一段心事。《量论》早有端绪，原拟为二篇：曰比量篇，比量，见中译因明书。量犹知也。比者比度，含有推求、简择等义。吾人理智，依据实测而作推求，其所得之知曰比量。此与因明不全符，只从宽泛解释。曰证量篇。证者知也。然此知字之义极深微，与平常所用知识一词绝不同旨。略言之，吾人固有炯然炤明、离诸杂染之本心，其自明自了，是为默然内证。孔子谓之默识，佛氏说为证量。而此证量，无有能所与内外、同异等等虚妄分别相，是造乎无对之境也。

比量篇复分上下。上篇，论辨物正辞。实测以坚其据，实测者，即由感觉亲感摄实物而得测知其物。荀子《正名篇》所谓“五官簿之”云云亦此义。此与辩证唯物论之反映说亦相通。推理以尽其用。若无实测可据而逞臆推演，鲜不堕于虚妄。此学者所宜谨也。

……

下篇，论穷神知化。神者，不测之称，所以形容变化之妙。穷神知化，见《易·系辞传》。吾人如本诸一般日常经验的知识以测物，必有如是与不如是之分。如是，犹云如此；不如是，犹云反乎此者。申言之，即于一切物皆作固定相想，相者相状。后皆准知。作各各离异相想。今试深进而体察一切物，则知凡物皆属变动不居之过程，都无固定相，亦无各各离异相。一切物刹那刹那，变化密移，方其如是，即已不如是。如是与不如是，相反而相俱，相俱者，相反而实相成。盖莫得而分焉。如言物生，而当其生之一刹那顷，却已即灭；如言灭已，而次刹紧续前刹，已有新生。是则生灭二相，都不决定，亦互不相离异。例如麦禾，并非以其初生时名生，亦非以其灰烬已尽名灭。实则麦禾从其由种生芽，由芽成禾，以迄灰烬垂尽，其中间所经历之长岁月中，确是刹那刹那，才生即灭，才灭即生，未尝有一刹那顷守其故。麦禾经过无量转变，每一刹顷，新故推移，皆无固定相可得，诡异至极。麦禾如是，凡物准知。然则变化之道，非通辩证法，固不可得而明矣。大地上凡有高深文化之国，其发明辩证法最早者，莫有如中国。羲皇画卦，在洪古期，岂不奇哉？辩证一辞，并非始于外方。《广雅》："辩，变也。"《易·坤卦·文言》"犹辩之不早辩也"，荀本辩作变。古以辩字与变字互通，最有深意。辩本有对，而必归和同，宇宙间变化之道亦犹是。辩证语源极可玩。

余尝言，宇宙论中此云宇宙是广义，即通本体与现象而言。无对与有对，相反也，而无对统摄有对，乃反而相成。统摄者，统谓统一，摄谓含受而主领之也。后凡言统摄者，皆仿此。……

无限与有限，相反也，而无限统摄有限，乃反而相成。……

克就用言，心物，相反也，而心统摄物，乃反而相成。……

人生论中，天人，相反也，而人道统摄天道，乃反而相成。……

性善性恶，二说相反也，而善统治恶，乃反而相成。……

上来就宇宙人生诸大问题，略为举隅，可见辩证法是无往而不在，学者随处体察可也。……

知识论当与宇宙论结合为一。离体用而空谈知识，其于宇宙人生诸大问题不相干涉，是乃支离琐碎之论耳，何足尚哉？学者必通辩证法，而后可与穷神。

感觉、量智、亦云理智。思维、概念等所由发展与其功用，在上篇辨物正辞篇。固应论及，本篇穷神知化篇。当进一步讨论量智、思维等如何得洗涤实用的习染而观变化，但二篇今皆未能作。

实用的习染，将一切物析为各别与固定的，以此而测大化，必极不相应。

证量篇，论涵养性智。性智者，人初出母胎，堕地一号，隐然呈露其乍接宇宙万象之灵感。此一灵感，决非从无生有，足征人性本来潜备无穷无尽德用，是大宝藏，是一切明解之源泉，即依此明解之源，说名性智。

问：云何证量？答：吾人唯于性智内证时，内自证知曰内证。禅家云“自己认识自己”。大明洞彻，外缘不起，神明内敛时，不缘虑外物故。敻然无对，浑然与天地万物同体，故无对。默然自了，是谓证量。吾人须有证量之境，方可于小体而识大体，小体，犹言小己。大体，谓宇宙本体。二词并见《孟子》，今借用之。于相对而悟绝对，于有限而入无限，是乃即人即天也。天者，本体之称，非神帝。人生不获证量境界，恒自视其在天地间渺小如太仓之一粒，庄生所以有“人生若是芒乎”之叹。

证量，止息思维，扫除概念，只是精神内敛，默然返照。默然者，寂定貌。照者，澄明之极。返照者，自明自了之谓。孔子默识，即此境界。人生惟于证量中，浑然与天道合一。《易》云“与天合德”。天道，谓本体。合一是形容词。其实人即是天，非以此合彼也。有问：如何方可得到证量境界？答曰：思维与修养交致其力，而修养所以立本。思修交尽，思而无修，只是虚见；修而不思，终无真解。久而后有获也。佛道二家方法，皆宜参考，然道颇沦虚，佛亦滞寂。沦于虚，滞于寂，即有舍弃现实、脱离群众之患。孔子之道确不如此，故须矫正二氏，以归儒术。今此不及详。

孟子“上下与天地同流”，象山自谓“精神稍一提缀，便与天地相似”，此皆学人上达初机。上达，谓上达于证量之境。然此诣，非大贤以下之资所可企也。

从来颖悟之伦，莫不求趣证量，直彻根源，然易流于僧侣主义，倾向出世，乖于大道，不可为训。孔子以人道弘天道，从天地万物浑然一体处立命，此中天地万物，即包含吾人在内。故有裁成辅相之功，《易》曰“裁成天地，辅相万物”。不以孤往独善为道也。

吾原拟作《量论》，当立证量一篇者，盖有二意：一、中国先哲如孔子与道家及自印度来之佛家，其学皆归本证量，但诸家虽同主证量，而义旨各有不同。余欲明其所以异，而辨其得失，不得不有此篇。二、余平生之学，不主张反对理智或知识，而亦深感哲学当于向外求知之余，更有凝神息虑、默然自识之一境。《礼记》曰：“不能反躬，天理灭矣。”郑玄注：“反躬，反己也。”《论语》录孔子之言，以“默而识之”与“学而不厌”，分作两项说。学者，即物穷理，知识之事；默识者，默然反己自识也。此所云己者，非小己之谓，乃通天地万物为一体之真己也。默然之际，记忆、想像、思维、推度等等作用，一切不起，而大明炯然自识。自识者，禅家云“自己认识自己”是也。阳明所谓“无声无臭独知时”，正是此境。庄子云“尸居而龙见，渊默而雷声”，差可形容孔子默识境界。尸者，形容妄想灭尽。尸居，谓一切念虑不起，是默然也。龙者，古代以其为神灵之物，以喻默然之中神明昭朗。渊默者，形容其深静。雷声者，形容万化万动之几，已伏于静默中，故静非死灰之静也。阳明恐未到此。余谈证量，自以孔子之道为依归，深感为哲学者，不可无此向上一着，未知将来有同斯意者否？

《量论》二篇一比量篇，二证量篇。大意，略说如上。今精力已衰，虽欲写一纲要而不可能，后有作者能偿余之愿，功不必自我成，予何憾焉！

原载《原儒》上卷“绪言第一”，1956年上海龙门联合书局出版。题目系编者所加。

重印周易变通解序

《易》之为书，广大悉备，所谓“范围天地之化而不过，曲成万物而不遗”是也。《乾凿度》说《易》有三义，余窃取变易不易二义。不易而变易，是举体成用；于变易见不易，是即用识体。此义深谈在《新唯识论》。持此以抉择梵欧玄学，如秤在手，不可与物低昂。大哉《易》也！孰得而违诸？夫《易》书至《十翼》而始备。《十翼》义理，则孔子所发明也。故言作《易》者，必归之孔子。微孔子，则《易》犹滥于占卜，而焉得为哲学界万世永赖之根本大典耶？孔子既作《易》，七十子后学递相传述，遂为儒者宗。老聃得孔氏之旨而别有会心，乃创立道家之帜，以自异于儒。故《易》自孔子后，始分二派：曰儒家之《易》，此正统派也；曰道家之《易》，此别派也。旧说孔、老同时，老氏为孔子师，今人多考核其说之不足据，而谓老后于孔，但无谓老氏之学出于《易》者。余谓老氏当稍后于孔子，而前于孟子，其学实本于《易》。曾略说见《语要》卷二答意大利人书中。儒家体乾而贵刚健，故说行健不息；老氏法坤而守虚静，故曰绵绵若存。此儒道二家所为异也。道家之易，其后浸微，仅得王辅嗣为能衍柱下之绪。周元公则援道以入儒也。儒家之易，其流甚广，综陈大别，约分汉宋。汉儒务守师说，有保存古义之功，后来学者每病其杂谶纬。顾纬非谶比，时有微言大义，足资深究，盖《十翼》之支流。谶则纯为诬妄。汉儒治《易》，其思想盖有大部分杂入晚周阴阳家，容当别论。唯扬雄子云著《太玄》，超然独步。张衡平子神解俊拔，为吾国天算大发明家，而酷嗜子云书，每自谓读《玄经》，使人难论阴阳之事，其崇信笃深可见。顾子云从数理阐《易》，学者非通律历则难读其书。《玄经》于后儒无甚影响，职是故也。辅嗣神解卓特，独出两汉经师蹊径之外，秉智炬而叩玄关，堪与子云异曲同工。唐代义疏，虽宗辅嗣，鲜有发明。爰及炎宋，儒风丕变，濂洛关闽诸大师迭起，为学贵创获而不以墨守传注为贤，务实践而亟以驰逞虚玄为戒。故其治《易》也，一方面超脱汉师，一方面排斥辅嗣，其精神气魄不可不谓之伟大。唯然，故人自成说，家各为学，如周濂溪、邵尧夫、张横渠、程伊川、朱汉上、朱晦翁，皆精思力践，各有独到。夫汉世诸师，无弗杂阴阳家言者，迹其繁琐名相之排比与穿凿，于《十翼》本旨可谓无关。但间存古义，斯足珍贵。宋之诸师，其言皆根于践履，虽复不无拘碍，要其大较，归本穷理尽性至命之旨，而体天地神化于人生日用之中，则《十翼》嫡嗣也。自宋迄明，言《易》者大概无出周程诸贤之轨范，而《易》家自是有汉学宋学之分。晚明有王船山作《易内外传》，宗主横渠，而和会于濂溪伊川朱子之间，独不满于邵氏。其学尊生以箴寂灭，明有以反空无，主动以起颓废，率性以一情欲，论益恢宏，浸与西洋思想接近矣。然其骨子里自是宋学精神，非明者不辨也。其于汉师固一切排斥，不遗余力也。当有明季世，诸大儒并出，悲愤填膺，为学期活泼有用，而亟惩王学末流空疏之弊，浸以上及两宋。清儒继起，本无晚明诸老精神，而徒以抨击宋学为帜志，用汉学高自标榜，则诸老所不及料也。于是治《易》者，上稽汉籍，俯视宋明诸师，以谓非诬则陋耳。濂溪与邵氏之图尤受攻诋。盖自清以来，学者尊汉抑宋之积习牢不可破，不独于《易》学为然，其治群经皆然。风会迁变，一往一复，当其迁变之势已成而不可御，乃若有大力者负之而趋也。非夫豪杰之士，旷怀孤往，孰能岸然拔出于时风众会之外，自抒所见，自行其是，而一无所锢蔽耶？同县万澍辰先生著有《周易变通解》，不肖儿时闻先父其相公常赞扬先生潜德睿思，谓其治《易》不囿于当时风会，颇参稽汉宋而一证以己之所神悟独得，未尝谬于经旨者。此其命世独立者乎！惜其书为当时汉学风气所掩，罕行于世，乡里后生或莫能举其姓字，可悲也已！予小子闻而识之，不幸早失怙恃，流离四方，顾未得读先生书。丁丑夏，先生从曾孙耀煌武樵始重印先生《易》书于汉皋，罗田王葆心为之序，只印千册。余时讲学北庠，亦未得见。今冬，武樵函余，将再重印先生书于成都，谓余不可无一序。余追忆趋庭音旨，忽忽四十余年，泫然不知涕之所自。又念武樵能守其家学，一再重印先生遗著。昔船山幽晦，曾公以乡邦后学传其书，而先生更有贤裔，视船山尤幸矣！天之眷斯道，以无负明哲，其所以酬之者，宁可度哉？余是以忘其固陋而序之云尔。

中华民国三十一年十二月十五日同县后学熊十力序于陪都近区北碚寓庐

原载《十力语要》卷一，1947年湖北十力丛书印本。

论孔子之“操存舍亡”

一夕，慕樊侍坐，问孔子“操则存，舍则亡。出入无时，莫知其乡。惟心之谓欤”数句之义。先生曰：此节朱子《集注》原讲得不好，杨慈湖又讲了一番，却更差谬。

朱《注》云：“孔子言心，操之则在此，舍之则失去，其出入无定时，亦无定处如此。孟子引之以明心之神明不测，得失之易，而保守之难，不可顷刻失其养。”又引程子曰：“心岂有出入？亦以操舍而言耳。操之之道，敬以直内而已。”《或问》：程子以为心无出入，然则其有出入者，无乃非心之正耶？曰：出而逐物者，固非本心之正，然不可谓本心之外别有出入之心也。但不能操而存之，则其出而逐物于外与其偶存于内者，皆荒忽无常，莫知其定处耳。然所谓入者亦非此心既出而复自外入也，亦曰逐物之心渐息，则此心未尝不在内矣。学者于此苟能操而存之，则此心不放，而常为主于内矣。《语录》有曰：此四句但言本心神明不测，不存即亡，不出即入，本无定所，如今处处常要操存，安得有定所？

详上诸文，朱子大意主操存，甚是。但本心不存即亡，习心便乘机而起，所谓“出入无时，莫知其乡”，正是习心憧扰之相。

朱子于此不辨，而以“出入无时”云云，亦就本心上说，此其差毫厘谬千里者也。朱子以出为逐物，入者逐物之心渐息，即此心未尝不在内，以此言本心，毋乃未识本心乎？本心清净炤明，虽智周万物而未尝逐物，虽涉万变而随缘作主，不为物引，本无有外，不得言出，不出即亦无入，程子云“心岂有出入”是也。然此中出入一语究何所指，程子毕竟未寻下落，模糊过去。《或问》中云“出而逐物者，固非本心之正”，此语谬极。既是本心，焉有不正？又云：“不可谓本心之外别有出入之心。但不能操而存之，则其出而逐物于外与其偶存于内者，皆荒忽无常，莫知其定处。”此一段话尤谬极。试问吾人不能操存时，其逐物于外与偶存于内之荒忽无常者，还是本心欤？“从心所欲不逾矩”者方是本心，荒忽无常者决不是本心也。朱子于此殊未透在。《或问》多朱子未定之论，赵顺孙《纂疏》采此条入集注而无辨正，其误人不小。

杨慈湖《家记》卷八：“孔子言：‘操则存，舍则亡。出入无时，莫知其乡。惟心之谓与？’此言盖谓操持则在此，不操持而舍之则寂然无所有。忽焉而出，如思念外物外事，则远出直至于千万里之外，或穷九霄之上，或深及九地之下；又忽焉而入，如在乎吾身之中。然而心无形体，无形体则自然无方所，故曰‘莫知其乡’，言实无乡域也。圣人此旨，未尝贵操而贱舍。孟子误认其语，每每有存心之说，又有存神之说，失之矣。使果有所存，则何以为神？”

详慈湖所言出入之状，正是朱子所云荒忽无常，明是习心状态，而慈湖以此为本心，岂非认贼作子？至云“圣人未尝贵操而贱舍”，且诋孟子操存之说为误，直堕罪恶丛中。慈湖误认荒忽无常之习心为本心，故欲纵任之，乃贵舍而贱操，以成其不起意之谬说。其实操存元非起意，只是任本心为主于中，而勿令习心或私意得起而障蔽之，是谓操存，并非另起一意以控制此心之谓也。慈湖谓圣人不贵操存，试问：《书》言“顾諟天之明命”，朱《注》：“顾，常目在之也。”此形容操存工夫之严。天命，参考《读经示要》。天命在人，则谓之性，以其主乎身，则谓之心也。顾即操存勿失，而习心或私意不得相干也。《诗》言“不显亦临，不显，幽隐之处。言虽居幽隐，亦常若有临之者。无射亦保”，射音亦，与斁同，厌也。保，犹守也。庄敬日强，无所厌患，私欲已尽矣，而亦常有所守焉，是其存养之密也。详《大雅·思齐》。又曰“昊天曰明，及尔出王。王，往也。此言本心之明，不容瞒昧，譬如昊天在上，人仰之皆谓之明，凛然天监在上，常与汝出入往来，视汝所行善恶，可不慎乎？昊天曰旦，及尔游衍”，旦，亦明也。言游行衍溢之际，天常监及之。与上句意同。天非外在之神，盖借以形容本心之明，不容自欺如此。详《大雅·板》。又曰“夙夜基命宥密”，基，始也。宥，宏深也。密，静密也。心之德，宏深静密，无浮嚣昏扰等相，无私欲之累故。此颂言文武早夜不敢放逸，所为持之以宏深静密而克全心德者，斯其所以立命而体天道于己也。详《周颂·昊天有成命》。此皆言圣人一生学力只是操存，而谓不贵之可乎？《论语》开宗明义曰“学而时习之”，学者觉义，见《白虎通》。本心之明是觉；扩充本心之明，勿令习心或私欲得起而障之，即此是学。扩充之功，不容一息间断，“君子无终食之间违仁，觉即仁。造次必于是，颠沛必于是”，斯云时习。然则时习非操存欤？慈湖僻执不起意三字，妄谓圣人未尝贵操而贱舍，可谓无忌惮矣。舍与操存相反，即放纵之谓。一念才放，即习心或私意窃发，而本心已失，《大学》所云“心不在焉”是也。孔子明戒舍则亡，而慈湖乃导人以舍何耶？慈湖《家记》每妄诋前哲，其识解颇固陋而偏，虽不无妙悟处，而迷谬太多，学者不可为其所惑。

今谓孔子此数语，只操存舍亡二句，主旨已尽。末后“惟心之谓欤”，乃遥承操存舍亡二句，以叹词作结，而明操存之不可忽。至出入无时二句，则直承舍则亡一句下来，正形容本心亡失，而习心乘权之状。习心者，凡过去一切欲与想等，皆有余习不绝，潜伏而成一团势力，总名习心，所谓下意识是也。此无量习心，殆如滚滚伏流行于地下，鼓荡跳动，一有罅隙，即喷薄而出。当吾人本心亡失之际，正是习心乘机争出之机。入者谓无量习心，既各争出，则有其得便而出现于意识界者，亦必有被排挤而不得逞者。故有出必有入，入者谓其争出不得而仍被压抑于识阈之下也。其出其入，无有定时定处，朱子所谓“荒忽无常”，正是其象。夫人皆有本心，而不知操存之，则天君亡，天君谓本心。而无量污浊习心纵横出入，方寸间为群魔竞技之地，其苦可知。舍则亡之状乃如此，则操存之功不可顷刻舍也甚明。

先生讲说迄，慕樊谨记之如上。窃谓此为定论，有功圣学不浅。

原题“曹慕樊记语”，载《十力语要》卷三，1947年湖北十力丛书印本。题目系编者所加。

论《大学》“明德”

《大学》开端，举三纲领，曰明明德，曰新民，曰止至善。三纲领实是一事。一事者，明明德是也。而析言以三者，义有独重，不得不从明明德中别出言之。……

明明德。郑玄注：“谓显明其至德也。”然何谓至德，玄似无实解。按上明字是工夫。朱注：“明，明之也。”甚是。明字，便含有存养察识许多工夫在。……据《诗》与《易》言明德者，并指目本心。故知《大学》明德，亦是本心之目。郑玄释此，泛言至德，而不实指本心。将谓明德，由修为所积至耶？则内无其源，而修为恶从起？孟子所以斥外铄之说也。王阳明诗曰：“无声无臭独知时，此是乾坤万有基。抛却自家无尽藏，沿门持钵效贫儿。”正为《大学》明德作释。阳明之良知即本心，亦即明德。少时读此诗，颇难索解，以为“无声无臭独知时”，正谓吾心耳，吾心与吾身俱生，非超脱天地万物而先在，何得说为“乾坤万有基”耶？累年穷索，益增迷网。及阅《列子·天瑞篇》：“粥熊曰：运转无已，天地密移，畴觉之哉？”张处度注曰：“夫万物与化为体，万物无实自体，只在大化流行中假说有一一物体耳。体随化而迁，一一物体，皆随大化迁流。化不暂停，物岂守故？离化无物也，化既不暂停，即物无故体可守也明矣。故向之形生，非今形生，前一瞬形生，已于前一瞬谢灭，后一瞬形生，乃新生耳。然新生亦复无住。俯仰之间，已涉万变。”至此，忽脱然神悟，喜曰：吾向以天地万物为离于吾之身心而独在也，而岂知天地与我并生，万物与我为一耶！悟化，则吾与天地万物非异体。向以缘虑纷驰，物化而不神者为心，附说一。而岂知兀然运化，无定在而靡不在，遍万有而为之宰，周吾身而为之君者，此乃吾之本心耶！附说二。

附说一

缘虑云云者，缘谓攀援，攀援一切境故。虑谓知虑，随应于境起分别故。纷谓不定，非凝寂故。驰谓向外追求。物化者，心逐乎境，即随物转。孟子所谓“物交物则引”，《礼记》所云“人化物也”。心随物转，即心成为顽物。以此物与其所追求之物相交，则为物所引，而全失其固有虚明之本体，人生乃成为机械的。孟子之言甚深。今心理学上所谓心者，即如此耳。禅家亦谓之情识。然此心乃后起，非本心也。《新论》所云习心，与《道书》所言人心者即此。

附说二

兀然，形容其绝待也。运化者，言万化有实体焉，故能冥然独运耳。化非凭空幻起，故知有实体。唯此实体无方所、无形相，故无定在而靡不在。使有定在，则滞于一方而有所不周矣。遍万有云云者，谓此实体为万物所资始，而无有一物得遗之以成其为物者。故说实体遍现为一切物，而随在皆为其宰。如一微尘，由得实体以成，则此实体在一微尘中为其真宰。于一微尘如是，他物可类知。周吾身云云者，吾人由得实体以生，即此实体在吾一身之中而为真宰。总之，实体是一，而其成变化，即现为万物，乃于一一物中，随在皆为其宰。《新唯识论》无非发挥此义。是故克就吾人而言，则说实体为吾人所以生之理。是理也，乃周运乎吾身之中而为之主者，故名以本心。

夫自本心言之，则其主乎吾身者，亦即主乎天地万物。本心者，依万化之实体而得名，此吾人与天地万物所共有。前注可覆玩。阳明所谓“无声无臭独知时，此是乾坤万有基”，理实如此，非妄臆之谈也。识得本心，则万化万变，万事万物，万理万德，皆反己体认而得其源。《大易》所谓大生广生之蕴，不疾而速不行而至之神，富有日新之盛，一求诸己而已足矣。

《大学》开宗明义，首曰“大学之道，在明明德”。明德谓本心。上明字谓工夫，工夫只是反己。证之下文，经之自释，引《康诰》曰：“克明德。”按克明是工夫，德即首章之明德，谓本心也。《太甲》曰：“顾諟天之明命。”按朱注：“顾，谓常目在之也。諟犹此也。”天之明命者，天即实体之代词，吾人由得实体以生，故从实体方面言之，则为实体之付与于我，而说为明命。明者赞辞，犹明德之明也。明命在人，即是明德，亦即是本心。常目在之，谓常时保任此心，不令放失。此即明之之工夫也，义极精微。佛家禅定工夫，亦与顾諟意思相近。《帝典》曰："克明峻德。"按克明是工夫，峻德犹言明德，谓本心。其终结之言曰："皆自明也。"自明之自字，最吃紧。自明即是反己体认。日常动静之间，不懈存养，不忘察识，斯体认之功。察识犹云省察，乃存养中之一事。如有私意猛起，致令本心无权作主，因说本心放失。然本心究未尝不在，此时却自知私意不堪告人。即此自知，便是本心之明仍潜伏在。吾人于此，恰好依住本心，照察憧扰之私，不随他转去，此便是察识。常"揭然有所存，恻然有所感"，即是存养。若顺私意滚去，久之，且任私意自为诡辨，而以非为是，此谓自欺。至此，则本心乃真放失，庄生说为心死是也。如此，即完全不自明也。反己愈力，而本心之全体大用，愈益呈显。至此，始洞识宇宙造化实有于己，所谓"官天地，府万物"，盖本来如是。岂其任意图度，虚构一圆满妙善之境，可追慕而不可实证者哉？世之言哲学者，不求自明，不知反己，唯任理智思构或知见卜度，只是向外寻求。寻求愈深，去真理愈远；构画愈精，迷谬愈甚。哲学家各有一套理论，如蛛结网，自缚其中而不悟。阳明所谓"抛却自家无尽藏，沿门持钵效贫儿"，箴砭之意，亦已切哉。《大学》一篇，总括六经之旨，而开端直曰"明明德"，又申之曰"自明也"。呜乎！此六经之心印也。汉唐诸儒，守文而已，知不及此。程朱诸师特表章此篇，列为四子书之一。朱子以"虚灵不昧"释明德，则已直指心地，异乎康成之空泛无着落，此圣学之绝而复续也。然程朱犹有未彻处。此姑不详。要至阳明，而后义解两无碍矣。解谓能解，义谓所解。启群迷而延圣慧，烈智炬以烛昏城，此恩讵可忘哉！

吾少时不解《大学》明德，阅康成注，只训释文句而已，觉其空泛无着落。阅朱注，以虚灵不昧言，始知反诸自心。及读阳明咏良知诗，即前所引者，则又大诧异，怀疑万端，苦思累年不得解。偶阅《列子》，忽尔触悟，天地万物本吾一体，须向天地万物同体处，即万化大源处，认识本心。现前虚灵不昧者，只是本心之发用，而未即是本心。虚灵者，动相也，动则可以违其本也。唯动而恒寂，乃是本心通体呈现。阳明诗指出无声无臭之独体是乾坤万有基，此乃于虚灵而识寂然无扰之真，方是证见本心。以视朱子止认取虚灵为真宰者，盖迥不同也。此中意义，极幽远难言。明儒罗念庵乃有此诣。学者深造而自得之，亦一乐也。余读《列子》，约在二十五岁左右，当时只是傥然一悟，自未至邃密，然对于阳明良知与《大学》明德之了解，确自此启之。《列子》虽伪书，其取材多《庄子》及他古书，有可珍者。或即张处度所伪托，亦未可知。处度为老庄之学，老庄本易家别派也。处度谈变化，多得《易》旨云。

或有问曰：先生言，今心理学上之所谓心，非是本心，然则心有二种欤？答曰：元来只有本心，何曾于本心外别有一种心耶？但本心之发用，即所谓虚灵不昧者，其流行于官体感物之际，而官体则假之以自用，即成为官体之灵明，用以追逐外物。如此，则虚灵不昧者，乃失其本而亦成为物矣。吾谓之物化而不神者以此。孟子所谓“物交物”，上物字即谓虚灵不昧者，已失其本，而物化也。以此物与外物交感，谓之物交物。至此，复有习气生。习气者，物交物之余势也，则亦成为潜能，而与官体相顺应。心理学所云本能即此也。其否认本能者，则粗浮而短于内省者也。习气不可遮，即本能不能否认也。夫虚灵不昧者，既为官体所役，而至物化，则不得谓之本心。习气又物交物之余势，明明非本心。而心理学之所谓心，却只于物交物处认取，及于习气之储为本能者认取。此中义理分际，不可不勘定也。心理学所为以物理的官体或神经系，为心理的基础，及以本能说明心作用者，其所设定之领域在此也。本心则非其所问也。故心理学之心，由官体形成而后有，元非别有来源。易言之，未尝不依本心而有，然毕竟不即是本心。此不可无辨。由是义故，则本来无二种心者，却又不得不假说有二种。晚周道家说道心及人心，佛家亦有类此之区别。《新唯识论》卷下“明心”章及卷中“功能”章谈习气处，并宜参看。

朱注：“明德者，人之所得乎天，而虚灵不昧，以具众理而应万事者也。”详此所云，其迥异后来阳明之说者，不唯虚灵不昧未即是本心而已，其甚相水火者，朱注云“具众理”，则心不即是理，但具有此理而已，王船山疏解朱注，于具字看得吃紧。船山盖反对阳明者。阳明却云“心即理”。即者，明不二。如云孔丘即仲尼。此为程朱后学与阳明聚讼最烈之一问题。余以为自玄学或心学言之，阳明之说是也。穷究宇宙本体之学，谓之玄学。阳明则直指本心，盖以宇宙本体，不待向外求索，反诸吾之本心，当下即是，岂远乎哉？吾心之本体，即是万物之本体，非有二本也。故阳明派下，又立心学之名。其实阳明派之心学，仍是玄学。万化实体，实体，犹云本体。非是顽空，盖乃含藏万理，虚而不屈，动而愈出者也。故实体亦名真理。虚而云云，借用老子语。屈者，穷竭义。实体本虚寂无形，而含万理故，则至虚而不可穷竭也。动者，言实体之流行成化也。成化，则理之潜含者，多所表出。《诗》曰："有物有则。"物者，化迹也。则者，理则。物有理则，乃实体内涵之理之表出也。本心依实体得名，则于本心而云心即理。斯为诚谛，夫复何疑？程子曰"在物为理"，朱子云"心具众理"。夫理既在物而非即心，则心如何得具有此理，程朱所不能说明也。

本心即万化实体，而随义差别，则有多名。以其无声无臭，冲寂之至，则名为天；此与宗教家言天者不同。《中庸》末章可玩。以其流行不息，则名为命；命字有多义，而"天命之谓性"、"五十知天命"等命字，则皆以目实体之流行。以其为万物所由之而成，则名为道；道者由义。王辅嗣《老注》："道者，万物所由之而成也。"以其为吾人所以生之理，则名为性；《庄子·庚桑楚》："性者，生之质也。"注："质，本也。"本者，犹云所以生之理。以其主乎吾身，则谓之心；此中心字，谓本心。《管子》云："心之在体，君之位也。"以其秩然备诸众理，则名为理；《易》曰："易简而天下之理得矣。"其所云易简之理，乃实体或本心之异名耳。宋儒言天理，亦本之《易》。以其生生不容已，则名为仁；孔门之仁，即谓本心。仁乃生生之德，生生便有温然和悦义，故仁以爱言。以其照体独立，则名为知；阳明良知，《新唯识论》性智，皆本心之目。照体者，言本心自体元是明觉的，无有迷暗。独立者，绝对义，主宰义。以其涵备万德，故名明德。明德之明，赞词也，言其德明净。《帝典》曰“克明峻德”，《康诰》曰“克明德”，此等德字，皆目本心。若将《大学》明德作虚泛之词，则明字全无意义。如郑玄曰“显明其德于天下”，则圣人修德，岂为欲显明于天下耶？有所为而为，斯不德矣。且德既无根，又何从修？天下宁有无根之木，无源之水乎？夫心体元是万德皆备，故以明德名之。明德既固有，非从外铄，其发于事亲，则名孝德；发于取与不苟，则名廉德；发于不自暴弃，则名自尊之德；每见后生喜言自尊为新道德，而不明自尊为何义。推其本意，盖以狂妄与我慢为自尊耳。以此为新道德，诚哉其新矣，民国以来士类中不丧身名利之途者有几乎？不夷于鸟兽者有几乎？呜乎痛矣！发于遁世不见是而无闷，及自信所正见，自行所真是，违众盲，破重锢，排大难，而不震不惧，谓之独立之德。此中正见、真是等字，甚吃紧。见不正而自信，则邪执也；非真是而行之，则乱人也。问：此如何辨？答：此中只克就具有正见及真是者而说，若论如何为正与真，则又是一问题，此不涉及。略举数德，余可例知。总之，一切道德，俗云道德，取复词便称耳，实只合用一德字。皆本心之随事发现也。吃紧。德即是心，非如法规然，从外制之也。俗学不见本原，乃依此心随事发现之迹如孝及廉，乃至万德，是其已发现而得名为孝或廉等等德目者，皆迹也。而执之，殆视德律若法规然，不知德律即心。

袭而行之，矜而尚之。及事已万变，而应之者犹泥迹，不务反诸心，以权事之变，行其所安。如郑孝胥辈欲效忠故主而不惜从寇以危害国家民族，则泥忠之迹而不务反诸心以权衡事变也。不知德即心者，其害之烈至此。有难：先生所云泥迹之害，只是不曾权衡事变，故言德者，重在度事。若只言德即心，恐又不无弊也。如郑某之从寇而不嫌者，正以为本自忠心耳。答曰：汝云重在度事是也。试问，度事之度，是汝心否？若无汝心，度者其谁？无度事之心，则事变得失，有可言乎？夫心度事而应之得，是故名德。度者心也，应而得者亦心也，则德即心审矣。汝须知，此中吃紧，在认识一心字。明德乃本心之目，非习心也。习心，详在《新论》。习心泥迹而本心无迹也，习心无权习心只如机械然，循其素所迷执而转去，乌得权？而本心即权也。自日常应事接物，以至科学上之辨物析理，与哲学上之探索宇宙人生诸大问题，都凭一个最高之权来作衡量，才不陷于迷谬。此权者何？世俗或以脑筋当之，其实，脑筋但是此权之所凭藉以发现者，而非是权。当知，权即本心，凡意见或偏见、成见等等，皆习心用事而失其权也。如郑某之自谓忠心，实习心也。盖其本心之亡也久矣。本心权也，权则平明也。何忍以故君利禄之惠，而投寇仇，以陷国家民族于凶危哉？郑某之不德，由其无心也。准此而言，德即心，无可疑矣。

原载《读经示要》卷一，1949 年上海正中书局出版。题目系编者所加。

论《老子》之道

今将略谈《老子》。《老子》书中之道字，最难解说，必须完全了解老子思想之整个的、博大深微的体系，然后才能了解其所谓道。然欲了解老子思想之整个的、博大深微的体系，虽在读其书而求之其文字之间，但切不可泥执文字，而必会其意于文字之外，即必虚怀以体会老子之思路，而又必于老子所用之工夫有相当尽力，始能体会老子之思路。否则，徒执着其文字，而妄以己意训释，必与老子真意全不相干。……

《老子》首章，最为重要。中国从来学者，为之注释，不下数百家，但多失传。大抵各本其所见以说《老》，而其言之较有理致者，独推魏晋间人王辅嗣氏。今吾欲先取首章而为之解，亦不必主辅嗣也。兹以首章文字分段列出，而各为解说如次。《老子》文皆低二格，解说提高二格。

道可道，非常道；名可名，非常名。

句首道字，即前所谓真理也，此目宇宙实体。但西洋哲学谈实体，似与现象界分离，即计现象之背后有其本质，说为实体。而中国哲学上则无持此等见解者。即如老子所谓道，决不是超脱现象界之外而别有物，乃谓现象界中一切万有，皆道之显现。

易言之，一切万有皆以道为其体。强以喻明，如一切冰相皆以水为体，非离水而别有冰相之自体。既冰以水为体，则水固非离冰而别有物。一切万象，以道为体，则道固非离一切万有而别有物。理之极至，微妙难言，不得已而举喻以明，欲使学者善会其指，但不可缘譬喻而妄起执着。设将至道作呆板事物一般理会，则其人终不可与语道已。若谓道果超越于一切万有之外者，则道亦顽空，而何得名为宇宙实体耶？老子之后学庄周，曾有妙语云“道在屎尿”，可见道不离一切万有而独在也。

可道之道，犹言说也。常道之道，与句首道字同义。常者真常。此道真实，无有虚妄，不可变坏，故说名常。

真常之道，本非言说所及。言说所以表诠物事，而道不可说是一件物事。使道而可言说，则必非常道矣。故曰“道可道，非常道”。下句首名字，谓依道而立道之名也。可名之名，诠召之谓也。诠者诠释，召者呼召。如白纸之名，即呼召白纸之物，而且诠释其为此物也。道之一名，原是假立，非名可应其实也，故道毕竟不可名。缘名之起，必由知与物接，乃斥指事物，造作形象，遂从而制之名。故名之所可诠召者，唯物象耳，必非真常之名也。此真常道，无物无象，何可执名以求之乎？故曰“名可名，非常名”。

上言道之得名，亦是假立，不可缘名而起执也。

无名，天地之始；有名，万物之母。

此言道之发用。无名者何？谓精神是也。精神者，运而不已，而未始有形，故说为无。以无形故名无，非空无之无也。然不但言无而曰无名者，凡有形者可名，名生于形。无形者不可名，精神无形，故谓之无名。无名一词，其意义仍是一无字。

有名者何？谓由精神凝摄而显现为形本是也。形本者，形之始成而微者也。形本生而众形已具。异无形故，应复说有。缘有起名，故云有名。有名一词，其意义仍是一有字。

精神寂寞无形，寂寞者，虚无义。故全。有形则滞于一方，而不得全矣。全，故万化而未始有屈，屈者，穷义。天地资始焉。

形本者，形之造端而微者也。由微至著，故为万物母。母者，因义。物之众著，莫不因于微也。

从来注《老子》者，于有无义，都无确解。虽以辅嗣之睿智，亦只浮游其词曰“凡有皆始于无”，终不明依何而言无。至唐陆希声辈，或以无为体，以有为用，其说近是，而犹欠精审。当别为论。

今此以无言精神，以有目形本，此非吾之臆说也。按《庄子·知北游》云：“夫昭昭生于冥冥，有伦生于无形，精神生于道，生者发现义。下仿此。形本生于精，而万物以形相生。”以上诸生字，皆约义言之，非有次第。精神非异道而有自体，即道之发现也。形本依精神而有，即与精神同为道之发现，自非后精神而生也。非《老子》首章之的解耶？夫道一而已，一者绝对义，非算数之一。使其唯一而不化，化者变化及分化，即发起作用之谓。即不能显现万有，而何得说为天地万物之始母乎？故知道之发用，一方必发现为精神，所谓寂寞无形，而谓之无名者是也；一方又由精神而发现一种反作用，即凝成形本。形本者，形之初凝而极微者也。形之造端而为众形之本，故名形本。与今云原子、电子者不必同，以其异于已成的物事故也。以其成形将著，故谓之有名。庄子所云精神，根据老氏之言无；所云形本，根据老氏之言有；至“万物以形相生”，则明物种嬗变，义亦征实，而衍老氏未尽之旨矣。然则以庄说证老，而有无皆有实义。无谓精神，有谓形本，故云皆有实义。世或以有无为玄谈，岂其然乎？

又即《老子》本书征之，第四十二章云：“道生一，一生二，二生三，三生万物。万物负阴而抱阳，冲气以为和。”按道生一者，谓道之发现为精神也。生者发现义。下言生者准此。夫即神而言，便谓之一。然言神则涵形，神者精神，形者形本。下皆仿此。其与精神俱时发现者，则为形本。俱时，犹言同时。形神对待成二，故曰一生二也。有二则有三。此三者，非一非二，而有一二，故有三。下文云“万物负阴而抱阳，冲气以为和”，阳则一，阴则二，冲和三也。夫阳为神而阴为形，阴阳和，万物生焉。故知首章所云始万物之无，即是精神；其母万物之有，即是形本也。第四十章云：“天下万物生于有，有生于无。”夫有者，形之始凝者也；其始虽微，而万物资生焉，微所以成著也。无者神也，神虚而形实，虚能生实，实不能生虚也。第十一章云：“故有之以为利，无之以为用。”夫神至虚而谓之无，明其无滞迹也。此虽道之发见，然即于此而道存焉，所谓“即用而言，体在用也”。神即无，乃道之用。体者实体，即道是也。言乎神，而道即神矣，离神不可得道也；言乎用，而体即用矣，离用亦不可得体也。形之始成而谓之有，虽依神故有，但已为形本，则与神之无滞迹者相反，而既成为物矣。虽推原而言，亦可说形与神同为道之发现，然形之既成，毕竟自成为物而离失道之本然矣。故成形之有，但为精神作用所凭藉之具。故云“有之以为利，无之以为用”。如人视之明，必藉于目及色，听之聪，必藉于耳及声。夫耳目声色等形，皆谓之有，而视之明、听之聪等等精神作用，则虚而无形，故谓之无。唯无乃能用有。夫神，以其至虚而无，故能用有而无不利也。然则体无而全神者，其至矣乎！体无之体，是体合义，谓反之自心而去其逐物之累，即体合于无而神全矣。

故常无，欲以观其妙；常有，欲以观其徼。

此言体道之功。体者体认。斯道非思度所及，故必有体认功夫而后证得之也。吾心之本体，即是宇宙之本体，非有二也，故不可外吾心而求道。吾心与宇宙之本体，即道是也。本体元无内外可分，故不可于吾心外而求道。吾心发用处，即是道之发用。故善体道者，体者体认。下同。体之自心而得矣，岂外求哉？按故常无云云者，谓于此心常无之相，而欲以观其始物之妙。常无，注家多主作一逗，今从之。下常有仿此。神用不测名妙。故常有云云者，谓于此心常有之相，而欲以观其徼物之几。徼字，辅嗣训“归终也”，非是。按徼有希求义。《左传》“徼福于太公丁公”，是其证也。夫神之必资于形也，无之必待乎有也，此徼求之不容已者。如无徼求，则形物之成，但由偶尔。真知化者，必不云然。

常无而常有，常有而常无，此道体之本然也。其在于人，则谓之本心。此心不住诸相，住者住着。泯绝一切攀援妄想，于所缘相，都无坚执，都无留碍，名为不住。故常无；离相寂然，故无。行一切相，此心无不起时，而心起必有所缘境相，心于一切相，无所不行。故常有。所谓冲寞无朕，而万象森然。

心常无，即神全，心不能无，即非其本心；非其本心，则丧其神也。故可观始物之妙。始物之妙者，神也。

心常有者，神之不得不显也。必待形有，神乃显发。于此观物之成，以有徼求故也。

此两者同，出而异名。同谓之玄。玄之又玄，众妙之门。

两者，有与无也。同字逗。从严又陵点本。形神毕竟不异，即有无毕竟不异，以同体故，故说为同。云何同体？谓形神皆道之发用故。出者别出。虽形神同体，而相用差别故，故于神言无，于形言有，其名异也。下同字，一顿。由同体言之，则谓之玄。玄者冥也，默然无有也。绝诸戏论。玄之又玄，极赞之而又无可形容之词也。神用周遍，周者充周，无穷尽也。遍者圆满，无限量也。说名众妙。众妙从同而出，故曰众妙之门也。

……

《老子》之书，文辞虽约，而理趣奥博，广大如天，博厚如地。吾国历来学者，虽多留意钻研，然罕能追其宏通微妙，但各有所窥而已。又凡中国发抒哲学思想之文字，皆词约义丰，其意理广远，恒寓诸文言之外。善读书，必于言外得意。故非深识精思之士，则读孔老诸氏之书，必漠然无所得也。即中土学人，求了解先哲之书，已属凤毛麟角，而况学术思想素不同途之西洋人士乎？闻西洋有《老子》译本多种，往往谬误不堪，此甚可惜。吾甚愿有高瞻远瞩而能留意中西文化者，设法培植中西兼通之人才，为未来世界新文化植其根，以驯至于吾孔子所蕲向之大同主义。人类同归至善，共臻至治，岂不休哉？

原题“答马格里尼”，载《十力语要》卷二，1947 年湖北十力丛书印本。题目系编者所加。

论老庄之源流不二

昨灯下得来函，不便展阅。顷方开函。《老子》书作者，古鲜确征。然吾意即《庄子·天下篇》所称之老聃也。详此篇以老子与关尹同为古之博大真人，其师承在此可见。后人以老庄同列道家，自是定案。来函举嵇中散《卜疑》，以老聃清净，守玄抱一，庄周齐物变化，洞达放逸，明老庄不同。其说老尚合，其说庄则甚未妥。顺变化者存乎守玄，不得其玄，何能知变？物万不齐，任之而皆齐者，唯得一故。不贞于一，物云何齐？《老子》云："天得一以清，地得一以宁，神得一以灵，谷得一以盈，万物得一以生，侯王得一以为天下贞。"夫天也、地也、神也、谷也、万物也、侯王也，物之至不齐也，乃其以清、以宁、以灵、以盈、以贞者，同于得一，则不齐而齐矣。庄周《齐物论》从是出也。故乃"举莛与楹，厉与西施，恢恑谲怪，道通为一"。若使无见于一，而徒曰彼此之别，是非之竞，纵而任之，不齐斯齐，此成何义？夫老子言天地万物皆得一以清、以宁乃至以贞者，即凡物各各皆得此一以成。然任物之各成乎清、宁、灵、盈、生、贞等等者，要莫不皆一焉。故庄子本之，以泯小大之见，息封畛之患，玄同彼我，双遣是非，而休乎天钧。天钧者，一之谓也；一也者，非混同一一物以作一，乃即于一一物而皆见一。于屎见一，于尿见一，而香臭之情舍，故曰“道在屎尿”，否则其能谓屎尿为非屎尿乎？于泰山见一，于秋毫见一，而巨细之见亡，故曰“泰山非大，秋毫非小”，否则其能谓秋毫与泰山等量乎？理穷其至，现前皆一理平铺；事究其真，万有是一真显现。未有不能守一而可言齐物者。庄生其远矣！不达于一，猥言不齐故齐，清谈家无知之肤词，而章太炎犹拾之。其独吾子能勿妄信耶？总之，老子开宗，直下显体，庄子得老氏之旨而衍之，便从用上形容。《老》《庄》二书，合而观之，始尽其妙，师资相承，源流不二。嵇中散何能窥二氏底蕴？其所说，特文人揣摩形似之词耳。老氏致虚守静，其言体，但寡欲以返真。所谓“为道日损”，损只是寡欲，寡得尽，真体便显。其旨如此。儒家主张成能，详《易·系传》。尽人之能，以实现其所固有之天真，欲皆理而人即天也。此老氏所不喻也。老氏谈体，遗却人能而言。故庄周言用，亦只形容个虚莽旷荡，全没有理会得天行健的意义，儒道见地，根本异处在此。然此中意义深微，昔儒罕见及此。所以儒家说他不知人。其实庄子错处，都从老子来，皆不免滞虚之病。然老子清净，及其流则以机用世；庄周逍遥，及其流则入颓放一路。二氏影响又自不同。学老子之清净，而无其真知实践，其深沉可以趋机智；学庄周之逍遥，而无其真知实践，其不敬必归于颓放。魏晋玄家，皆学庄子而失之者也。庄子言治术，本之《春秋》太平义，而亦深合老氏无为之旨。

盖主自由，尚平等，任物各自适，而归于无政府。来问疑其与老氏有异，非是。

原题“答王维诚”，载《十力语要》卷一，1947 年湖北十力丛书印本。题目系编者所加。

论朱陆之尊德性与道问学

向来以尊德性、道问学为朱陆异同，而吾子否认之，却是错误。陈建、陆陇其之徒，本不足与言此中意思，只见儒先旧说如此，故亦云云。罗整庵则于此中意思，领会较深。佛家有宗与教之分，教则以道问学为入手工夫，宗则以尊德性为入手工夫。西洋哲学家有注重知识者，亦有反知而尚直觉者，其致力处，虽与陆王不可比附，要之，哲学家之路向常不一致，而尚直觉者，虽未能反诸德性上之内照，要其稍有向里的意思，则与陆子若相近也。注意若相近三字。重知识者，比吾前儒道问学之方法更精密。然朱子在其即物穷理之一种意义上，亦若与西洋哲学遥契。人类思想大致不甚相远，所贵察其异而能会其通也。此语吃紧。

汝似将尊德性、道问学二语，作一种话头看过，便觉无关宏旨。实则，必须真正作过尊德性工夫如陆子者，然后识得尊德性一语；必须真正作过道问学工夫如朱子者，然后识得道问学一语。朱陆确是二种路向，各由其路向而下真实工夫，其各自所得，自是整个不同。未尝到其境者，从何知得？昔在孔门，已有此二种路向。颜子即尊德性一路向也，子贡即道问学一路向也。夫子谓子贡曰："汝以予为多学而识之者欤？"曰："然，非欤？"曰："非也，吾道一以贯之。"则子贡终当悟入德性矣。汝不须如陈建等等妄人，空拾过去话头，以辨朱陆同异，且择一路向，真实用功。

原题"答任继愈"，载《十力语要》卷二，1947年湖北十力丛书印本。题目系编者所加。

学以成人

论为人与为学

陈聚英初见师，请示看何书。师语之曰：且勿遽说看何书。汝欲堂堂巍巍作一个人，须早自定终身趋向，将为事业家乎？将为学问家乎？如为学问家，则将专治科学乎？抑将专治哲学或文学等乎？如为事业家，则将为政治家乎？或为农工等实业家乎？此类趋向决定，然后萃全力以赴吾所欲达之的，决不中道而废。又趋向既定，则求学亦自有专精。如趋向实业，则所学者，即某种实业之专门知识也。趋向政治，则所学者，即政治上之专门知识也。大凡事业家者所学必其所用，所用即其所学，此不可不审也。如趋向哲学，则终身在学问思索中，不顾所学之切于实用与否，荒山敝榻，终岁孜孜。人或见为无用，而不知其精力之绵延于无极，其思想之探赜索远，致广大，尽精微，灼然洞然于万物之理，吾生之真，而体之践之，充实以不疑者，真大宇之明星也。故宁静致远者，哲学家之事也。虽然，凡人之趋向，必顺其天才发展。大鹏翔乎九万里，斥莺抢于榆枋间，各适其性，各当其分，不齐而齐矣。榆枋之间，其近不必羡乎远也；九万里，其远不必骄于近也。天付之羽翼而莫之飞，斯乃不尽其性，不如其分，此之谓弃物。吾向者欲以此意为诸生言之，又惧失言而遂止也。汝来请益，吾故不惮烦而言之。然吾所可与汝言者止此矣，汝能听与否，吾则以汝此后作何工夫而卜之也。若犹是昏昏懂懂，漫无定向，徘徊复徘徊，蹉跎复蹉跎，岁月不居，汝其虚度此生矣。

先生曰：人谓我孤冷，吾以为人不孤冷到极度，不堪与世谐和。

事不可意，人不可意，只有当下除遣。若稍令留滞，便藏怒蓄怨，而成为嗔痴习气，即为后念种下恶根，永不可拔。人只是自己对于自己作造化主。可不惧哉？可不惧哉！

偶见师于案头书纸云：说话到不自已时，须猛省而立收敛住。纵是于人有益之话，但说到多时，则人必不能领受，而自己耗气已甚。又恐养成好说话之习惯，将不必说不应说不可说之话，一切纵谈无忌，虽曰直率，终非涵养天和之道。而以此取轻取侮取忌取厌取疑于人，犹其末也。吾中此弊甚深，悔而不改，何力量薄弱一至是哉！

漱师阅同学日记，见有记时人行为不堪者，则批云含蓄为是。先生曰：梁先生宅心固厚，然吾侪于人不堪之行为，虽宜存矜怜之意，但为之太含蓄，似不必也。吾生平不喜小说，六年赴沪，舟中无聊，友人以《儒林外史》进，吾读之汗下，觉彼书之穷神尽态，如将一切人及我身之千丑百怪，一一绘出，令我藏身无地矣。准此，何须含蓄，正唯恐不能抉发痛快耳。太史公曰：不读《春秋》，前有谗而不见，后有贼而不知。亦以《春秋》

于谗贼之事，无所不言，言无不尽，足资借鉴也。吾恶恶如《春秋》，不能为行为不堪者含蓄，故与梁先生同处多年而言动全不一致。汝侪亦各自行其是可也。

一友读李恕谷书，师过之，某因问先生对恕谷有无批评。先生曰：吾看船山、亭林诸先生书，总觉其惇大笃实，与天地相似，无可非议。他有时自承其短，而吾并不觉他之短。看李恕谷书，令我大起不快之感。说他坏，不好说得；说他不坏，亦不好说得。其人驰骛声气，自以为念念在宏学，不得不如此。然船山正为欲宏学而与世绝缘。百余年后，船山精神毕竟流注人间，而恕谷之所以传，乃附其师习斋以行耳。若其书，则不见得有可传处。然则恕谷以广声气为宏学者，毋亦计之左欤？那般虏廷官僚、胡尘名士，结纳虽多，恶足宏此学？以恕谷之聪明，若如船山绝迹人间，其所造当未可量，其遗留于后人者当甚深远。恕谷忍不住寂寞，往来京邑，扬誉公卿名流间，自荒所业。外托于宏学，其中实伏有驰骛声气之邪欲而不自觉。日记虽作许多恳切修省语，只是在枝节处留神，其大本未清，慧眼人不难于其全书中照察之也。恕谷只是太小，所以不能如船山之孤往。吾于其书，觉其一呻一吟、一言一语，无不感觉他小。习斋先生便有惇大笃实气象，差可比肩衡阳、昆山。凡有志根本学术者，当有孤往精神。

师语云颂天曰：学者最忌悬空妄想，故必在周围接触之事物上用其耳目心思之力。然复须知，宇宙无穷，恃一己五官之用，则其所经验者已有限，至妄想所之，又恒离实际经验而不觉。船山先生诗有云："如鸟画虚空，漫尔惊文章。"此足为空想之戒。故吾侪必多读古今书籍，以补一己经验之不及，而又必将书籍所发明者，反之自家经验，而辨其当否。若不尔者，又将为其所欺。

颂天可谓载道之器，惜其把知识看轻了。他也自责不立志，却没理会志非徒立，必见诸事。少年就学时，则穷理致知是一件大事，此却靠读书补助。于此得着门径，则志气日以发舒。否则空怀立志，无知能以充之，毕竟是一个虚馁的汉子。吾观汝侪平日喜谈修养话头，而思想方面全未受训练，全未得方法，并于无形中有不重视之意，此吾所深忧也。观颂天昨日所书，仍是空说不立志，而于自己知识太欠缺，毫不感觉。充汝辈之量，只是做个从前那般道学家，一面规行矩步，一面关于人生道理也能说几句恳切语、颖悟语，谈及世道人心，亦似恻隐满怀，实则自己空疏迂陋，毫无一技之长。尤可惜者，没有一点活气。从前道学之末流只是如此，吾不愿汝侪效之也。

先生戒某君曰：吾一向少与汝说直话，今日宜披露之。汝只是无真志。有真志者不浮慕，脚踏实地，任而直前，反是则昏乱人也，庸愚人也。汝于自家身心，一任其虚浮散乱，而不肯作鞭辟近里工夫。颂天知为己之学，而汝漠然不求也。尝见汝开口便称罗素哲学，实则汝于数学、物理等知识毫无基础，而浮慕罗素，亦复何为？汝真欲治罗素哲学，则须在学校切实用功，基本略具，始冀专精。尔时近于数理哲学，则慕罗素可也，或觅得比罗素更可慕者亦可也。尔时不近于数理哲学，则治他派哲学或某种科学亦可也。此时浮慕罗素何为耶？汝何所深知于罗素而慕之耶？君子于其所不知，盖阙如也，至其所笃信，则必其所真知者矣。不知而信之，惊于其声誉，震于其权威，炫于社会上千百无知之徒之展转传说，遂从而醉心焉，此愚贱污鄙之尤。少年志学，宁当尔哉！天下唯浮慕之人最无力量，决不肯求真知，吾不愿汝为此也。汝好名好胜，贪高骛远，不务按步就班着工夫，一日不再晨，一生不再少，行将以浮慕而毕其浮生，可哀也哉！

先生一日立于河梁，语同学云：吾侪生于今日，所有之感触，诚有较古人为甚者。古之所谓国家兴亡，实不过个人争夺之事耳，今则已有人民垂毙之忧，可胜痛乎！又吾人之生也，必有感触，而后可以为人。感触大者则为大人，感触小者则为小人，绝无感触者则一禽兽而已。旷观千古，感触最大者，其唯释迦乎！以其悲愿，摄尽未来际无量众生而不舍，感则无涯矣。孔子亦犹是也。“鸟兽不可与同群，吾非斯人之徒与而谁与？”何其言之沉切也！“老者安之，朋友信之，少者怀之。”程子谓其量与天地相似，是知孔子者也。

为学，苦事也，亦乐事也。唯真志于学者，乃能忘其苦而知其乐。盖欲有造于学也，则凡世间一切之富贵荣誉皆不能顾，甘贫贱，忍澹泊，是非至苦之事欤？虽然，所谓功名富贵者，世人以之为乐也。世人之乐，志学者不以为乐也，不以为乐，则其不得之也，固不以之为苦矣。且世人之所谓乐，则心有所逐而生者也，既有所逐则苦必随之。乐利者逐于利，则疲精敝神于营谋之中，而患得患失之心生，虽得利而无片刻之安矣。乐名者逐于名，则徘徊周旋于人心风会迎合之中，而毁誉之情俱，虽得名亦无自得之意矣。又且所逐之物必不能久，不能久则失之而苦益甚。故世人所谓乐，恒与苦对，斯岂有志者所愿图之乎？唯夫有志者不贪世人之乐，故亦不有世人之苦，孜孜于所学，而不顾其他。迨夫学而有得，则悠然油然，尝有包络天地之概。斯宾塞氏所谓自揣而重，正学人之大乐也。既非有所逐，则此乐乃为真乐，而毫无苦之相随，是岂无志者所可语者乎？

人生在社会上呼吸于贪染、残酷、愚痴、污秽、卑屑、悠忽、杂乱种种坏习气中，他的生命，纯为这些坏习气所缠绕、所盖覆。人若稍软弱一点，不能发展自家底生命，这些坏习气便把他底生命侵蚀了。浸假而这些坏习气检直成了他底生命，做他底主人翁，其人纵形偶存，而神已久死。

凡人当自家生命被侵蚀之候，总有一个创痕。利根人特别感觉得。一经感觉，自然奋起而与侵蚀我之巨贼相困斗，必奏廓清摧陷之功。若是钝根人，他便麻木，虽有创痕而感觉不分明，只有宛转就死于敌人之前而已。

为学最忌有贱心与轻心，此而不除，不足为学。举古今知名之士而崇拜之，不知其价值何如也，人崇而己亦崇之耳，此贱心也。轻心者，己实无所知，而好以一己之意见衡量古今人短长。譬之阅一书，本不足以窥其蕴，而妄曰吾既了之矣，此轻心也。贱心则盲其目，轻心且盲其心。有此二者，欲其有成于学也，不可得矣。

先生尝自言，当其为学未有得力时，亦曾盲目倾仰许多小大名流。言已而微笑。予因问曰：先生对昔日所盲目倾仰者，今得毋贱之恶之耶？先生曰：只合怜他，贱恶都不是。

世俗所谓智者，大抵涉猎书册，得些肤泛知识，历练世途，学了许多机巧。此辈元来无真底蕴，无真知见，遇事只合计较一己利害。其神既困于猥琐之地，则不能通天下之故，类万物之情，只是无识之徒。凡人胆从识生，今既无识，便无胆，如何做得大事？

赖典丽云，尝闻诸先生曰：吾人做学问，是变化的，创造的，不是拉杂的，堆积的。此如吾人食物，非是拉杂堆积一些物质而已。食后必消化之，成为精液，而自创新生机焉。若拉杂堆积之物，则是粪渣而已。学问亦然。若不能变化创新，则其所谓学问，亦不过粪渣的学问而已。

原题“高赞非记语”，载《十力语要》卷四，1947 年湖北十力丛书印本。题目系编者所加。

论读书

之一

凡读书者，须有主观方面之采获，有客观方面之探求。先言主观。读者胸中预有规模，有计划，则任读何书，随在有足供吾之触类而融通者。若无规模，无计划，而茫然读古人书，读一书即死守一书之文义，读两书即死守两书之文义，是谓书蠹，何关学问？次论客观。某一学派之大著，必自有其独到之精神，必自有其独立之系统。读者既有主观之采获，遂谓得彼之真，窥彼之全也，于是，必以主蔽客也。故必屏除一己所触类融通者，而对彼之宏纲众目，为纯客观之探求，方见吾与彼之异及吾与彼并其他诸家之异，益征理道无穷，宇宙无量，而免入混乱或管窥之诮矣。吾任读何书，只是如此。

之二

读佛书，有四要：分析与综会，踏实与凌空。名相纷繁，必分析求之，而不惮烦琐。又必于千条万绪中，综会而寻其统系，得其通理。然分析必由踏实，于繁琐名相欲一一而析穷其差别义，则必将论主之经验与思路，在自家脑盖演过一番，始能一一得其实解，论主，犹言著者。纵由悬空想像而施设之名相，但此等想像，在其思路中，必非无故而然，况其有据而非空想者乎！此谓踏实。若只随文生解，不曾切实理会其来历，是则浮泛不实，为学大忌。凌空者，掷下书，无佛说，无世间种种说，亦无己意可说，其唯于一切相，都无取着，取着意义极难言，学者须反观始得。脱尔神解，机应自然，心无所得，而真理昭然现前。此心才有所得，便是取着境相，即与真理相违。此种境地，吾无以名之，强曰凌空。如上四要，读佛书者，缺一不得。吾常求此于人，杳然无遇。慨此甘露，知饮者希，孤怀寥寂，谁与为论？什师颂云：“哀鸾孤桐上，清音彻九天。”

佛家哲学，以今哲学上术语言之，不妨说为心理主义。所谓心理主义者，非谓是心理学，乃谓其哲学从心理学出发故。今案其说，在宇宙论方面，则摄物归心，所谓“三界唯心，万法唯识”是也。非不承认有物，只是物不离心而外在故。然心物互为缘生，刹那刹那，新新顿起，都不暂住，都无定实。在人生论方面，则于染净察识分明，而以此心舍染得净、转识成智、离苦得乐为人生最高蕲向。识者，虚妄分别名识。在本体论方面，则即心是涅槃。涅槃者，以具常乐我净四德，故名涅槃，即真如之别名，亦即本体之别名。在认识论方面，则由解析而归趣证会，初假寻思，而终于心行路绝。心行者，心之所游履曰行；人心思维一切义境，如有所游履然，故曰心行。心行路绝者，谓真理不可以知解推度，才起推度与想像，便与真理乖离。故知就真理言，则心行之路，至此而绝也。其所以然者，则于自心起执相貌，起执二字，宜深味。心知才起，便计有如是如是义相，此相即是自心所执，故云起执。由慧解析，慧即俗云理智。知其无实，心知所计为如彼如此等等义境，此决不与真理相应，俱妄识所构之相，故云无实。渐入观行，即观即行，说名观行，此即正智。冥契真理，契者，证会。即超过寻思与知解境地，所谓证会是已。吾以为言哲学者，果欲离戏论而得真理，则佛家在认识论上，尽有特别贡献，应当留心参学。今西洋哲学，理智与反理智二派，互不相容，而佛学则可一炉而冶。向欲于作《量论》时，备明此旨，惜年来扰攘，又迫病患，惮为深思，竟未知何时能执笔。然西学于此，所以无缘融会者，以无佛家观心与治心一段工夫故耳。西学只作知解工夫，其心尚沦于有取，更何望其空能取之执，亡知而冥应乎？此意难言。《新论》“明心”章，于此颇具苦心。“明心”章下，谈染心所处，广明惑相。谈善心所处，于进修工夫次第，指示精严。须与本书上卷受、想、行三蕴参看。要之，佛家哲学，持较西洋，别有一种精神，别是一种面目。其于中国，在修证上尚有相通之处，其于西洋，在理论上亦自有可通，而根本精神，俱不相似也。此意，容当别论。读佛书者，必须知此，而后有所抉择。

凡佛家书，皆文如钩琐，义若连环，初学读之，必循环往复，至再至三。每读一次，于所未详，必谨缺疑，而无放失。此最吃紧。缺疑者，其疑问常在心头，故乃触处求解。若所不知，即便放失，则终其身为盲人矣。学问之事，成于缺疑，废于放失，寄语来学，其慎于斯。

凡佛家书，有宗论籍，只是铺陈名相；空宗论籍，如宗经之作，若《中论》等，宗经而作。只是三支法式。读其书者，切宜言外得意，若滞在言中，便觉毫无义趣。须知中国、印度哲家笔著，皆意在言外，意余于言，所贵好学深思，心知其意。科学书籍，叙述事理，无言外意。而哲学思想之作，则不当如此。以其所谈之理，极普遍、玄微、深妙，而难以言宣也。若哲学书而亦义尽言中，则其无深解可知。

读佛书，必先读论。读论，必先唯识法相，而次以空宗。然只读空有诸论，犹不足见佛学之广大渊微，渊者渊深，微者微妙。必也博习群经，始觉豁人神智。及其讽味涵茹之久，则神智日益而不自知。然非广研论籍、精熟条理者，又断断不可读经。使浑沌未凿者读之，不唯不喻经旨，反益增其混乱。论以析义，而经之说理也极为深浑。深者深妙，浑者浑全。

凡读书不可求快，而读佛家书，尤须沉潜往复，从容含玩，否则必难悟入。吾常言，学人所以少深造者，即由读书喜为涉猎，不务精探之故。如历史上名人传记，所载目数行下，或一目十行，与过目不忘等等者，不可胜数。秉笔者本称美其人阅览明快，而实则此等人在当时不过一名士，绝少有在学术界得成为学问家者。宣圣曰："仁者先难后获。"天下事无幸成之功，学问是何等工夫，奚容以轻浮心辄为浅尝耶！日本学人治中国学术，勤于搜集材料，考据较精，然于哲学思想方面，殊乏穷大致精、极深研几之功。观其著述，如叙述某家学说，往往粗立若干条目，而任意割裂其书中文句以编缀之，至为浮乱。其于先哲思想系统及广大渊深微妙之旨，全没理会。吾国学人自清末以来，亦被其风，此甚可惧。

“至言不止于俚耳”，《庄子》。卑陋之心于大道必无堪任。无所堪能任受。故儒者言为学之要，必曰立志；佛氏言为学之本，必曰发心。未有心志不正大，不清明，不真切，而可与于穷理尽性之学也。玄奘大师译《大般若经》既成，每窃叹此经义境太高，恐此土众生智量狭小，难于领受，辄不胜其嗟惋。向也不究此旨，今乃知其言之悲也。愿读佛书者，时取奘师此等话头参对，庶有以自激其愤悱之几欤！

之一原题“答谢石麟”，载《十力语要》卷一，1947年湖北十力丛书印本。之二原载《佛家名相通释·撰述大意》，北京大学出版组1937年印本。题目系编者所加。

说食

战事虽云结束，吾国人似少生气，最可伤痛。余以为国人生命上缺乏营养，此不可不注意也。佛家有四食之说，愿为国人陈之。四食者：一曰段食，二曰触食，三曰思食，四曰识食。段食者，谓人所食动植等品是物质故，物有分段，名以段食。触食者，感通之谓触。天地感而万物化生，圣人感人心而天下和平，宇宙万有皆互相通，无有隔碍，故《易》曰："六爻发挥，旁通情也。"感通之义大矣哉！人而无感，则拘于四体，与禽兽不异，《礼记》所谓"人化物也"。人化物则生命绝。是故君子不徒注重段食，而贵触食，触食即感通之谓食。一日无感通为食，虽段食醉饱，而实顽然一物。四海困穷，生民疾苦，皆所不喻，块然而尸居，冥然而罔觉，是即无感通，是谓缺触食。

思食者，造作之谓思，佛家心所法中，一曰思，以造作为义，非常途所云思想。即以创造为食。鸟兽营巢聚粮，但是占有冲动。人类则自市井匹夫匹妇，田畴货币，种种敛聚，乃至奸狡大盗，载狂心，执荡志，乘权处势，劫持众庶，以逞其兼并之欲，细者为一己，如吕政等。大者为一国家、一族类，将横噬六合，终亦自毙，如今之希特勒辈。此皆占有冲动，无所异于鸟兽。夫人为万物之灵，裁成天地，参赞化育，皆人之责。人道极尊，当转化占有冲动而为创造胜能。如学术上之灵思独辟，宗教上之超越感，哲学家亦有此。道德上极纯洁崇高之价值，不期而引人起瞻天仰日之信念。政治与社会上重大之革新，使群众同蒙其福利。凡此皆谓之创造。人生一息而缺乏创造胜能，即占有冲动乘机思逞。占有冲动横溢，人则物化，而丧其生命。故创造者，资养生命之粮，不可一日不具。思食所以次触食而言之。

识食者，了别之谓食[1]。云何了别？“明于庶物，察于人伦”，而上澈万化之源，是故知一己之生命与宇宙大生命是一非二。了于此者，常能置一身于天地万物公共之场，不以私害公，不以形累性。孔子坦荡荡，佛氏大自在，唯其了别故也。了别以为食，而生活乃富有日新，放乎无极。故次思食而以识食终之。余说四食，与佛书本义不必全符，读者勿泥。

四食者备，而人乃得全其生命，而人乃成为人。今人唯贪段食，乃至贪淫，贪利，贪权，贪势，皆段食之推也。触、思、识三食，今人皆不是务，生命无滋养，则行尸走肉而已，岂不哀哉？

原载《十力语要》卷三，1947 年湖北十力丛书印本。

【注释】

〔1〕“食”，疑当作“识”。

纪念北京大学五十年并为林宰平祝嘏

九年前，余欲作一文纪念蔡孑老，将上下古今之变，而论及孑老在革命党时期与长北京大学时期，其影响于国家民族者为何如。孑老之胸怀与志事及爱智之情趣，并其感人入深之所以，欲一一详述之。此余所铭诸心而未忍一日忘者，然迄今未得作。余平生极喜汪大绅文，顷不忆题目，似历述与罗有高并弟侯[1]等平生之感。其文广博浩荡，气盛而足以包络天地，情与慧俱深，融万理，运万化，通万类，极幽微繁杂之感，如死生、哀乐、世出世、名无名，众生迷妄之所系，一一照察。乐不淫，哀不伤，心不忘当世之务，而放乎孤海。虽游孤海，而帝皇王伯之道，运之宥密，待群情交喻，举而措之亦易耳。余昔阅大绅文，兴此感。尝欲拟是作二三篇大文字，平生庶几称快，无稍憾矣。纪念孑老，当为大文字之一，然而迄今未敢作也。其后欧阳大师示寂，余逃难在川，感怀万端，亦思为大文字以申哀仰，而复未作。今年有两大文字应作，一为北大五十周年，一为《哲学评论》拟为吾友林宰平先生七十哲诞出专号。北大自孑老长校，领导诸青年教授。今校长胡适之先生及诸名贤首倡文学改革，其被及于思想界与社会政治各方面之影响者，不可谓不巨。

至其得失之端，欲详论之，决非简单篇幅可以了事。

由历史眼光论之，自秦政混一以迄于兹，称明世者，汉唐宋明四代。实则四代之中，皆治日短，乱日多。而二千余年来，直是夷狄与盗贼交扰之局。先后出生于此等局面下之仁人哲士，或参佛道以耽玄，六代以来，文学聪明之士，鲜不杂二氏。或周旋于凶夷狗盗帝制之下，立补偏救弊、稍息生民之功。间有一二睿智者出，有抉破藩篱之思，而在思想界长期锢蔽之下，亦无缘得同声同气之感应，而立就湮塞。余著《读经示要》第二讲，颇谈及此。呜呼！千岁睡狮，沉沦不醒，疲惫乏力，其亦可悯之甚矣！明世阳明先生令人反求固有无尽宝藏，自本自根，自信自足，自发自辟，以此激引群伦，可谓理性最开放时期。濂洛关闽未竟之绪，至此蔚然可观。梨洲称明之理学远过两汉唐宋，有识之言也。及明之季，王、顾、颜、黄诸大儒辈出，其思想多与西洋接近。在当时虽矫王学末流之弊，而实承王学根本精神，则不容否认也。何图生机甫启，大运已倾。阎若璩、胡渭之徒，以考核之业锢智慧于无用，媚事东胡，以此率天下而群然效之。有明诸儒之绪，斩焉殆尽。民智民德民力之堕没，亘二千年，至是而益颓矣。清之末叶，西化东渐，挟荡海排山之力，以临疲敝之族，群情骤愤，清以不支，帝制更而昏乱滋甚，祸患可以更端迭出，而创新无望也。北大诸青年教授，骤欲破除痼疾，效法西洋，一时热情锐气，颇有揭天地以趋新，负山岳而舍故之概，漪欤盛哉！然而黄炎贵胄，经二千年之停滞不进，今不务掘发其固有宝藏，涵养其自尊自信之毅力，而徒以一切扫荡是务！譬彼久病之夫，良医必谨其攻伐，而善护其元气。攻治适度，足以消其郁滞而止，则痼疾自除，而生命力乃日益充沛而不自知矣。若遇医师缺经验者，将横施攻泄，大伤根柢，病夫立毙，可哀孰甚！吾于五四运动以后菲薄固有、完全西化之倾向，窃有所未安焉！

吾国自唐虞以迄晚周，有悠久高深之文化。《易》、《春秋》二经，通天化、物理、人事，观变动不居，而随时以各协于中道，天者，宇宙本体之目。天化，犹云本体之流行。执中之道，自颛顼始明，《史记》称其“溉执中而天下平”是也。[2]《论语》尧命舜曰“允执其中”，“舜亦以命禹”。《孟子》言“汤执中”。《春秩》周室刘康公曰“民受天地之中以生”云云。《易》道随时处中。孔门演《易》之旨作《中庸》，故孟氏称孔子集大成。其脉络的然可寻也。下推之治理，极于位天地、育万物之盛。视夫仅以矛盾法测变者，不亦得其似而未究其真乎！矛盾法者，《易》家别子老氏所云“反者，道之动也”。然反，而未尝不归于冲和。冲和者仁也，仁也者中也。仁何以亦名为中，须深玩刘子“人受天地之中以生”语。儒者之道，含弘万有，究其极，不外中道而已。人类如有趣向太平之几，必待儒学昌明而后可，此余所断然不疑者。三十余年来，六经四子，几投厕所，或则当作考古资料而玩弄之。畴昔以经籍为常道所寄，崇信而不敢轻叛之观念，迄今荡然无存。学者各习一部门知识，或且稍涉杂乱见闻，而无经籍起其信守，无大道可为依归，身心无与维系，生活力如何充实？此余所不能无忧者。晚周学术思想，已称极盛，诸子百家，二者分涂。家者，专门之目，如算学、天文、物理、周公造指南针，古代已有物理知识。医药、古代发明最早。工程、秦时李冰，工程知识已高。机械、孟子称公输子之巧。地理邹衍之说略存。等等知识是也。子学，即各派思想，犹今云哲学。儒、道、名、墨、法、农，皆大宗也，而儒者为正统派。秦人残暴，毁文物，民亦不安生。百家之业先亡，其书不易传。子学书，存者亦残缺不全，然诸大宗略可寻究。百家之业虽亡，今可吸收西洋科学，则绝而复续也。哲学有国民性，诸子之绪，当发其微。若一意袭外人肤表，以乱吾之真，将使民性毁弃，绝无独立研究与自由发展之真精神。率一世之青年，以追随外人时下浅薄风会，人虽不自爱，何可暴弃如斯！分析名词与考核之业，只是哲学家之余事，万不可仅以此当作哲学。哲学家不是钻研某一家派之说，而当上下古今，观其会通；不仅是翻弄名词，而当深穷真理；不仅是依据科学，而当领导科学，使科学知识得哲学之启示与批判，而涉入宇宙真相；不仅是解释宇宙，而当改造宇宙；不仅是思辨，而当如《礼经》所云，“博学、审问、慎思、明辨、笃行”，阳明所谓知行合一之学。变更人类思想，激扬时代精神，涵养特殊人才，此等大责任，全在哲学。

昔年孑老出长北大，首重文哲，今者适之先生仍秉孑老精神。兹后，哲系师生之所努力，似当上追晚周诸子，名、墨取其辨，农、法通其变，法家主法治。农家社会主义，亦近无政府主义。道家用其长，道家谈本体，只见为虚静，固是其短，然未至如佛氏谈体，绝不语生化，究有所长。道家言治，抨击独裁者宰割万物之暴厉，而主自由，亦是其长。然后董理孙、孟，孙卿《天论》遥合西洋思想。然一归于礼，则超于西化远矣。孟子言性善而重民生，言王道而隆法守，非迂阔也。西洋之治，宜折中于此。以仰宗于宣圣。造化之奥，天人之故，道德之宗，治化之原，一皆昭澈而远于迷乱。规矩设，而天下之方圆可裁也；尺度立，而天下之短长可衡也。至此，则旁搜外学，不患无主；博涉异方，自有指南。温故知新，含弘光大，深造自得，非随他转，大人之学，不当如是耶？清季迄今，学人尽弃固有宝藏，不屑探究。而于西学，亦不必穷其根底，徒以涉猎所得若干肤泛知解，妄自矜炫。凭其浅衷，而逞臆想，何关理道？集其浮词，而名著作，有甚意义？以此率天下而同为无本之学，思想失自主，精神失独立，生心害政，而欲国之不依于人，种之不奴于人，奚可得哉？天积众刚以自强，董子《繁露》语。[3] 世界积无量强有力分子，以成至治。有依人者，始有宰制此依者，有奴于人者，始有鞭笞此奴者，至治恶可得乎？吾国人今日所急需要者，思想独立，学术独立，精神独立，一切依自不依他，高视阔步，而游乎广天博地之间，空诸倚傍，自诚自明。以此自树，将为世界文化开发新生命，岂惟自救而已哉！圣人吉凶与民同患，佛氏大悲，亦同此精神。故裁成天地之道，辅相万物之宜，以左右民。参看吾著《读经示要》第三卷释《易》处。此与西洋人主张征服自然，纯为功利动机者，截然异旨。吾先哲为学之精神与蕲向，超脱小己与功利之私，此等血脉，万不可失。哲学无此血脉，不成哲学。科学无此血脉，且将以其知能供野心家之利用，而人类有自毁之忧。吾人今日，必延续此血脉，以为群生所托命。哲学，固应发挥吾固有伟大精神。科学，尤须本吾伟大精神发展去。体现真理，担当世运，恐非西洋人识量所及。吾黄农虞夏之胄，不能不勇于自任也。

在五四运动前后，适之先生提倡科学方法，此甚紧要。又陵先生虽首译《名学》，而其文字未能普遍。适之锐意宣扬，而后青年皆知注重逻辑。视清末民初，文章之习，显然大变。但提倡之效，似仅及于考核之业，而在哲学方面，其真知慎思辨明者，曾得几何？思想界转日趋浮浅碎乱，无可导入正知正见之途，无可语于穷大极深之业。世乱日深，需哲学也日亟，而哲学家不足语于己立立人、己达达人也，乃益堪浩叹。此其故安在？哲学者，智慧之学，而为群学之源，亦群学之归墟也。此等学问，纯为伟大精神之产物。学者从事哲学，必先开拓胸次，有上下与天地同流之实，则万理昭著，不劳穷索。否则狭隘之衷，惑障一团，理道终不来舍。故学问之事，首在激发精神，而后可与讲求方法。今之学者，似于一己之地位与温饱外，无四海困穷之实感，无虚怀纳善之真诚，无遁世无闷、精进不已之大勇。其外日侈，其内日亏，其于小己得丧计较甚，其于大道无可入。精神堕落，莫甚于今之人。世运艰危，余以寡昧，愿向天下善类尽忠告。言诚过当，闻者足戒，庶几不以人废言之义。北大自孑老长校以来，诸君子贡献于国家民族者甚巨。今兹哲系师生，所处之时会，比以前更困，所负之责任，比以前更大。继今为学，其将随顺时风众势之所趋，而漫无省觉乎？抑将怵目惊心，而有无穷之感，不容不向至大至真处着力乎？余老钝，无复长进，唯好学之意未衰，于同学深寄无限之希望。吾年三十八，始至北大，迄今向衰，始终未离北大。唯以疾患，不常到校，而余之精神，固无一日不与同学相感召。此番纪念，本欲精心作一文字，而精力不给，终未能作，略进芜词，未堪达意。

余与林宰平先生，同在哲系，为日良久。宰平行谊，居夷惠之间，和不流，清不隘，夷惠未之逮也。宰平学问，方面极宽，博闻而尊疑，精思而喜攻难。二十年前，余与宰平及梁漱溟同寓旧京，无有睽违三日不相晤者。每晤，宰平辄诘难横生，余亦纵横酬对，时或啸声出户外。漱溟默然寡言，间解纷难，片言扼要。余尝衡论古今述作，得失之判，确乎其严。宰平戏谓曰：老熊眼在天上。余亦戏曰：我有法眼，一切如量。宰平为学，首重分析，其术盖得之印度唯识法相，而亦浸染西洋逻辑。唯识之论，自唐以来，号为难究。宰平析其名相，详其条贯，辨其思想脉络，如大禹治水，千流万派，穷源竟委，疏壅解滞。余劝其述作，宰平谦让未遑。盖其中年后思想渐由佛以归于儒。自汉太史谈，已言“儒者劳而无功，博而寡要”。六经浩博，史谈在汉初，尚作是说，况后儒杂以二氏，推演益纷。儒学难穷，后生所苦。宰平尝欲为一书，阐明儒学，大概以问题为主，列举诸重要概念，释其含义，究其根依，谓其立义所根据。析以类别，综以统纪，庶几宗庙之美，百官之富，粲然可观。余曰：是将以法相家论籍之组织，达儒宗之冲旨，是书若出，后生其有赖乎！闻积稿已不少，不久当可公之于世。宰平少年好为诗，诗人富神趣，其于物也，遇之以神，而遗其迹。中年尚西洋实测之术，其穷理务明征定保，远于虚妄。五十以后，践履日纯。晚而穷神知化，庶几尽性。余与宰平交最笃，知宰平者，宜无过于余；知余者，宜无过于宰平。世或疑余为浮屠氏之徒，唯宰平知余究心佛法，而实迥异趣寂之学也；或疑余为理学家，唯宰平知余敬事宋明诸老先生而实不取其拘碍也；或疑余简脱似老庄，唯宰平知余平生未有变化气质之功，而心之所存，实以动止一由乎礼为此心自然之则，要不可乱也。宰平常戒余混乱，谓余每习气横发，而不自检也。见吾《语要》卷四。世或目我以儒家，唯宰平知余宗主在儒，而所资者博也；世或疑余《新论》外释而内儒，唯宰平知《新论》自成体系，入乎众家，出乎众家，圆融无碍也。

余与宰平相知之深，欣逢七十哲诞，应有大文字为祝，而复未能作。凡吾之所欲作而皆未作者，非吾心之诚有所未至也。文章本乎情思，运乎气势。情思气势二者，同发于精力。精力不裕，则情难活跃，而思易凝滞，气势不易充盈持久。如是而欲为大文字，断不可能。精力强盛者，操笔之前，稍一凝敛，恰恰无心用，恰恰用心时。忽然，情如热焰，思若涌泉，气势如天油然作云，如长风鼓众窍。凡大文字之成，未有不如此者也。文学之文与著书说理，其事有异。说理，只要平日义精仁熟，临写出时务求信达，雅其次也。故精力稍弱者，犹可积渐为之。文学之文，兴会为主。精力贫乏，则兴会不生。虽生，而不恒不盛。情思乍动而歇，气势弱而难举，欲为美文，不可得也。余于汪大绅《三录》之文，及其与罗有高等感怀之记，宏廓深远，得未曾有。每有大感触，思效之，作一篇大文字，而终束手不一就。呜呼！大文字，天地之真善美也，非唯个人不易成功，而文章盛衰，实世运升降所系。吾虽孤陋，犹思独握天枢，以争剥复。傥世运稍转，老怀无苦，精力康复，虽不必能为大文字，终不至以无物上惭前哲，此则余之所自矢也。此番笔语，烦自昭主任付北大纪念册及《哲评》祝宰翁哲诞专刊两处发表，聊以志感。

原载《十力语要初续》，1949 年香港东升印务局出版。

【注释】

〔1〕“俟”，当作“缑”，指汪缑。

〔2〕《史记·五帝本纪》作“帝喾溉执中而遍天下”。

〔3〕《春秋繁露》作“天积众精以自刚，圣人积众贤以自强”。

复性书院开讲示诸生

吾以主讲马先生之约，承乏特设讲座，得与诸生相聚于一堂，不胜欣幸。今开讲伊始，吾与诸生不能无一言。唯所欲言者，决非高远新奇之论，更不忍为空泛顺俗之词，只求切近于诸生日用工夫而已。朱子《伊川像赞》曰："布帛之言，菽粟之味，知德者希，孰知其贵？"愿诸生勿忽视切近而不加察也。

书院名称，虽仍往昔，然今之为此，既不隶属现行学制系统之内，亦决不沿袭前世遗规。论其性质，自是研究高深学术的团体。易言之，即扼重在哲学思想与文史等方面之研究。吾国年来谈教育者，多注重科学与技术，而轻视文哲，此实未免偏见。就学术与知识言，科学无论发展至若何程度，要是分观宇宙，而得到许多部分的知识。至于推显至隐，穷万物之本，澈万化之原，综贯散殊，而冥极大全者，则非科学所能及。世有尊科学万能，而意哲学可废者，此亦肤浅之见耳。哲学毕竟是一切学问之归墟，评判一切知识，而复为一切知识之总汇。佛家所谓一切智智，吾可借其语以称哲学。若无哲学，则知不冥其极，理不究其至，学不由其统，奚其可哉？故就学术言，不容轻视哲学，此事甚明。次就吾人生活言。哲学者，所以研穷宇宙人生根本问题，能启发吾人高深的理想。须知高深的理想，即是道德。从澈悟方面言之，则曰理想。从其冥契真理，在现实生活中而无所沦溺言之，则曰道德。阳明所谓“知之真切笃实处即是行，行之明觉精察处即是知”，亦此意也。吾人必真有哲学的陶养，注意一真字。有高远深微的理想，会万有而识其原，穷万变而得其则，极天下之至繁至杂而不惮于求通也，极天下之至幽至玄而不厌于研几也，极天下之至常至变而不倦于审量也。智深以沉，思睿曰圣。不囿于肤浅，学之蔽，真理之不明，皆由人自安于肤浅故也。肤浅者不能穷大，不能通微。其智力既浮薄，即生活力不充实。智短者，于真是真非，缺乏判断。生活力贫乏者，必徇欲而无以自持，则一切之恶，自此生矣。故人之恶，出于肤浅。易言之，即出于无真知。不堕于卑近，沉溺于现实生活中，从欲殉物而人理绝，卑近者如是。以知养恬，恬者，胸怀澹泊，无物为累。此必有真知，而后足以涵养此恬澹之德也。无知者，则盲以逐物，而胸次无旷远之致，是物化也。此与庄子“以恬养知”义别。其神凝而不乱，恬故，精神凝聚而不散乱也。故其生活力日益充实而不自知，孟子所谓“养浩然之气”者是也。哲学不是空想的学问，不是徒逞理论的学问，而是生活的学问。其为切要而不容轻视，何待论耶！又次就社会政治言，哲学者，非不切人事之学也。孔子曰：“道不远人。人之为道而远人，不可以为道。”孰有哲学而远于人事可谓之学哉！人者，不能离社会而存，不能离政治而生。从来哲学家无不于社会政治，有其卓越的眼光，深远的理想。每一时代的大哲学家，其精神与思想，恒足以感发其同时与异世之群众，使之变动光明。此在中外史实，皆可征也。或谓：自科学脱离哲学以后，关于社会与政治方面的发见，亦是科学家所有事，何必归之哲学。此说似是而实非。哲学、科学，本息息相关，而要自各有其领域。如形而上学，则科学所不及过问是也。即在所研究之对象无所不同者，易言之，即无领域之异者，如对于社会政治诸问题，而哲学与科学于此，仍自各有其面目。夫综事察变，固科学所擅长也。哲学则不唯有综事察变之长，而常富于改造的理想。故科学的理论，恒是根据测验的。哲学的理论，往往出于其一种特别的眼光。哲学与科学相需为用，不当于二者间有入主出奴之见，更属显然。上来略说三义，可见哲学思想不容忽视。至于文学与历史诸学，在今日各大学属诸文科之范围，而为究心文化者所必探讨。

今兹书院之设，本为研究哲学与文史诸学之机关。但研究的旨趣，自当以本国学术思想为基本，而尤贵吸收西洋学术思想，以为自己改造与发挥之资。主讲草定书院简章，以六艺为宗主，其于印度及西洋诸学，亦任学者自由参究。大通而不虞其睽，至约而必资于博，辨异而必归诸同，知类而必由其统，道之所以行，学之所以成，德之所由立也。诸生来学于此，可不勉乎？综前所说，则书院为何种研究机关，既已言之甚明，来学者当知所负之使命也。至书院地位，则相当于各大学研究院。而其不隶属于现行学制系统之内者，此有二意：一欲保存过去民间自由研学之风；二则鉴于现行学校制度之弊，如师生关系之不良与学生身心陶养之缺乏，及分系与设立课目并所用教材之庞杂。其弊多端，难以详举。至于教育宗旨之不一，学风之未能养成，思想界之不能造成中心思想，尤为吾国现时严重问题。颇欲依古准今，而为一种新制度之试验。书院虽袭用旧称，而其组织与规制，实非有所泥守于古。书院地位，虽准各大学研究院，而亦不必采用时制。总之，书院开创伊始，在主讲与吾等意思，亦不欲专凭理想以制定一切规章，唯欲随时酌度事宜，以为之制。如佛家制戒，初非任一己一时理想以创立戒条，强人就范也。唯因群弟子聚处，而随其事实，因机立戒，久之乃成为有统系的条文。故其戒条，颇适群机，行之可久也。书院创制立法，亦当如是。今后教者通指主讲与诸教职员。学者肄业生及参学人。俱各留心于学业及事务各方面之得失利弊等等情形，随时建议，毋或疏虞，庶几吾人理想之新制度，将有善美可期矣。外间于书院肇创之际，多不明了，或疑此制终不可行。主讲与吾等时存兢业，亦望诸生厚自爱，期有所树立。岂惟书院新制得以完成，不负创议与筹备诸公之盛心，而发扬学术，作育人才，保固吾国家民族，以化被全人类者，皆于是乎造端矣。诸生勉旃！

昔人有言，士先器识而后文艺。古者文字、艺字，并谓一切学术。如六籍，乃备明天道、治法、物理之书，而号曰六艺，又曰六艺之文是也。汉以后，始以词章名文艺，其意义始狭，非古也，今谓宜从古义。今学校教育，但令学子讲习一切学术，易言之，即唯重知识技能而已。

知识技能一词，以下省称知能。至于知能所从出，与知能所以善其用者，则存乎其人之器识。器识不具，则虽命之求知能，其知能终不得尽量发展。必有其器与识，而后知能日进，如本固而枝叶茂也。抑必器识甚优，始能善用其知能，不至以知能为济私之具也。苟轻器识，而唯知能是务，欲学者尽其知能以效于世，此必不可得也。今之弊在是，奈何其不察耶？夫器识者何？能受而不匮之谓器，知本而不蔽之谓识。器识非二也，特分两方面以形容之耳。以受则谓之器，以知则谓之识也。器识之义，最为难言，今略明之。“先难后获”者，器也，识也；欲不劳而获者，非器也，无识也。“可大受而不可小知”者，器也，识也；“可小知而不可大受”者，非器也，无识也。“毋欲速，毋见小利”者，器也，识也；“欲速不达，见小利则大事不成”者，非器也，无识也。颜子“以能问于不能，以多问于寡，有若无，实若虚，犯而不校”者，器也，识也；反是者，非器也，无识也。虚己以容物，故犯而不校。此言君子宅心之广，蓄德之宏，乃就私德言，非就国家思想言也。或有误解此者，以谓国土受侵，不与敌校，便逾论轨。“敏而好学，不耻下问”者，器也，识也；反是者，非器也，无识也。“志于道，据于德，依于仁，游于艺”者，器也，识也；艺，谓一切知识技能之学。亡其道德与仁，而唯艺之务者，非器也，无识也。“行有余力，则以学文”者，器也，识也；此中文字，同上艺字解。驰逞于文，而不务力行者，非器也，无识也。“过则勿惮改”、“人告之以有过则喜”、“闻善言则拜”者，器也，识也；文过遂非，拒谏而绝善道者，非器也，无识也。“尊德性而道问学”者，器也，识也；只知问学，而不务全其德性，则失其所以为人，非器也，无识也。“见贤思齐焉，见不贤而内自省也”，器也，识也；妒贤忌能，见恶人而不知自反，或攻人之恶，而不内省己之同其恶否，此为下流之归，非器也，无识也。人一己十，人十己百，人百己千，器也，识也；自暴自弃者，非器也，无识也。“或生而知之，或学而知之，或困而知之，及其知之一也。或安而行之，或利而行之，或勉强而行之，及其成功一也”，器也，识也；甘于不知，而不肯困以求通，怠于行，而不务勉强以修业，非器也，无识也。任重道远，器也，识也；无所堪任，非器也，无识也。己立立人，己达达人，器也，识也；独善而无以及物，非器也，无识也。“士志于道，而耻恶衣恶食者，未足与议也”，此有器识与无器识之辨也。夫器识有无，其征万端，不可胜穷也。然即前所述者一字一句，反而验之身心之间、日用之际，则将发见自己一无器识可言，而愧怍惶惧，自知不比于人类矣。昔王船山先生内省而惭曰：“吾之一发，天所不覆，地所不载。”其忏悔而无以自容，至于若此之迫且切也。我辈堕落而不自知罪，岂非全无器识之故耶！夫器识，禀之自天，而充之于学。人不学，则虽有天禀，而习染害之。故夫人之无器识者，非本无也，直蔽于后起之污习耳。扩充器识，必资义理之学涵养德性而始能。主讲以义理为宗，吾夙同符。诸生必真志乎此学，始有以充其器识。器识充而大，则一切知识技能，皆从德性发用。器识如模，知能如填彩，模不具，则彩不堪施。诸生顾可逐末而亡本乎？

学者进德修业，莫要于亲师。师严而后道尊，师道立则善人多，旧训不可易也。学校兴而师生义废，教授与诸生，精神不相通贯，意念不相融洽。其上下讲台，如途之人相遇而已。夫学者之于理道，非可从他受也，唯在自得之耳。其自得之者，亦非可持以授人，理道不是一件物事故也。然则为学者，何贵于有师耶？师之所益于弟子者，则本于其所自得者，而随机引发弟子，使之有以自得焉。弟子所赖于其师者，方其未至于自得，则必待师之有所引发焉。唯然，故师与弟子，必精神意念相融通，而后有引发之可能。若夫神不相属，意不相注，则如两石相击，欲其引发智虑而悟入理道，天下宁有是事耶？故弟子必亲师而后可为学。且人之所以为人也，亲生之而师成之。成之之恩，与生均矣。在三之义，古有明训，而忍不相亲耶？虽然，语乎成，又当有辨。非寻常知识技能之相益，便足谓之成也，必其开我以至道，使吾得之而成为人焉，不得则吾弗成为人也。有师如是，其成我之恩，均于生我矣。在三之义，正谓此也。其次，则如章实斋氏所云，专门名家之学，虽不足语至道，要亦有得于道之散殊。吾从而受其学，亦不敢不尊之亲之，而严其分，尽其情。严其分者，己之于师，退居子弟行，不敢抗也。否则于情未协，于义为悖也。自此而下，若传授课本，口耳之资益，学无与于专家，人未闻乎至道，但既为吾所从受课之师，有裨于闻见，则亦以长者事之，以先进礼之，不得漠然无情谊也。亲师之义，虽有差等，毕竟不失其亲爱。古之学者，未有不求师也。弟子之名位、年事过于其师者，往往有之。而退然以下其师者，道之所在故也，学之不可无所就正故也。今之学者，耻于求师。不以其所未得为可耻，而耻其所不当耻，直无器识故耳。古之人，有先从师游，不必有得，而后乃自得，反以其道喻师，而自展其事师之诚者，释迦牟尼是也。鸠摩罗什于其戒师，亦尝行之也。有弟子先从师说，而后与之异者，后之所见诚异，非私心立异也。亚里士多德曰："吾爱吾师，吾尤爱真理。"有如是弟子，非师门之幸哉？亲师者，非私爱之谓也。然非有真知真见而轻背师说焉，则其罪不在小，学者所当戒也。

次于亲师而谈敬长。凡年辈长于我者，必以长者礼之。年辈长于我，而又有学行可尊者，吾礼敬之不尽其诚，又何忍乎？清末以来，学风激变。青年学子，习于嚣暴，而长幼失其序矣。有一老辈，平日与少年言议，皆非毁礼教者也。退而与人言，则又忿后生遇己之无礼。吾性褊狭，不欲轻接少年。偶遇之，勿多与言，亦无饰貌周旋之事，孤冷自持而已。夫所以敬长者，约有二义：少不凌长，后生不与先进抗，存厚道也。长者经验多于少年，少年勇于改造，而辨物析理不必精审。使其无轻侮前辈之心习，则将依据前辈之经验，以为观摩考核之资者，必日益而不自知矣。西洋各国，皆有年老教授居上庠，与吾国古时太学尊礼老师之意适合。明季有一儒者，自言其少时遇长德，辄以兄事，中年而后，自知无礼，于其所称为兄者，今改称以先生，而自称晚生或后学焉。昔之视在等夷者，今知其德之可尊，学之可贵也，则不复等夷视之，而对之自名焉。此人可谓善补过矣。诸生来学于此，于亲师敬长，自宜留意，不可染时俗也。此亦培养器识之一端也。

学者以穷理为事，然其胸怀一向为名利声色种种惑染之所缠缚，其根株甚深细隐微，恒不自觉，本心全被障碍，如何而得穷理？本心一词，原于孟子，宋明儒者亦言之。本字宜深玩，但非可徒以训诂为得其解也。必切体之于己，而认识其孰为吾本具之良知良能而不杂夫后起染污之习者。穷理工夫，非深心不办。真理虽昭著目前，而昏扰粗浮之心，终不得见。必智虑深沉冲湛，而后万理齐彰。深湛则神全，神全故明无不烛，而天下之理得矣。又非大心不办。大故不滞于一隅，观其散著，抑可以游其玄也；析其繁赜，抑可以会其通也；辨其粗显，抑可以穷其幽也；知其常行，抑可以尽其变也；见其烦琐，抑可以握其简也。故唯大心可以穷理。狭碍之心，触途成滞，泥偏曲而不悟大全，堕支离而难言通理，习肤浅而不堪究实，明者所以致慨于横通也。狭碍之心，非本心也，乃以染习为心故耳。又非耐心不办。人心恒为染习所乘，安于偷惰，而一切无所用心，惯于悠忽，而凡百都不经意。苹果堕地与壶水热则涨澎，古今人谁不习见之，却鲜能于此发见极大道理者，必待奈端、瓦特而后能之，则以常人不耐深思故耳。夫事理无穷，要在随处体察，于其所未曾明了者，不惮强探力索，四字吃紧。

毋忽其所习闻习见而不加察也；毋略其所不及见、不及闻而以为无复有物、无理可求也；毋狃于传说，必加评判，亦毋轻议旧闻，必多方考索，其果是耶，无可立异，其果非耶，自当废弃；毋病夫琐碎而不肯穷也；毋厌其艰阻而不肯究也。时时有一副耐心，真积力久，自然物格知至，而无疑于理之难穷矣。综前所说三心，曰耐，曰大，曰深，皆依本心而别为之名耳。耐之反为忽，忽者，疏忽或忽略。大之反为碍，碍者，狭隘或滞碍。深之反为浅，浅者，浅陋或浮浅。有一于此，皆不足与于穷理之事。其所以成乎忽与碍且浅者，则以无量惑染根株，盘结于中，而本心障蔽故也。学者必有克己工夫，己者，谓一切惑染，亦云私欲或私意。常令胸怀洒脱，神明炯然，则能耐，能大，能深，耐字意义甚深，即健也。切宜深玩。而可以穷理尽性矣。王阳明先生云："学问须是识得头脑。"存心、养心、操心之学，于一切学问，实为头脑。今之学子，顾皆舍其心而不知求，岂不蔽哉！就学术言，华梵哲学与西洋科学原自分途。东学赅华梵哲学言。必待反求内证，舍此无他术矣。科学纯恃客观的方法，又何消说得？西洋哲学与其科学，大概同其路向，明儒所谓向外求理是也。西洋思想与东方接近者恐甚少。学者识其类别，内外交修，庶几体用赅存，本末具备，东西可一炉而冶矣。昔朱子言学，以居敬穷理并言。穷尽事物之理，合用客观方法。居敬，即反求内证下手工夫也。敬是工夫，亦即于此识得内在的本体。明代治朱学者，诟王学遗物理而不求。王学之徒，则又病朱学支离破碎。近世中西之争，亦复类是。曷若同于大通之为愈耶？吾与主讲俱无所偏倚，诸生来学于此，须识得此间宗旨，无拘曲见，务入通途。

昔吾夫子之学，内圣外王。老氏崇无，亦修南面之术。老氏之无，非空无也，本性虚寂，故说为无。儒者亦非不言无，《中庸》言天性，曰“无声无臭，至矣”。但儒者不偏着在无上，与老氏又有别。此姑不详。颜子在孔门，拟以后世宗门大德气象，颇相类似，然有为邦之问，则孟子所谓“禹、稷、颜回同道”，诚不诬也。吾尝言，佛家原主出世，使世而果可出也，吾亦何所留系，其如不可出何？如欲逃出虚空，宁有逃所？世之言佛者，或谓佛氏非出世主义。此但欲顺俗，而恐人以此诟病佛法耳。实则佛家思想，元来自是出世。彼直以众生一向惑染，沦溺生死海中，为可怖畏，而求度脱。经论具在，可曲解耶？但佛家后来派别甚繁，思想又极繁杂。如大乘学说，渐有不舍世间的意思，华严最为显著。《金光明经》亦归于王者治国之道云。是故智者哀隐人伦，要在随顺世间，弥缝其缺，匡救其恶，所谓裁成天地之道，辅相天地之宜，本中和而赞化育，建皇极而立蒸民，古诗云：“立我蒸民，莫匪尔极。”此吾夫子之道所以配乾坤而同覆载也。庄子曰“《春秋》经世，先王之志”，可谓知圣心矣。汉世经儒，并主通经致用，不失宗风，故汉治尚可观。魏晋以后，佛家思想浸淫社会，曹氏父子又以浮文靡辞，导士夫为浮虚无用，儒生经世之业，不可复睹。遂使五胡肇乱，惨毒生民。延及李唐，太宗雄伟，仅振国威于一时，继体衰乱，迄无宁日。唐世士人，下者溺诗辞，上者入浮屠，儒业亡绝，犹魏晋以来之流风也。世道敝而无与持，有以也哉！唐世仅一陆宣公以儒术扶衰乱。祸极于五代。宋兴而周程诸老先生，绍述孔孟，儒学复兴。然特崇义理之学，而视事功为末。其精神意念所注，终在克己工夫，而经国济民之术，或未遑深究。虽述王道，谈治平，要亦循守圣文，非深观群变，有所创发也。至其出处进退大节，自守甚严，诚可尊尚。然变俗创制，一往无前之勇气，则又非所望于诸老先生矣。然而宋儒在形而上学方面，实有甚多发见。当别为论。晚世为考据之业与托浮屠者，并狂诋宋儒。彼何所知于宋儒哉？唯宋儒于致用方面，实嫌欠缺。当时贤儒甚众，而莫救危亡，非无故也。及至明季，船山亭林诸公崛起，皆绍述程朱，而力求实用。诸公俱有民治思想，又深达治本，有立政之规模与条理，且皆出万死一生以图光复大业，志不遂而后著书。要之，皆能实行其思想者也。此足为宋儒干蛊矣。颜习斋名为反对程朱，实则其骨子里仍是程朱。所攻伐者，但是程朱派之流弊耳。胜清道咸间，罗罗山、曾涤生、胡林翼诸氏，又皆宗主宋学，而足宁一时之乱。诸公扶持清廷殆非本志，直是现实主义耳。洪杨既不足辅，又惧同类莫能相下，故仍拥清以息一时之乱耳。曾氏刊布《船山遗书》，虽昌言民族革命之《黄书》而布之无忌，其意念深哉！故由宋学演变观之，浸浸上追孔氏，而求内圣外王之全体大用，不复孤穷性道矣。明季大儒与咸同诸公，所造高下浅深，为别一问题。然其内外交修，不欲成为有体而无用，则犹孔氏之遗规也。今世变愈亟，社会政治问题日益复杂，日益迫切，人类之忧方大，而吾国家民族，亦膺巨难而濒于危，承学之士，本实既不可拨，本实，谓内圣之学。作用尤不可无。作用，谓外王或致用之学，与俗以机智名作用者异旨。实事求是，勿以空疏为可安。深知人生责任所在，必以独善自私为可耻。释迦牟尼为一大事因缘出世，王船山先生自题其座右曰“吾生有事”，此是何等胸怀！吾人可不猛省！置身群众之外而不与合作，乃过去之恶习；因任事势所趋而不尽己责，尤致败之原因。西洋社会与政治等等方面，许多重大改革，而中国几皆无之。因中国人每顺事势之自然演进，而不以人力改造故也。此等任运自然的观念，未尝绝无好处，但弊多于利。当别为文论之。诸生研求实用，尤贵于旧日积习得失，察识极精，而迁善必勇。否则虽有技能，不堪致用，况缺乏技能者乎！或曰：今世言致用，必须专门技术，此等人才，必出自各学校之为专科研究者。书院系养育通材，恐徒流为理论家，而不必可以致用也。此说只知其一，未知其二。夫专材与通材，专门技术，省言专材。互相为用，而不可缺其一也。专材恒是部分之长，虽其间不无卓越之士，然终不能不囿于所习，其通识终有限也。通材者，测远而见于几先，穷大而不滞于一曲，能综全局而明了于各部分之关系，能洞幽隐而精识夫事变之离奇。专材的知识是呆板的，通材的知识是灵活的。专材的知识是由积聚而得的，通材的知识多由超悟而得的。超悟本自天才。然天才短者，积学亦可致。专材的知识是显而易见的，通材的知识是运于无形的。专材与通材之辨，略如上说，而通材实关重要。能用专材者，通材也。若无通材，则专材亦无所依附以尽其用。选任各种专材，而位之各当其所，此则通材所有事也。凡理论家，固可谓之通材，而通材不必悉为理论家。通材者，恒是知行合一之人物也。通材与专材，时或无定称。如一个工厂的领袖，比于厂中技师等等，则为通材。比于实业界中更大的领袖，则又成专材矣。实业界中大领袖，虽号通材，而对于主持国柄之大领袖，则又成专材矣。凡求为通材者，必有宽广的胸量，远大的眼光，深沉的思考，实践的勇气，谦虚的怀抱。若不具此素质而求为通材，未之有闻也。查本院简章，分通治别治二门。通治门，以《孝经》、《论语》为一类，孟、荀、董、郑、周、程、张、朱、陆、王诸子附之。别治门，《尚书》、三《礼》为一类，名法墨三家之学附之；《易》、《春秋》为一类，道家附之。凡此，皆所以养通材也。

附识：或问：本文有云，中国人每顺事势之自然演变，而不以人力改造。此意未了。答曰：吾举一例明之。如数千年来君主政治，时或遇着极昏暗，天下自然生变。到变乱起时，也只任互相杀伐。俟其间有能者出来，才得平定，仍然做君主。此便是顺事势自然，不加人力改造。若是肯用人力改造局面时，他受了君主政治许多昏暗之祸，自然会想到民治制度，同来大改造一番。西洋人便是这样，中国人却不如此。即此一例，余可类推。

国家设学校以养人才，人才虽出于其中，而就学者固不能皆才也。书院虽欲养通材，又何敢过存奢望耶？然在诸生，则不可妄自菲薄，必努力以求为通材，而后不负自己，不负所学。诸生纵不得胜国家栋梁之任，吾亦望其行修而学博，足以居庠序而育群材。今各大学于本国学术方面缺乏师资，此足见吾国人之不力学，不求认识自己。昔拿破仑自谓其失败，根本不由于外力与刀枪，而在于德国理想家的抵抗力。诸生三复此言，当知所奋发矣。

本院简章，举一切学术，该摄于六艺。故学者选修课程，应各择一艺为主，而必兼治其相类通者。如所主在《易》，则余艺如《春秋》等，等者，谓《诗》、《书》、三《礼》及四子书等。诸子学如道家等，等者，谓自汉迄宋明诸师。及印度佛学与外道，皆所必治，即西洋哲学与科学，尤其所宜取资。如所主在《春秋》诸艺，则其所应兼治之诸学，亦各视其所相与类通者以为衡。夫学术分而著述众，一人之力，何可穷搜？故治学者，有二义宜知。每一种学问，皆有甚多著述。唯择专家名著，而详加玩索，其余可略，此一义也。博学者，非无书不读之谓，乃于不可不读之书，必须熟读耳。依据自家思想根荄，因取其与吾相近者，特别研寻，以资发挥，此二义也。如吾治《易》而好象数，则于数理逻辑必加详究；如吾治《易》而主明变，则凡哲学家之精于语变者，必加详究；如吾治《易》而于生生不息真机特有神悟，则凡依据生物学而出发之哲学，必加详究；如吾治《易》而注重明体及生活与实践方面，则于佛家及宋明诸师，必加详究。如吾治《周礼》而欲张均产与均财之义，则于吾先儒井田、限田诸说及西洋许多社会主义者关于经济的思想，必加详究。如吾治《春秋》而欲张《公羊》三世义，则于吾六经、诸子及西洋哲学许多政治理想，必加详究。如上所说，略示方隅，学者触类旁通，妙用无穷。本院主张自由研究，不取学校教师登台强聒、学生呆坐厌听之方式。亦无一定讲义，主讲及讲座、教授、都讲，简章尚未立教授，以开创伊始，规模尚狭故也。实则教授为正常负责之师，决不可无。至简章有讲友，相当各大学名誉教授，但马先生不欲仍时俗教授之名，俟将来酌定。时或聚诸生共语，得为语录而已。分系办法，虽本院所无，但简章一宗六艺，而分通治、别治二门。诸生入院修学，自应先通后别。其别治门，各专一艺，而兼治其相与类通之诸学，则分系之意存焉。至各门所应研习之书目，拟分必读与博览二类，容缓酌定。必读一类，贵精不贵多。如孔门之于六艺，魏晋学者之于三玄，两宋诸师之于四子书。又如佛家空宗，主《大般若经》与四论，《大智度》及《中》、《百》、《十二门》。相宗亦有六经、十一论。详基师《唯识述记》等。凡此诸家，其所专精之书并不多。唯有所专主而聚精会神于其间，久之而神明变化，受用无穷矣。至博览一类，则不嫌其多。然学者资性有利钝，精力有衰旺，要在各人随分尽力，选择其万不容不涉及者而目治心营焉，求免于孤陋寡闻之患，而有以收取精用弘与引申触类之益，斯为得之。若夫不量自力而一意涉猎求多，其弊也，或则神昏目眩而一无所得，或则杂毒攻心而灵台长蔽，思想长陷于混乱，此为人生至苦之境。吾意将来规定各门应行博览之书，虽名目不妨多列，而学子于其间，尽可留心选择，务令游刃有余，毋以贪多自害。唯必读之书，则非终身潜玩不可。

学问之道，由浅入深，由博返约。初学必勤求普通知识，将基础打叠宽博稳固，而后可云深造。其基不宽，则狭陋而不堪上进。其基不固，则浮虚而难望有成。初学若未受科学知识的训练，而欲侈谈哲理与群化治术等等高深的学问，便如筑室不曾拓基，从何建立？登梯不曾循级，必患颠蹶矣。吾国学术，虽未曾发展为科学，然吾先圣贤于哲学思想方面，所以有伟大的成功者，非独天才卓越、直超顿悟、冥会真理而已，亦因其穷玄而不遗事物。如所谓“仰观于天，俯察于地，近取诸身，远观诸物”。又如孟子称舜，“明于庶物，察于人伦”。后儒亦屡言须体验物理人事，又曰从人情事变上磨练。其精于综事辨物，可见矣。吾固有之学术，不曾发展为科学，此是别一问题。然吾古之学者，自有许多许多的科学知识，则不容忽视。《易》之为书，名数为经，质力为纬，非有丰富幽深的科学思想，则莫能为也。而其书导于羲皇，成于孔氏，创作之早，至可惊叹。后生偷惰，知识日益固陋。今西洋科学发达，学子诚当努力探求。诸生若自大学卒业而来者，于科学有相当素养，今进而研华梵高深学术，不患无基。至其未受学校教育者，本院征选肄业生细则，不限定大学卒业一途者，原欲广造就耳。但其人若非具有天才，而缺乏科学训练，恐终为进学之碍。今次征选生徒办法，只可作一种试验耳。务望于科学方法及各科常识，尤其于生物学、心理学、名学及西洋哲学与社会政治诸学，必博采译述册子，详加研索。今之译述，大抵出于稗贩，而不详条贯，鲜有旨要。其于所介绍之学说，实未有精研故也。又复模仿西文文法，而未能神明变化，故其辞甚难通。加之白话文于素读旧书者，气味最不合。以上诸因，译述册子，每为人所不喜阅。然诸生未受学校教育者，要当于译述册子勉强玩索，勿病其肤杂，勿畏夫艰阻。须知学者涉猎群书，譬之入山采宝，初入深山，所历几尽属荆棘，及遇一宝，则获益无穷矣。读杂书亦复如是，往往有意外之获。孟子谓“舜好问，而好察迩言”〔1〕，理道无穷，随在足资解发故也。译述虽劣，讵不足比于迩言耶？

吾国学术，夙尚体认而轻辩智，其所长在是，而短亦伏焉。诸生处今之世，为学务求慎思明辨，毋愧宏通。其于逻辑，宜备根基，不可忽而不究也。然学问之极诣，毕竟超越寻思，归诸体认，则又不可不知。

《论语》有言：“工欲善其事，必先利其器。”文字者，发表思想之器也。凡理论的文字，以语体文为最适宜，条理详明，委曲尽致，辞畅达而无所隐，义精确而无所淆，此语体文所擅长也。但有时须杂用文言文，谈理至幽玄之境，凌虚着笔，妙达神理，则或赖文言以济白话之穷。如程子《语录》中，所谓“冲寞无朕，万象森然”，以整练之辞，善敷玄旨，含蓄无尽。此等处若用白话，便无义味。此语体参用文言之妙也。学子如欲求工语体文，必须多读古书，能作文言文，始无不达之患。今学子为白话文，多有不通者，此可戒耳。

读书须有三到：曰手到，圈点。目到，心到。手之所至，而目注焉，而心凝焉，则字字句句，无有忽略过去者。读书不求甚解，在天才家眼光锐利，于所读书，入目便能抉择，足资一己创发之用。若在一般人，则虽苦思力索，犹惧不尽其条理，不识其旨要，而可不求甚解乎？读书切忌忽略过去，学之蔽，理之难明，只缘自心随处忽略故耳。忽略者，万恶之源也，所谓“不诚无物”是也。吾写至此，吾意甚苦，愿诸生自反而力戒此病。细玩《论语》，则知圣贤日用间，只是一真流行，一切无有忽略。

今之少年，习为白话诗，以新文学自标榜，其得失则当世有识者多能言之，毋俟余喋喋也。余生平不能诗，间讽诵古之名作，略识其趣，以为声音节奏，终不可忽而不讲。若不求协韵，只为白话而已，其可谓之诗乎？诸生于六艺中倘有专《诗》者，将欲创作新体，亦必沉潜于旧文学，谓由《三百篇》、楚汉迄近世，诗骚赋词等作品。遗其貌而得其神，或能融会众体，别创一格，未可知也。如于旧文学未有深厚涵茹，而以浅躁之衷，急谋更张，终必无成。子曰：“仍旧贯，如之何？何必改作。”[2]更张而不及其旧，勿轻更焉可也。

每闻少年能读西人诗，惊服其长篇巨制，辄谓中国诗不足观，此真肤论也。余未读西人诗，但闻人言，想见其气象雄放，情思畅茂。然中国诗，妙在辞寡而情思悠然，含蓄不尽，清幽之美，如大化默运，不可以形象求也。中西诗但当各取其长，勿妄分优劣也。

间闻人言，通经致用之说，在今日为迂谈。今之政事，当有专门技术，岂得求之六艺而已乎？此其说甚误，有见于末，无见于本也。如欲辨正此等谬见，自非可以简单言之。虽著书累帙，犹难达意。吾于此不暇深论，但虑诸生移于时俗，终不能不略明吾旨也。夫缮群致治，必有经常之道，历万变而不可易也；亦必有张弛之具，随时而制其宜也。专门技术，只为张弛之具，而所以为张弛者，要不可离经常之道。姑举一义言之。《大易》革卦，著改革之象，必归之诚信。革，变易也。诚信，则通万变而不可易之常道也。改制易度而果以诚信行之，毋假新法之名而阴违之以逞其私欲，毋藉新兴之事而私便之以恣其淫贪。以诚信宰万变而不渝，则任何改革，无不顺天应人，行之尽利矣。嗟尔诸生，更历世变，亦已不浅，其犹无悟于此耶？即今国际纠纷，至于人类自毁，而不知祸之所底。诸霸者莫不声称正义，而所为适得其反，不诚不信，戾于常道，生人之祸，何时已乎？“自古皆有死，民无信不立”，圣言深远。人类如终不自毁，其必率由吾六艺之教焉无疑也。夫六艺之旨，广大悉备，所谓“范围天地之化而不过，曲成万物而不遗”。唯智者真有得于六艺，则见其字字句句，皆切于人生实用，而不可须臾离也。无识者视为陈言，所谓“至言不止于里耳”也。谓通经致用为迂谈，此乃细人之见耳。且学者诚能服膺经训而反之自心，将于万化之本、万事之纲无不洞达，则其于人群事变之繁复奇诡，自可秉枢要以御纷杂，握天钧而涉离奇。阳明所谓“规矩诚设，而天下无数之方圆皆有以裁之矣；尺度诚立，而天下无数之长短皆有以裁之矣”。然则运用专门技术者，必待湛深经术之醇儒。世有善知识，必无疑于吾言也。又凡治六艺者，非但习本经而已。如治《尚书》、三《礼》者，于吾诸子、历史及诸文集，并西洋社会、政治诸学，皆博览而取材焉。余艺可类推。夫学术者，古人诣其大，而后人造其精；古人穷其原，而后人竟其委；委者，委曲。事理之散殊，至纤至悉难于穷了者，谓之委曲。古人以包含胜，后人以解析胜。学者求知，若但习于细碎，则智苦于不周，而应用必多所滞。六艺者，吾国远古之大典，一切学术之渊源。学子欲求致用，而不习六艺，是拘于偏曲而不求通识也，恶可致用乎？今各大学法科，只习外人社会及政治诸书而已，故剿袭外人法制，以行之吾国，终不适用也。故夫研究西洋社会及政治法律诸学者，必上宗六艺，而参稽历朝史志与诸文集，博而有要，杂而有本，庶几通古今之变，而可权时致用矣。尤复须知，吾国著述，不肯敷陈理论，恒以散殊而简单之辞寓其冲旨，所谓引而不发是也。善读者，于单词奥义，悟得无穷道理。如《周礼》言经国理民之规，一以均平为原则；《大学》言理财，归之平天下，本之絜矩；絜矩者，恕道也。今列强不知有恕，故互相残。《论语》言“不患寡而患不均”；《孟子》言民治，端在制产，曰“民有恒产，斯有恒心”；《书》曰“正德、利用、厚生”。尽大地古今万国谈群化究治道之学者，著书千万，要不过发挥上述诸义而已。治今日之中国，道必由是；为人类开万世太平之基，道必由是。又如《论语》“道千乘之国”一章，尤为今日救时圣药。时时存敬事之一念，无实之议案与夫徒供官吏假借济私而有害民生之政令，必不忍行、不肯行。至其敬慎以出之事，自然实行收实效，而可信于群众。非有实益于公家，即一毫不浪费，如此节用，何虑艰危？当饮食而思天下饥饿者众，处安全而思天下惨死者众，有此爱人一念，自必达之事业。程子曰：“一命之士，苟存心于爱物，于人必有所济。”况乘权处要者乎？征役出于不得已，而于人民生事所关，必加顾惜审处，则所全者多矣。当今上下一心，果能实体“敬事而信”、“节用而爱人”诸义而力行之，又何忧乎国难？圣训洋洋，无一语不切实用，奈何以迂谈视之？夫六艺之旨，广大渊微，欲有称举，终嫌挂一漏万。吾提示一二，以便诸生读经时知所留意而已。经术诚足致用，诸生到深造自得时，方信得及耳。此与前谈通材与专材一段可参看。

儒家教学者，必先立志；佛家教学者，首重发心。所发何心？所立何志？即不私一己之心之志。易言之，即公一己于天地万物之心之志而已。罗念庵先生有云：“近来见得吾之一身，当以天下为己任。不论出与处，莫不皆然。真以天下为己任者，即分毫躲闪不得，亦分毫牵系不得。躲闪与牵系，皆私意私欲之为。古人立志之初，便分蹊径。入此蹊径，乃是圣学，不入此蹊径，乃是异端。阳明公万物一体之论，亦是此胚胎。此方是天地同流，此方是为天地立心、生民立命，此方是天下皆吾度内，此方是仁体。孔门开口教人，从此立脚跟。力案：此须善读《论语》，能于言外会意，方得之耳。孔子随事示人，无不使之率由常德。如孝弟忠信、笃敬等等，皆常德也。率由常德，即是通人己为一体处。失其常德，即成自私自便，而不能与物同体矣。学者于此，宜深切察识。后儒失之，只作得必信必果硁硁小人之事，而圣学亡矣。力案：此是念庵大眼孔处。《西铭》一篇，稍尽此体段。所谓大丈夫事，小根器不足以当之。识得此理，更觉目前别长一格。”又曰：“今人言学，不免疏漏，虽极力向进，终无成就，是不达此理。以此与他人言，绝不见有一人承当。即不承当，亦不见有一人闻之生叹羡者，不知何也？”力案：众生可悲以此。又曰：“区区不足法，只此一蹊径，似出于天之诱衷，却非有沿袭处。吾身纵不能至，愿诸君出身承当。承当处，非属意气兴致，只是理合如此。力案：此处吃紧。此方是做人底道理，此方是配天地底道理。能有诸己，何事不了？真不系今与后、己与人也。”念庵此一段话，至为警切，吾故举以示诸生。诸生能发心、立志，而公一己于天地万物，与为一体，如此方是尽人道也。亦必如此，而后见得天下事皆己分内事，而任事之勇自生。

孔门教学者，唯尚躬行。“子路有闻，未之能行，唯恐有闻。”其刻励如是。后来学人便侈谈空理而轻视事为，学风所由替，民族所由衰也。诸生其念之哉！勿以空谈了一生也。天下事，无大无小，量己才力所胜任者，以真实心担任作去。才作事，便是学，否则只是浮泛见闻或空想，不足言学也。

写至此，便欲止，然犹若不能已于言者。学问之事，唯大天才或可以不信天、不信地，而唯自信、自成。中人之资，未有不笃信善知识而可以有成者也。超悟之明不足，则推度易滋疑眩，而古今偏至与浮浅之言，亦皆足乱其神明。故必有善知识为之师，而已又能笃信其师之说，由笃信而求深解，了然于其师之所见。一义如是，众义皆然。久之，养成自家识力，便可纵横自在矣。今之学子，才识不逾中人，或且不及中人，而果于自信，不知择师，任其肤乱浮嚣之见，衡量一切，无所取准，惑以终身，不亦悲乎！《论语》曰："笃信好学，守死善道。"诸生来学于此，愿办一个信心，毋轻自用也。

前月十九日，寇机来袭嘉，吾寓舍全毁于火，吾几不免。幸所伤仅在左膝稍上，一仆拥持，得脱于难。然痛楚缠绵，已历多日。兹值开课，念天未丧予，益不得不与诸生共勉。以上所言，本无伦次，然要皆切于诸生日用。譬之医家治病，每下毒药，然其出于救人之真心，则无可疑也。诸生幸谅余之心焉。

中华民国二十八年九月十七日熊十力

附记：复性书院创建于二十八年夏，院址在四川嘉定乌尤寺。余应聘不多日，以病辞职，然存此讲词，以备来者参考。十力记。

原载《十力语要》卷二，1947 年湖北十力丛书印本。

【注释】

〔1〕引文据《中庸》为孔子语。

〔2〕引文据《论语》为闵子骞语。

仲光[1]记语

父亲与一人函，口授不肖代笔，未能达意，然于当世学风，足资警惕。略云：今宜发扬孔门之学，以为吾国中心思想，此中有千言万语难说。略明此意。人类进化，学问与知能方方面面，日益复杂。诚如华严家言，宇宙无量，然则纷纷歧歧可乎？王辅嗣云，“统之有宗，会之有元”，此不刊之论也。征之物理，八大行星，各各自动固也，然皆以太阳为其共绕之中心。假令八纬各各纷歧，还成甚宇宙乎！原子电子之系统，亦如日系。足知物理界虽万殊，而必有宗以统之，有元以会之。思想界又何独不然？一国之学术与思想，总应有其宗元之所在。一国家之教育，必本此宗元，而定为宗旨。宗元既立，而后学子有共同信守，足以维系身心，激扬志气，踔厉风发，堪为齐民矜式。今自清季以来，四五十年间，学校之教唯日以稗贩为能事，不知宗旨何在。人习于卑下，而反盛自高贤。事之可痛，无逾于此。试考察各上庠名家学者之所成就。理工诸科，其专家之业，深造至何等，吾侪门外汉，姑不妄论。法科之教者、学者，对世事研究，对国计民生诸实际问题，有能穷析条流，真知利弊，究了得失根源，而后定救治之方案，坐而言者可以起而行，如唐之姚、宋，足为救时良相者其谁乎？夫相曰救时，并不足言开物成务与百年大计，则其为良，亦有限耳。今乃并此无之。稍有心者思之，能不痛耶！文科当为一国思想之发源地，为各科学之主干，尤其中心思想之阐扬，必有赖于文科。今各大学文科，巨子显学，最上不过考据之业，下者犹不敢与以考据之名，只是耳剽目窃，多所杂缀，扩大篇幅，出洋洋本本[2]，或腾报纸，以驰声誉而已。至其所考核而陈列之题材，尤琐碎无谓。诚不知其居上庠而神游目注者，如是之琐碎卑陋，既不能穷神知化，又无一材一艺之长可资实用。若夫哲学有国民性，凡有高深文化之民族，其哲学上家派纵多，而其一国家或一族类特有之精神，必彼此不约而皆能尽量表现之，此之谓国民性。例如印度佛家谈本体，究极空寂；中国道家谈本体，证会虚静。表面看来，似相近也，然印度人有出世思想，奘师云，“九十六道，并务超生”。超生者，超脱生死海，即出世。不独佛家如是。中国人不尔。故老之言道，道者，本体之名。曰“无为而无不为”；佛氏谈体，则只曰无为而已，决不于真常体上，说无为而无不为也。真常体，复词。有则真常，即谓体也。此例不胜举。道家无出世主张，故自老庄迄宋明之为道者，多攻独裁，倡自由。《十力语要》及《读经示要》二书，曾略及之。吾国僧徒，从来遇夷狄盗贼为帝，则依附以弘法。真正治道家学术者，却无此事。哲学不宜失国民性，于此可见。今海内为哲学者，于本国学术，既贱视之若无物，不知古人著书虽无体系，而其思想囊括大宇，穷深极幽，决非零碎感想也。善学者由其散著之文，以会其无尽之意，而因以自窥天地之纯全，则道备于己，官天地，府万物，富有日新，而无穷尽，孰是有知而谓无物哉！今学子都不肯虚心求固有学术，本根尽剥，而唐慕外人。诚使有深造于外人，若玄奘于无着世亲学，吾犹俯首称庆。不幸今人于外学绝不深求，甚至于中外均无所究，而急欲以逻辑自标，以论道自贵，吾恐大道非浅薄可窥，逻辑亦不当如彼琐碎。董子《繁露》，根本《易》、《春秋》，以明逻辑旨要。有曰："物莫不有凡号，案凡号，谓玄名与公名。号莫不有散名，案散名者，谓于事物之散殊，而以分析之术求之，乃随物各为之名。孙卿所云"散名之加于万物者"是也。是故事各顺于名，案事物万殊矣，而有散名以举其自相，有凡号以举其共相，乃至赜而不可乱，故曰事各顺于名。名各顺于天。案天者，自然之理，理实如是，非吾人以私意妄构也。佛家穷理至竟，归本法尔道理。法尔者，自然义，与此云顺于天同旨。天人之际，合而为一，案名发于人，而应于天理，故天人合一。同而通理，案依于散殊而求其统类，观其会通，即于散殊而得共相，是谓同而通理。动而相益，案先物而起判断，征之动用，而效益不爽，是谓动而相益。顺而相受，案各个命题，于其全体系中，互相顺成而无相违反，是谓顺而相受。谓之德道。"案德者，得也；道者，由义。思维所以得成规范而行为所必由也，故云谓之德道。详此云事各顺于名，名各顺于天，与同而通理，动而相益，顺而相受，皆逻辑上甚深宏大之义，中外谈逻辑者，莫能外也。今人只钻琐碎，无有远旨，学不宏通，思苦狭陋，故知任何学术，不窥古人堂奥，难启新猷。后生崇尚浮虚，弗求深造，视名声易得，学问易谈，古人暗然日章之业，永绝于今世，岂不悲哉！各上庠名教授，以哲学称家者，孰是于中外之学真正虚怀诚意、朴实头地下过工夫？吾年向衰，丁兹衰乱，实不忍媚世。浮浅混乱，无如哲学界，盲以导盲，醉以扶醉，中心思想从何得有？国民性焉得不斫丧以尽？人才从何养得？危亡虽不一因，而此则其主因也。不肖谨案：此段话切中时弊，自愧未能畅发。然此等意见，具见《读经示要》，当世竟莫之省，此诚无可如何者。父亲尝言：一个人必有自立之精神，而后可采纳他人之长；若自甘暴弃，未有能学人者也。一个有高深文化之国家，历史悠久，自有其特殊精神。此等精神之表现，固在其民群生活种种方面，难以概述。而凡一有文化之国家，其哲学思想界之主流，尤为其特殊精神之宝藏。此等宝藏，可以随时演变与扩充，断无可根本遗弃之理。若根本遗弃，即无所据以为演变，无所据以为扩充。譬如园夫接木，必厚培其根本，而后可以他木之枝接纳于此木之茎，使之吸收异质，发荣滋长，别成一新物事。未闻此木根本摧残无余而可接纳他枝以自活也。今人之智，不及园夫，妄欲完全毁弃其所固有，而唯学东施效西子之颦。自清末废科举设学校以来，于今五十余年，步步趋入全盘西化之路。实则西洋人之精神与学术思想及其行动，皆非今日拥上庠称名流者所得有其分毫。而固有之积累，则不分好坏而一切唾弃，乃至扫荡以尽矣，而国人犹不自省何耶？

父亲丁亥返北庠，曾与胡先骕氏谈及今之大学无可言学术及养才。胡氏谓今人知识实比民初进步，勿太悲观。吾父曰：公所言者，我非不知。然真学术不是浮泛知识，首须脱去依傍，有独立研究的精神，有宏远的规模，有深沉的风范，有雄大的气魄。若只以耳剽目窃之功，稍袭外人肤表，涉猎本国古书，都不穷源彻底、析条分流，都不二字，一气贯下。更不寻言外之意，只管粗心浮气，逞妄立说，洋本本满天下，果何当于理道？又曰：公言知识进步，却须明白，知识之多于前，是时代的进步。如今乡村妇孺，皆知有原子弹，此等知识，在民初为老师宿儒所不闻。公以为今之妇孺，其知识果高于昔之老师宿儒乎？今之一切刊物，自无识者观之，惊叹许多知识，自有识者见之，都是无根底的浮话而已。此意难为今人言。佛说有法眼、慧眼，孟子曰“我知言”，今世如有佛氏或孟子出，其于今人之言，正不知作何感想。又曰：今日各大学教者学者，知识似多于前，但与之论理、论事，便觉其理解力太差，说向深远处与真是处，他便不会。许多浮杂知见梗塞其胸次，虽墨氏之辩、释尊之广长舌，恐也无如他何。言至此，胡氏频点首。

原载《十力语要初续》，1949 年香港东升印务局出版。

【注释】

〔1〕仲光，熊仲光，熊十力的养女。

〔2〕“洋洋本本”，据下文当作“洋本本”。

略述平生

先生杖履余闲，玄随侍，请其略述平生。师随便谈说，而即记之如次：

余先世士族，中衰。先父其相公学宗程朱，一生困厄，年亦不永。余年十岁，先父已患肺病，衣食不给。余为人牧牛，先父常叹曰：此儿眼神特异，吾不能教之识字，奈何？乃强起授馆，带之就学。初授《三字经》，吾一日读背讫。授四书，吾求多授，先父每不肯，曰：多含蓄为佳也。求侍讲席，许之。时先父门下颇有茂才，余自负所领会出其上。父有问，即肃对，父喜而复有戚色。是年秋，吾即学作八股文一篇。八股文有法度，不易驰逞，先父颇异之。逾年，先父病深，竟不起。临终，抚不肖之首而泣曰：汝终当废学，命也夫！然汝体弱多病，农事非所堪，其学缝衣之业以自活可也。余立誓曰：儿无论如何，当敬承大人志事，不敢废学。父默然而逝。余小子终不敢怠于学，盖终身不忍忘此誓也。先长兄仲甫先生读书至十五岁，以贫，改业农。农作则带书田畔，抽暇便读，余亦效之。曾从游何先生半年，见《示要》二讲。此外绝无师。年方弱冠，邻县有某孝廉上公车，每购新书回里，如《格致启蒙》之类，余借读，深感兴趣。旋阅当时维新派论文与章奏，知世变日剧，遂以范文正“先天下之忧而忧”一语书置座右。余少喜简脱，不习礼仪，慕子桑伯子不衣冠而处之风，夏居野寺，辄裸体，时出户外，遇人无所避。又喜打菩萨。人或言之长兄，长兄亦不戒也。有余先生者，先父门下士，呼余痛责曰：尔此等行为，先师有知，其以为然否？余悚然惧，自是不敢复尔。时国事日非，余稍读船山、亭林诸老先生书，已有革命之志，遂不事科举，而投武昌凯字营当一小兵，谋运动军队。旋考入陆军特别学堂，渐为统帅张彪所侦悉，将捕余，闻讯得遁走。张彪犹悬赏以购，余逃回乡里。时兄弟六人，食指众，饔飧每不继。冬寒，衣不足蔽体，虽皆安之，而意兴俱索。闻南浔铁路开工，德安多荒田，兄弟同赴德安垦荒。然流民麇集，艰险又多出意外，日益忧惧。及民六七，桂军北伐，余曾参预民军。旋与友人天门白逾桓先生同赴粤，居半年，所感万端，深觉吾党人绝无在身心上作工夫者，如何拨乱反正？吾亦内省三十余年来皆在悠悠忽忽中过活，实未发真心，未有真志，私欲潜伏，多不堪问。赖天之诱，忽尔发觉，无限惭惶。又自察非事功之材，不足领人，又何可妄随人转？于是始决志学术一途，时年已三十五矣。此为余一生之大转变，直是再生时期。他日当为文，一述当时心事。未几，兄弟丧亡略尽，余怆然有人世之悲，始赴南京，问佛法于欧阳竟无先生。留宁一年余，深究内典，而与佛家思想终有所不能苟同者。读吾《新论》当自知之。佛教中人每不满于吾，是当付诸天下后世有识者之明辨。流俗僧徒与居士于佛法本无所知。吾总觉佛教思想之在吾国，流弊殊不浅，学者阅《读经示要》第二讲，当自思之。吾并非反对佛法，唯当取其长，汰其短耳。

余自卅五以后，日日在强探力索之中。四十左右，此工夫最紧，而神经衰弱之病亦由此致。五十后，病虽渐愈，然遇天气热闷，作文用思过紧，则脑中如针刺然，吾之性情即乱，或易骂人，不知者或觉吾举动奇怪。其实，神经衰即自失控制力，偶遇不顺意之感触，即言动皆乱也。余平生不肯作讲演，若说话多则损气甚，而神经亦伤，言语将乱发，不知者闻之，又若莫明其妙也。余每日作文用思，必在天气好及无人交接时行之，盖神经舒适，头脑清宁，而吾之神思悠然，义理来集，若不召而至矣。余四十后，大病几死。余誓愿尽力于先圣哲之学，日以此自警，而精神得不坠退。余非无嗜欲者，余唯以强制之力克服之，到难伏时，则自提醒平生誓愿所在，而又向所学去找问题，于是而欲念渐伏。余自问非能自强者，唯在末俗中，差可自慰耳。余感今之人皆漠视先圣贤之学，将反身克己工夫完全抛却，徒恃意气与浅薄知见作主张，此风不变，天下无勘定之理。余视讲学之急，在今日更无急于此者。今人只知向外，看得一切不是，却不肯反求自家不是处，此世乱所以无已也。先圣贤之学，广大悉备，而一点血脉，只是“反求诸己”四字。圣学被人蔑弃已久，此点血脉早已断绝。余年逾六十，值兹衰乱，唯念反己工夫切要。汝曹识之。

原题“黎涤玄记语”，载《十力语要》卷三，1947年湖北十力丛书印本。题目系编者所加。

附录

马一浮：《新唯识论》序

夫玄悟莫盛于知化，微言莫难于语变。穷变化之道者，其唯尽性之功乎。圣证所齐，极于一性。尽己则尽物，己外无物也；知性则知天，性外无天也。斯万物之本命，变化之大原，运乎无始，故不可息；周乎无方，故不可离。《易》曰："乾道变化，各正性命。"性与天道，岂有二哉？若乃理得于象先，固迥绝而无待；言穷于真际，实希夷而难名。然反身而诚，其道至近；物与无妄，日用即真。睽而知其类，异而知其通，非天下之至精，其孰能与于此？惑者缠彼妄习，昧其秉彝，迷悟既乖，圣狂乃隔，是以诚伪殊感，而真俗异致。见天下之赜，而不知其不可恶也；见天下之动，而不知其不可乱也。遂使趣真者颠沛于观空，徇物者沦胥于有取。情计之蔀不祛，智照之明不作，哲人之忧也。唯有以见夫至赜而皆如，至动而贞夫一，故能资万物之始而不遗，冒天下之道而不过，浩浩焉与大化同流，而泊然为万象之主，斯谓尽物知天，如示诸掌矣。此吾友熊子十力之书所为作也。

十力精察识，善名理，澄鉴冥会，语皆造微。早宗护法，搜玄唯识，已而悟其乖真。精思十年，始出《境论》。将以昭宣本迹，统贯天人，囊括古今，平章华梵。其为书也，证智体之非外，故示之以《明宗》；辨识幻之从缘，故析之以《唯识》；抉大法之本始，故摄之以《转变》；显神用之不测，故寄之以《功能》；征器界之无实，故彰之以《成色》；审有情之能反，故约之以《明心》。其称名则杂而不越，其属辞则曲而能达，盖确然有见于本体之流行，故一皆出自胸襟，沛然莫之能御。

尔乃尽廓枝辞，独标悬解，破集聚名心之说，立翕辟成变之义，足使生、肇敛手而咨嗟，奘、基挢舌而不下。拟诸往哲，其犹辅嗣之幽赞《易》道，龙树之弘阐中观。自吾所遇，世之谈者，未能或之先也。可谓深于知化，长于语变者矣！

且见晛则雨雪自消，朝彻则生死可外，诚谛之言既敷，则依似之解旋折。其有志涉玄津，犹萦疑网，自名哲学，而未了诸法实相者，睹斯文之昭旷，亦可以悟索隐之徒勤，亟回机以就己。庶几戏论可释，自性可明矣。彼其充实不可以已，岂曰以善辩为名者哉？既谬许予为知言，因略发其义趣如此，以俟玄览之君子择焉。马浮

此为马一浮先生为熊十力先生所写的序言，原载《新唯识论》文言文本，1932年杭州印行。

熊十力年谱简编

熊十力（1885—1968），原名继智、升恒、定中，字子贞（或子真），民国后以字行，1924 年更名十力，又号逸翁、漆园老人。祖籍湖北黄冈。

少时为邻家牧牛，随父兄耕读。

1903 年投军，始从事秘密反清活动。

1905 年由行伍考入湖北陆军特别小学堂，次年发起组织并主持了黄冈军学界讲习社。后遭通缉，隐匿乡间，读书教书。

1911 年参与黄冈光复活动。后赴武昌任湖北都督府参谋。次年编辑日知会志。

1913 年在梁启超主办的《庸言》上发表五篇笔札，立志弘大旧学，拯救世道人心。二次革命讨袁失败后被遣散，回江西德安读书。

1917 年护法运动兴起，熊十力由江西入湖南参预民军，后赴粤佐孙中山幕。与蔡元培始结文字之交。

1918 年在广州痛感党人绝无在身心上作工夫者，慨然弃政向学，决心专力于学术，导人群以正见。是年秋汇集三年来笔札二十五篇，编成《心书》，自印行世。蔡元培为之序。

1919年在天津南开学校教国文。暑假在北京会晤梁漱溟，并开始了他们之间50年的友谊。

1920年下半年经梁氏介绍赴南京金陵刻经处研究部从欧阳竟无学习佛学。

1922年冬到北京大学任教，讲唯识学。

1923年由北大印制讲义《唯识学概论》。不久，于所宗信，极不自安，乃毁稿，开始草创《新唯识论》。

1925年春应武昌大学校长石瑛邀聘，执教于武大。秋，仍返北大任教。与梁漱溟师弟共处。

1926年由北大印成讲义《因明大疏删注》和第二种《唯识学概论》。

1927年，因病到南京、杭州休养。次年应汤用彤邀在南京中央大学讲学。

1930年印成讲义《唯识论》和汇编成册的语录信札《尊闻录》。与马一浮结交。住杭州。

1932年10月《新唯识论》文言文本在杭州印行，马一浮题签作序。冬返北大授课。

1933年由北大出版部出版《破〈破新唯识论〉》，反驳内学院师友的批评。与胡适通信，并被发表于《独立评论》。

1935年10月在北京出版《十力论学语辑略》。

1937年由北大出版组出版《佛家名相通释》。七七事变后回湖北，后入川，居重庆。

1938年居璧山。忧患之中与学生、友人讲民族精神、种原与通史，印成《中国历史讲话》。

1939年夏有嘉州（乐山）之行，应马一浮聘，任复性书院讲座。后复返璧山。

1940年由学生资助印行《新唯识论》语体文本上卷。到北碚梁漱溟创办之勉仁书院。

1941年由学生资助印行《十力语要》卷二。

1942年由居正募资，以勉仁书院哲学组名义出版《新唯识论》语体文本上中卷。仍居北碚。

1944年由中国哲学会将《新唯识论》语体文本（上、中、下卷）交重庆商务印书馆出版。

1945年由重庆南方印书馆出版《读经示要》。

1946年春返武汉，夏初重入川。受黄海化学工业研究社社长孙颖川资助办一附设哲学研究部。

1947年4月返回北大。是年，湖北友人、门生争取湖北省及武汉市政府资助，印成线装大字本《新唯识论》语体文本三卷四册、《十力语要》四卷四册。发表《读智论抄》，并在《学原》、《哲学评论》、《东方与西方》等杂志发表论文多篇。

1948年赴杭州浙江大学讲学。后赴广州。

1949年居广州。在学生和友人的帮助下，年底在香港印成《十力语要初续》和《韩非子评论》。10月25日，郭沫若与董必武电邀先生北上。

1950 年经武汉到北京，任北大哲学系教授。印行《与友人论张江陵》、《摧惑显宗记》。

1951 年印行《论六经》。

1953 年在董必武、林伯渠帮助下，印行《新唯识论》壬辰删定本。

1954 年秋移居上海。次年《原儒》上卷排印问世。

1956 年被增选为第二届全国政协委员。后继任第三、四届全国政协委员。《原儒》上下卷由上海龙门联合书局公开出版发行。

1958 年由上海龙门联合书局出版《体用论》。

1959 年由上海龙门联合书局出版《明心篇》。

1961 年秋，自费影印《乾坤衍》。

1963 年作《存斋随笔》。

1968 年 5 月 23 日 9 时在上海与世长辞，终年 84 岁。